비폭력 대화

NVC 전 세계인이 읽고 있는 대화법의 교과서

비폭력대화

인성, 갈등, 화해

마셜B. 로젠버그 지음 | 김온양 · 이화자 옮김

BOOK STAR

마셜 로젠버그 박사를 추모하며

우리는 모두 마셜 로젠버그 박사에게 감사해야 한다. 저자는 건강한 인간관계 형성을 위한 가장 효과적인 대화법을 알려준다. 비폭력 대화는 마음으로 소통함으로써 치유 효과를 일으키고 자신을 정직하게 표현함으로써 우리의 욕구와 조화를 이루도록 한다. 비폭력 대화는 우리가 살면서 잃어버렸던 삶의 귀중한 한 조각이다.

- 디팩 초프라, 《마음의 기적》, 《우주 리듬을 타라》의 저자

마셜 로젠버그 박사가 알려주는 성공하는 대화법은 평이하고 단순하다. 어떤 문제에 직면하든 박사가 제시하는 대화 전략을 통하면 성공적으로 해결할 수 있다.

- 앤서니 라빈스, 《네 안에 잠든 거인을 깨워라》의 저자

마셜 로젠버그의 《비폭력 대화》는 분명하게 자신을 표현하고 연민으로 서로 연결될 수 있는 방법을 구체적인 예를 통해 제시함으로써, 우리 주변의 모든 인간관계에서 진실함과 신뢰를 형성하고 친밀함으로 대화할 수 있는 방법을 실천할 수 있도록 안내해 준다.

- 마이클 버나드백위스, 《라이프 비저닝》의 저자

비폭력 대화

비폭력 대화(Nonviolent Communication, NVC)는 강력한 의사소통 모델이자 이 세상에서 존재하고 사고하며 삶을 사는 방식이기도 하다. 비폭력 대화의 목적은 우리 자신과 다른 사람이 진심으로 연결되어 연민을 통해 서로의 욕구를 모두 충족시킴으로서 유대관계를 형성하는 데 있다. 비폭력 대화는 서로 마음을 주고받게 한다. 또한, 우리에게 내재된 신성함과 내면의 욕구가 매 순간 연결되도록 한다.

비폭력 대화는 연민의 언어이자 자연스럽게 그 연민이 흘러나오게 하는 삶의 언어이다. 비폭력 대화 모델은 자신의 내면을 잘 표현하는 동시에 다른 사람의 내면을 잘 들여다볼 수 있는 방법을 제시한다. 자신의 내면을 분명히 알게 될 때 자신의 삶을 풍요롭게 사는 방법을 찾는다.

비폭력 대화는 두 가지 질문에서 시작되었다. 첫째, 무엇이 인간으로 하여금 폭력적이고 공격적으로 행동하게 하는가? 둘째, 이러한 상황에서도 인간의 보편적 감정인 연민을 유지하는 사람들은 어떤 교육을 받았는가? 오랫동안 학계에서는 폭력과 공격성이 선천적으로 타고난 악하고, 이기적이고, 폭력적인 본성 때문이라고 했지만, 그렇지 않은 사람들, 즉, 서로가 풍요로운 삶을 사는 데 이바지하기를 즐기는 사람들이 있다. 저자는 왜 다른 사람의 고통을

우리의 보편적 느낌	
[욕구가 충족되었을 때]	**[욕구가 충족되지 않았을 때]**
벅찬	화나는
편안한	짜증나는
당당한	염려스러운
열정적인	혼란스러운
활기찬	실망스러운
충만한	낙담한
기쁜	당황한
기대에 부푼	창피한
생기가 도는	좌절스러운
짜릿한	막막한
즐거운	무기력한
뭉클한	초조한
낙천적인	성가신
자랑스러운	외로운
홀가분한	긴장한
흥분되는	숨막히는
놀라운	어찌할 줄 모르는
감사한	떨떠름한
정겨운	슬픈
안심이 되는	불편한

즐기는 사람이 있는 반면 그렇지 않은 사람이 있는지에 대해 의문을 품었다.

이 두 가지 질문에서 출발한 연구는 비슷한 상황에서 폭력적으로 반응하는 사람들과 연민의 감정으로 반응하는 사람들로 나뉘는 원인을 세 가지 중요한 요소에서 발견하였다.

- 우리가 교육받은 언어
- 우리가 배운 사고와 의사소통 방식
- 우리 자신과 다른 사람에게 영향을 끼치는 특정한 방식/전략

우리의 보편적 욕구

자율성
자신의 꿈, 목표, 가치를 선택할 수 있는 자유
그 꿈과 목표, 가치를 성취하기 위한 방법이나 계획을 선택할 자유

삶의 의미(Celebration)
삶을 창조하고 꿈을 실현한 것에 대한 축하
사랑하는 사람이나 꿈을 잃어버린 것에 대한 애도

진실성(Integrity)
일치성, 의미, 창조성, 자기 가치

상호 의존
인정, 감사, 친밀함, 공동체, 배려, 삶에 이바지(자신의 힘을 삶의 이바지에 사용), 정서적 안정, 공감, 정직(우리 자신의 한계 인식), 사랑, 확신, 존중, 지지, 신뢰, 이해, 따뜻함

신체적 돌봄
공기, 음식, 물, 자유로운 이동, 생존 위협으로부터 보호(바이러스, 박테리아, 벌레, 맹수 등), 휴식, 신체적 접촉, 성적 표현, 안전한 주거지

놀이
재미, 웃음

영적 평안
아름다움, 조화, 교감, 질서, 평화

각 상황에서 연민으로 대할 것인가 혹은 폭력적으로 대응할 것인가를 이 세 가지 요소가 결정하므로, 비폭력 대화 과정은 말의 유형, 사고방식, 대화의 형식을 통합하여 자신과 다른 사람이 풍요로운 삶을 살 수 있는 소통의 능력을 키우고자 한다.

NVC 과정은 다른 사람의 잘못을 지적하는 어떠한 비난이나 분석 없이 우리 자신의 내면을 솔직하게 드러낼 수 있도록 해준다. 다른 사람의 처지에서 우리가 하는 말이 비난이나 분석, 잘못을 지적하는 것처럼 들리면 서로가 풍요로운 삶에 이바지하는 소통의 길이 막혀 버린다. NVC는 두려움이나 죄책감, 수치심, 원망과 강요, 체벌에 대한 위협보다는 연민을 통해 우리가 행동하기를 바란다. 즉 후회 없이 자신이 바라는 바를 얻기를 바라는 것이다. 비폭력 대화는 비판이나 분석이나 원망 없이 우리 자신의 내면을 솔직하고 분명하게 표현하고, 풍요로운 삶에 필요한 것을 상대방에게 강요가

아닌 부탁으로 요청하는 방법을 알려준다.

  비폭력 대화는 사람들의 욕구가 충족되었는지, 충족되지 않았다면 어떻게 해야 충족될 수 있는지에 대해 관심을 갖는다. (제시된 '우리의 보편적인 느낌'과 '우리의 보편적인 욕구' 목록 참조) 이를 통해 우리는 다른 사람이 나의 풍요로운 삶을 위해 이바지할 수 있는 방식으로 나 자신을 표현하는 방법을 배운다. 아울러 우리 자신이 상대방의 풍요로운 삶에 이바지할 수 있는 방법을 잘 들을 수 있도록 안내한다.

  이 책을 통해 삶의 언어를 사용하여 서로 대화하고, 상대방의 표현 방식에 상관없이 상대방이 보내는 메시지도 삶의 언어로서 잘 들을 수 있기를 바란다.

비폭력 대화의 4단계	
비판이나 원망 없이 분명하게 표현하기	비판이나 원망 없이 공감 받기
1. 관찰하기	
내가 관찰한(평가에서 자유롭게 보고, 듣고, 기억하고 떠오르는 것) 나의 풍요로운 삶에 도움이 되지 않는 것 '내가~을 볼 때, 들을 때…'	네가 관찰한(평가에서 자유롭게 보고, 듣고, 기억하고, 떠오르는 것) 너의 풍요로운 삶에 도움이 되지 않는 것 '네가~을 볼 때/들을 때…' (공감해줄 때 말로 표현하지 않을 경우도 있다)
2. 느낌	
관찰과 연결된 나의 느낌 (생각 아닌 감정) '나는 ~을 느낀다'	관찰과 연결된 너의 느낌 (생각 아닌 감정) '너는~을 느낀다'
3. 욕구	
내가 그런 느낌을 갖게 한 욕구나 가치 '나는 ~을 하고 싶었기 때문에/ ~이 필요해서/~이 중요해서'	네가 그런 느낌을 갖게 한 욕구나 가치 '너는 ~을 하고 싶었기 때문에 ~이 필요해서/~이 중요해서'
4. 부탁	
요구로 들리지 않고 나의 삶을 풍요롭게 하는 부탁을 분명히 하기 구체적인 행동을 제시하며, "(당신은) 기꺼이 ~해 줄 수 있어요?"	요구로 들리지 않고 네 삶을 풍요롭게 하는 공감을 받기 구체적으로 바라는 행동을 제시하며, "(당신은) ~해 주겠어요?" (공감을 해줄 때 말로 표현하지 않을 수 있다)

역자 서문

모든 부부는 사랑해서 결혼했고 또한 행복한 관계 속에서 잘 살기를 원한다. 또한, 모든 부모 역시 자녀들을 바르게 키우고 잘 가르치기를 원한다. 물론 다른 사람과도 원만한 관계 속에서 잘 지내기를 원한다. 그런데도 어째서 그토록 많은 부부가 서로 갈등하고 다투며 심지어 별거나 이혼을 하는가? 어째서 많은 부모가 자녀 때문에 지치고 어째서 많은 자녀가 부모 때문에 분노하고 좌절하는가?

우리 부부 역시 사랑해서 결혼했지만 마음과 마음이 연결되는 대화가 아니라 비난하고 무시하며 원망하는 대화로 잦은 다툼이 있었고 관계가 멀어졌던 경험이 있다. 많은 부부 역시 우리 연구소를 찾아와서 하소연하는 이유들 가운데 하나가 서로 통하지 않아서 답답하고 힘들다는 것이다. 한마디로 대화가 안 된다는 것이다. 소통은 '소리쳐야 통한다.'라는 말도 아니고, 대화란 '대놓고 화낸다.'라는 뜻도 아니건만 안타깝게도 많은 사람이 좋은 관계를 만들고 싶어 하면서도 정작 서로 소리치고 화를 내면서 서로에게 마음에 상처를 준다. 또 어떤 이는 마음이 위축되어 입을 다물어 버리고, 어떤 이는 분노로 화를 터트리며 결국엔 관계가 깨지고 틀어지는 것을 자주 보게 된다.

생각이 행동을 만들듯이 말이 관계를 만든다. 모든 관계는 언어를 매개로 소통함으로써 형성된다. 다시 말해 사람과 사람과의 관계는 대화를 통해 연결되기도 하고 단절되기도 한다. 즉, 어떻게 대화를 하느냐에 따라 상대의 마음이 열리기도 하고 닫히게도 한다. 그럼에도 우리는 어떻게 말하고 들어야 하는지에 대해 가정이나 학교에서 배운 적이 거의 없다.

2000년대에 들어와서 마치 터진 둑에서 봇물이 쏟아져 나오듯 커뮤니케이션과 관련된 책이 셀 수 없이 출판되는 것은 많은 사람이 소통에 목말라 있음을 역설적으로 나타낸다. 비폭력 대화(NVC)는 대화와 관계에 대한 우리 부부의 패러다임을 근본적으로 바꾸었다. 상대를 불편하지 않게 하면서도 내가 하고 싶은 말을 일치적으로 표현할 수 있을 뿐 아니라 상대로부터 듣기 부담스러운 말을 들을 때에도 거부감을 느끼지 않고 대화할 수 있는 방법이 있다는 사실이 놀라웠다. 실제 NVC는 마음과 마음을 연결하는 소통 능력이 있고 무너진 관계를 회복시키는 힘을 지녔다. NVC는 단순한 대화의 기술이 아니라 근본적인 삶의 원리이자 관계에 대한 내적 태도였다.

십여 년 전, NVC를 배우면서 느꼈던 놀라움과 감동을 지금도 잊을 수가 없다. 비록 마셜 로젠버그 박사를 직접 만날 수 있는 기회는 갖지 못했지만, 한국NVC센터의 책임자인 캐서린 한을 통해, 그리고 NVC라는 대화를 통해 우리 부부는 한 차원 더 높은 삶을 살수 있는 행운의 기회를 얻었다.

이를 계기로 NVC 원리에 가족 치료적 관점을 적용한 '아하존중대화'를 개발하였고, 지난 십여 년간 이를 지도하면서 NVC가 얼마나 단순하면서도 강력한 대화 방법인지를 더욱 실감하고 있다. 이 과정을 배우고 익힌 사람마다 단지 말하고 듣는 법이 바뀌었을 뿐인데 부부와 자녀는 물론 다른 사람들과의 관계도 회복되고, 상대는 경험들을 했다고 고백하지만 사실은 내면이 상태가 변화된 것이고 사람을 대하는 태도가 달라진 것이다.

그럴 때마다 우리 부부는 NVC를 개발한 마셜 로젠버그 박사를 직접 만나서 당신이 얼마나 놀라운 일을 했는지, 우리들이 얼마나 많은 도움을 받았는지 이야기하고 싶었고, 또한 그에게 좀 더 많은 것을 배우고 싶었으나 기회를 갖지 못해 아쉬움이 컸다.

비록 마셜 로젠버그 박사는 작고하였지만, 그가 남긴 마지막 저서를 우리 부부가 번역할 수 있는 기회를 갖게 된 것은 결코 우연이 아니라고 생각한다. 그토록 만나보고 싶었던 그를 그나마 활자들을 통해 그의 삶 속으로 들어갈 수 있어서 무척 기쁘고 영광스럽게 생각한다.

과거에 출판된 NVC의 주된 내용은 대화의 4단계라고 말할 수 있는 관찰, 느낌, 욕구 및 요청의 기본 원리에 관한 것이었다면, 이 책의 주된 내용은 NVC의 기본 과정을 익힌 사람들이 삶의 여러 상황에서 어떻게 대처할 수 있는지에 대한 마셜 로젠버그 박사가 진행했던 워크숍 내용을 정리한 것이다. 예를 들면 갈등 상황을 어떻게 극복할 수 있는지, 혹은 분노를 어떻게 조절할 수 있는지, 그리고 사랑하는 사람들과 건강한 관계를 위해서는 어떻게 대화해야 하는지 등에 대해 매우 구체적이고 실제적인 사례를 보여주고 있다.

책을 번역하는 과정에서 특별히 감사를 드리고 싶은 분은 최종 감수를 해주신 김수지 이사장님이다. 바쁜 중에도 일일이 대조해 가면서 꼼꼼하게 교정까지 봐주신 덕분에 자신 있게 출판사에 원고를 넘길 수 있었다. 또한, 번역 과정에서 도움을 준 이은정, 김수경 선생님, 그리고 윤문을 해주신 김혜전 부장님과 원고 정리를 도와준 강주영님께 이 지면을 통해 다시 한 번 감사의 인사를 드린다. 무엇보다 이 좋은 내용을 한국 독자들이 접할 수 있도록 광문각출판사 박정태 대표님께 수고에 깊은 감사를 드린다.

CONTENTS

1

우리는 풀 수 있다

평화롭고 강력하게 갈등 해결하기

1

우리는 풀 수 있다

평화롭고 강력하게 갈등 해결하기

나는 40년 넘게 폭넓고 다양한 갈등을 중재해 왔다. 부모와 자녀, 남편과 아내의 갈등에서부터 관리자와 노동자, 팔레스타인과 이스라엘, 세르비아와 크로아티아의 갈등까지, 그리고 시에라리온·나이지리아·부룬디·스리랑카·르완다 등의 나라가 겪는 내전 속 갈등도 중재했다. 각계각층의 갈등을 다루면서 깨달은 점이 있는데 어떤 갈등이라도 모두를 만족시키는 평화로운 해결책을 찾을 수 있다는 사실이다. 특히 갈등을 겪는 양측에게 특별한 능력이 있다면 갈등 해결 가능성은 훨씬 높아진다.

비폭력 대화(Nonviolent Communication, NVC) 과정은 우리가 다른 사람과 자신을 연민으로 연결할 수 있는 사고와 대화 기술로 이루어진다. 이 비폭력 대화가 개인의 삶이나 직장, 정치적 활동에서 다양하게 적용되는 모습을 볼 때면 참으로 기쁘다.

비폭력 대화(NVC) 과정이 갈등을 평화롭게 해결하는 노력을 어떻게 돕는지 설명하려 한다. 비폭력 대화는 우리 자신이 직접 갈등에 휘말렸을 경우나 제삼자로 갈등을 중재해야 하는 경우 모두에 사용할 수 있다.

갈등을 해결해 달라는 요청을 받게 되면, 먼저 참여자들 사이에서 돌봄과 존중이 형성되도록 한다. 그런 후에야 비로소 갈등을 풀기 위한 전략을 찾도록 권한다. 이때 찾는 전략은 '타협(compromise)'이 아니라 모두가 충분히 만족하는 해결 방안이다. 갈등을 해결하기 위해서는 '내가 원하는 대로 상대를 조종하려는' 목표를 완전히 버려야만 한다. 그 대신 '모두의 욕구를 충족하는' 조건을 만드는 데 집중한다.

나의 욕구 충족을 방해하는 사람이 있어 그에게 다르게 행동해 줄 것을 부탁했다고 치자. 경험상 그 사람은 내가 나의 욕구뿐 아니라 그의 욕구에도 같은 관심을 갖고 있다는 신뢰가 없으면, 내 부탁을 거절할 것이다. 순수한 협력은 참여자들 사이에 각자의 열망과 가치가 정중히 다뤄질 거라는 신뢰가 생길 때 이루어진다. 비폭력 대화 과정은 순수한 협력을 만드는 진지한 실천이 있어야 가능하다.

1. 갈등을 해결하기 위한 비폭력 대화 사용하기

갈등 해결을 돕는 비폭력 대화 과정은 다음과 같다.

1. 자신의 욕구 표현하기.
2. 상대의 표현 방식에 흔들리지 않고 상대의 욕구를 이해하기. (sensing)
3. 욕구가 정확하게 전달됐는지 확인하기.
4. 상대의 욕구를 듣기 위해 먼저 공감하기.
5. 해결 방안이나 전략을 긍정적인 행동 언어로 표현하기.

1.1 욕구란 무엇인가? 욕구 표현하기 (욕구와 전략은 다르다)

그동안 경험한 바로는, 욕구에 초점을 맞추면 서로 만족하는 방향으로 갈등이 해결되었다. 욕구에 초점을 맞출수록 우리는 자신의 욕구를 정확히 표현하고 상대의 욕구를 분명히 알게 되며, 상대의 잘못을 지적하는 듯한 표현도 피하게 된다. 우리 모두가 지닌 인간의 기본 욕구 목록은 앞쪽 5~6페이지에 수록하였다.

안타깝게도 자신의 욕구를 제대로 알고 표현하는 사람이 많지 않다. 상대방을 비판하거나 탓함으로써 거리만 더 멀어지게 하는 대화 방식에 익숙해 있어, 갈등을 풀 수 있는 방법이 있는데도 찾지 못한다. 서로 욕구를 표현하고 이해하기보다는 누가 옳은지 그른지 따지는 데 집중하는 것이다. 그러나 이러한 시소게임은 평화적인 해결책을 찾기보다 언어적, 정신적, 신체적 폭력으로 끝나기 쉽다.

욕구는 평화적으로 갈등을 해결하는 데 핵심 요소다. 따라서 욕구가 무엇인지 그 정의부터 정확히 내릴 필요가 있다. '욕구(needs)'란 삶을 유지하기 위한 자원을 말한다. 예를 들어 신체적으로 행복하려면 공기와 물, 음식, 휴식에 대한 욕구가 충족되어야 한다. 그리고 정신적·영적으로 충만한 삶(well-being)은 서로 이해받고 지지받으며, 정직하고 의미가 있을 때 더욱 커진다.

이러한 욕구는 성별이나 학력 수준, 종교, 국적에 상관없이 모두 같다. 다만, 그 욕구를 충족시키려는 전략이 다를 뿐이다. 욕구와 그것을 충족시키는 전략을 구분함으로써 갈등은 쉽게 해결될 수 있다.

욕구와 전략을 구분하기 위해서 가장 먼저 알아야 할 것이 있다. 욕구에는 누군가에게 특정한 행동을 취하게 하는 안내가 없다는 점이다. 특정한 사람에게 특정한 행동을 취하게 하는 부탁이나 해결책, 원하거나 바라는 점은 바로 효과적인 전략에 해당한다. 결혼생활을 포기하려는 어느 부부의 말다툼은 욕구와 전략의 중요한 차이점을 보여 준다.

남편에게 결혼생활에서 충족되지 않은 욕구가 무엇인지 물었다.
"이 관계에서 벗어나는 거죠."
남편은 특정한 사람(자신)의 특정한 행동(관계에서 벗어나는 것)만을 말했을 뿐, 앞서 설명한 욕구는 표현하지 않았다. 자신이 사용할 전략에 대해서만 말한 것이다. 이 점을 남편에게 짚어 주고 그와 아내의 욕구가 선명해질 때까지 전략에 대해서는 나중에 이야기하자고 했다. 자신들의 욕구를 분명히 찾은 부부는 서로의 욕구를 충족시킬 전략들을 알게 됐다. 2년 후 두 사람 모두 만족스럽게 결혼생활을 하고 있으며, 관계가 나날이 좋아지고 있다는 반가운 소식을 전해 들었다.

많은 사람이 자신의 욕구를 표현하는 데 어려움을 겪는다. '욕구를 이해하고 읽어 내는 능력'이 부족하면 갈등을 풀려다 오히려 문제를 키우게 된다.

어느 직장에서 교육을 진행했는데, 한 남자가 개인적으로 찾아와 도움을 청했다. 아내와 자신이 처한 상황을 힘겹게 털어놓으며 함께 갈등을 풀어 달라고 부탁했다. 그의 아내도 원했기에 그날 저녁 부부를 만났다.

"두 분 모두 현재 얼마나 고통스러울지 이해합니다. 결혼생활을 하면서 서로 충족되지 않은 욕구부터 자유롭게 이야기 나누도록 하죠. 서로의 욕구만 제대로 이해하면, 충족시키는 방법은 금방 찾습니다."

내가 두 사람에게 원한 것은 자신의 욕구를 표현하고 상대의 욕구를 이해하는 능력이었다. 안타깝게도 두 사람에겐 그 능력이 없었다. 자신의 욕구를 표현하는 대신 남편이 말했다.

"당신 문제는 내 욕구가 뭔지 눈곱만치도 모른다는 거야."

"또 저렇게 전부 다 내 탓이지."

1년 반 가까이 계속된 갈등으로 직원들의 근로 의욕이 떨어져 생산성에 문제가 생긴 기업체에서 교육을 진행한 적이 있다. 갈등은 향후 사용할 소프트웨어를 선택하는 문제로 불거졌는데, 이 갈등이 파벌싸움까지 일으키면서 한 부서가 둘로 갈려 버렸다. 현재 사용 중인 소프트웨어를 개발하느라 애쓴 쪽에서는 계속 쓰고 싶어했고, 반대쪽에서는 새로운 소프트웨어로 바꾸길 강력히 원했다.

　이들 역시 앞서 얘기한 부부와 똑같은 방식으로 중재를 시작했다. 양쪽 모두에게 각자 선호하는 소프트웨어를 사용하면 어떤 욕구가 충족되는지 말해 달라고 했다. 이들에게서도 분명한 욕구를 듣지 못했다. 각자 논리적인 분석만 늘어놓았고, 상대는 이를 비판으로 받아들였다.

　한쪽 직원이 말했다.

　"이렇게 옛날 것만 고집하면 나중에 아무것도 못할 수도 있습니다. 지속적으로 발전해 나가려면 위험을 감수하더라도 기존의 방식을 뛰어넘는 결단이 필요합니다."

　그러자 반대쪽에서 누군가 응수했다.

　"그렇다고 새로운 게 나올 때마다 충동적으로 구매하는 게 최선은 아니죠."

　이들은 지난 몇 달 동안 결정 내리지 못하고 서로 지적만 되풀이하면서 부서원들 사이에 갈등만 부추겼다.

　앞의 부부처럼 이들도 자기의 욕구를 직접 정확하게 표현하는 대신 분석만 늘어놓아 상대로 하여금 비판으로 받아들이게 만들었다. 전쟁도 마찬가지다. 각자 욕구를 분명하게 표현하지 못하고, 상대가 비판으로 받아들이게끔 분석만 내놓는다면 전쟁은 멀리 있지 않다. 그 전쟁이 말로 하는 것이든 정신적으로든 육체적으로든 말이다.

1.2 상대의 욕구 이해하기 (상대가 표현하는 방식은 중요하지 않다)

앞에서 제시한 갈등 해결 방법은 우리로 하여금 자신의 욕구를 표현하는 방법을 익히게 하며 상대방도 자신의 욕구를 잘 찾을 수 있도록 돕게 한다. 이를 위해 상대가 어떤 식으로 자신을 표현하든 그 메시지를 통해 표현되는 욕구를 잘 듣는 훈련이 필요하다.

모든 메시지는 형식이나 내용과 상관없이 욕구를 담고 있다. 그렇다면 어떤 메시지에서도 그 뿌리에 어떤 욕구가 담겼는지 이해하는 훈련을 할 수 있다. 만일 어떤 사람이 방금 했던 말에 대해 질문했는데, "바보 같은 질문이군."이라 했다고 하자. 그러면 나를 바보 같다고 판단하는 그의 말에 어떤 욕구가 표현되었는지 읽어 보는 것이다. 어쩌면 나의 질문은 이해받고 싶은 상대의 욕구를 외면했을 수 있다. 또 다른 예로, 내가 서로 스트레스를 주고 있는 누군가에게 얘기 좀 하자 했을 때 상대가 "그 얘긴 하고 싶지 않은데."라고 했다면, 상대는 대화를 하면서 생길 일들로부터 자신을 보호하려는 욕구가 있었을 것이다.

사람들의 욕구가 무엇인지 이해하는 능력은 갈등을 중재하는 데 매우 중요하다. 양쪽 모두의 욕구를 읽어 내고 이를 말로 표현함으로써 서로 욕구를 듣게 하는 것이다. 이러한 작업은 갈등을 성공적으로 풀어내는 연결고리를 만들어 낸다.

이해를 돕기 위해 예를 하나 들어보자. 나는 부부 세미나에서 가장 오랫동안 갈등을 겪어온 부부를 찾아내고는 이렇게 선언한다.

"이 부부가 상대 배우자의 욕구가 무엇인지 말하는 순간부터 20분 안에 부부 사이에 해묵은 갈등을 풀어낼 수 있습니다."

어느 모임에서 결혼한 지 39년이 된 부부를 찾아냈을 때도 그랬다. 부부는 돈 문제로 갈등이 깊었다. 결혼한 지 6개월 만에 아내가 수표를 두 번이나 초과해서 발행하자 남편이 직접 수표책을 관리하기 시작했고, 그 후로 다시는 아내 손에 맡기지 않았다. 그리고 부부는 이 문제로 39년 동안 다투고 있었다. 그 아내가 내 말에 바로 반박했다.

"마셜 선생님, 저희가 그렇게 사이가 나쁜 편이 아니에요. 대화도 나름 잘 통하는 편이고요. 그런데 이 돈 문제만큼은 서로 욕구가 너무 다른데 그걸 20분 안에 해결하신다니 말도 안 되는 소리예요."

나는 20분 안에 갈등을 해결한다는 그녀의 말을 정정했다.

"두 분이 서로 상대의 욕구가 무엇인지 말씀해 주시는 순간부터 20분 안에 해결하겠다고 말씀드렸지요."

"아뇨, 선생님, 저희가 대화는 잘하는 편이라니까요. 어떤 문제를 두고 39년 동안 얘기해 왔다면 상대의 욕구가 뭔지는 당연히 알지 않겠어요?"

"네, 제가 틀린 적이 있으니 이번에도 틀릴 수 있습니다. 그래도 한번 해 보시죠. 남편의 욕구를 안다고 하셨는데, 어떤 욕구입니까?"

"그거야 뻔하죠. 내가 돈을 한 푼도 안 쓰는 거죠."

"어휴, 답답해!"

아내의 말이 끝나기 무섭게 남편이 툭 내뱉었다. 그녀가 생각하는 욕구는 앞서 설명한 욕구의 정의와는 차이가 있다. 자신이 돈을 한 푼도 쓰지 않기를 바란다고 한 아내의 말은 '욕구'가 아닌 '전략'에 해당한다. 아내가 하는 말이 맞다 치더라도, 그것은 남편이 바라는 '전략'적인 측면에서 정확한 것이지 남편의 '욕구'는 아닌 것이다. 앞서 정의한 대로 욕구는 '돈을 쓰다/안 쓰다'처럼 구체적인 행동을 말하지 않는다.

나는 모든 인간이 보편적으로 같은 욕구를 갖는다고 말하며, 아내는 남편의 욕구가 무엇인지, 남편은 아내의 욕구가 무엇인지 정확히 알면 이 문제를 풀 수 있다고 했다.

"다시 한번 해 볼까요? 남편에겐 어떤 욕구가 있을까요?"

"글쎄요, 한번 해 보죠 뭐. 사실 남편은 자기 아버지를 꼭 닮았거든요."

시아버지가 돈을 쓰는 데 얼마나 인색했는지를 늘어놓는 바람에 서둘러 여성의 말을 끊어야 했다.

"잠시만요. 지금 말씀은 남편이 왜 그런 행동을 하는지 분석하는 겁니다. 제가 원한 답은 이 문제와 관련된 남편의 욕구입니다. 지금 부인은 남편이 어떤 인생을 살아왔는지 이성적으로 분석하고 있군요."

아내는 남편의 욕구를 모르는 게 분명하다. 39년 동안 대화를 해

왔으면서도 남편의 욕구가 무엇인지 전혀 알지 못한다. 아내인 자신이 수표책을 쓰지 못하게 하는 이유에 대해 이성적으로 분석하고 진단을 내릴 수는 있지만, 이 문제에 대한 남편의 욕구는 전혀 이해하지 못했다.

그래서 이번엔 남편에게 물었다.

"부인께서 남편분의 욕구를 잘 못 찾고 계시는데 직접 말씀해 주시죠. 수표책을 본인이 관리하면서 어떤 욕구를 충족하셨습니까?"

"마셜 선생님, 이 사람은 아내로서, 엄마로서 정말 좋은 사람입니다. 그렇지만 돈에 있어선 정말 무책임해요."

여기에서 남편에게 던진 질문 '이 문제에 어떤 욕구를 갖고 있습니까?'와 남편의 대답에서 나타나는 차이를 주목하기 바란다. 남편은 자신의 욕구를 말하는 대신 아내가 무책임하다는 진단을 내렸다. 바로 이런 말들이 갈등을 평화적으로 해결하는 데 걸림돌로 작용한다. 상대방이 나를 비난하거나 진단을 내리거나 이성적으로 분석하는 얘기를 듣는 순간 내 안의 에너지를 갈등을 해결하는 데 쓰기보다 자신을 방어하고 상대방을 역공격하는 데 쓰게 된다.

남편에게 본인의 욕구를 찾는 대신 아내를 진단하고 있다는 점을 짚어 주면서 다시 물었다.

"이 문제에 대한 본인의 욕구는 무엇입니까?"

남편은 답하지 못했다. 부부는 39년 동안 이 문제를 두고 다퉈 왔지만 어느 쪽도 상대의 진정한 욕구를 알지 못했다. 이럴 때 두 사람의 욕구가 무엇인지 읽어 냄으로써 갈등 상황을 벗어나도록 돕는다. 남편과 아내가 판단으로 표현했던 욕구를 찾기 위해 비폭력 대화를 사용하였다.

아내가 돈 문제에 있어선 정말로 무책임하다고 했던(판단) 남편의 말을 되짚어 물었다.

"경제적으로 가족을 보호하고 싶은 욕구 때문에 아내가 수표책을 관리하는 것이 두렵습니까?"

이렇게 묻자 남편이 나를 쳐다보며 말했다.

"제가 하는 말이 바로 그겁니다!"

물론 남편은 그렇게 말하지 않았다. 우리는 사람들의 욕구가 뭔지 이해할 때 진실에 더 가까워지고, 하고 싶은 말에 더 다가설 수 있다. 잘못을 지적하는 듯한 분석은 모두 근본적으로 충족되지 않은 욕구의 비극적 표현이다. 욕구를 들을 수 있다면 그것은 커다란 선물이다. 우리로 하여금 진짜 삶을 살게 하기 때문이다.

이 부부가 겪은 문제에서는 제대로 욕구를 맞췄지만 반드시 맞춰야 하는 것은 아니다. 설령 틀린다 하더라도 자신들의 욕구에 집중하도록 이끌어간다. 이렇게 집중하다 보면 자신의 욕구에 초점을 맞추면서 어느 순간 분석에서 벗어나 진짜 삶으로 연결되는 것이다.

1.3 욕구가 정확하게 전달됐는지 확인하기

일단 남편이 자신의 욕구를 표현했다면, 이제는 아내 입장에서 제대로 들었는지 확인해야 한다. 이 단계는 갈등을 해결하는 데 있어 매우 중요하다. 메시지를 전했으니 상대가 정확하게 잘 받았을 것이라고 단정하면 안 된다. 갈등을 중재하면서 메시지를 듣는 쪽에서 제대로 받았다는 확신이 서지 않으면 전달받은 메시지를 그대로 반복해 달라고 부탁한다.

"이 문제에 대해 남편이 표현한 욕구를 그대로 전달해 주시겠습니까?"

아내가 답했다.

"아니, 결혼하고 나서 제가 수표를 한두 번 초과 발행했다고 계속 그럴 거란 증거는 없잖아요."

경험상 아내 입장에서 보여 주는 반응은 낯설지 않았다. 해묵은 상처가 깊을수록 상대가 아무리 자신의 욕구를 분명히 표현해도 면전에서조차 제대로 듣지 못한다. 각자 자신의 고통으로 내면이 꽉 차 있어서 상대가 하는 말을 받아들이는 데 어려움을 겪는다.

아내에게 남편이 한 말을 그대로 반복해 달라고 했지만 아내는 제대로 듣지 못한 게 분명했다. 그만큼 자신의 고통이 너무 컸기 때문이다. 아내에게 다시 요청했다.

"남편께서 하신 말씀을 제가 전할 테니 그대로 따라 해주십시오. 남편께선 가족을 보호하고 싶은 욕구가 있답니다. 가정이 안정적이라는 확신을 갖고 싶기 때문에 더 두렵다고 합니다."

1.4 고통을 치유하는 공감 먼저 하기
(고통은 상대의 말을 듣지 못하게 방해한다)

그런데도 아내가 남편의 욕구를 듣지 못했기에 순서를 바꾸었다. 이는 갈등 해결 과정에서 종종 사용하는 기술이기도 하다. 남편이 한 말을 반복하는 대신 아내 입장에서 겪고 있는 심리적 고통부터 이해해 주는 것이다.

"지금 얼마나 힘드실지 이해합니다. 과거의 경험을 통해 오히려 더 잘할 수 있을 거라는 신뢰를 받고 싶으시군요."

그러한 이해를 얼마나 받고 싶었는지 아내의 눈빛을 통해 읽을 수 있었다.

"네, 바로 그거예요."

이해를 받았기에 이제는 남편이 하는 말을 들을 수 있을 것 같아 다시 한 번 남편의 욕구를 그대로 들려줬다. 남편은 가족을 보호하고 싶은 욕구가 있다. 아내에게 들은 대로 말해 달라고 부탁했다.

"그러니까 남편은 제가 돈을 펑펑 쓴다는 얘기죠."

아내는 자신의 욕구를 표현하는 훈련이 안 된 만큼 상대방의 욕구도 들을 훈련이 안 되어 있었다. 남편이 하는 말을 모두 스스로 진단해서 들은 것이다. 아내에게 어떤 비판으로도 듣지 말고 남편의 욕구만 듣도록 했다. 그렇게 두 번을 더 되짚은 후에야 비로소 아내는 남편의 욕구를 들을 수 있었다.

이번에는 순서를 바꿔서 아내가 자신의 욕구를 표현하도록 했다. 또다시 아내는 자신의 욕구를 있는 그대로 말하지 못하고 판단의 말을 사용했다.

"저 사람은 나에 대한 신뢰가 없어요. 내가 멍청해서 아무것도 배우지 못한다고 봐요. 억울해요. 한두 번 실수한 걸 가지고. 그렇다고 제가 평생 그러고 살겠어요?"

이번에도 욕구를 읽어 내는 능력을 발휘해 아내가 하는 말 뒤에 숨은 욕구를 찾아냈다.

"진심으로 신뢰받고 싶은 욕구가 있군요. 그 문제를 경험 삼아 오히려 잘할 수 있을 거란 인정을 받고 싶으시고요."

이제 남편에게 아내의 욕구가 무엇인지 말해 달라고 했다. 맨 처음 아내가 남편이 하는 말을 판단으로 들은 것처럼 남편도 아내의 말을 제대로 듣지 못했다. 가족을 보호하고 싶은 자신의 욕구부터 방어하였고, 아내가 좋은 아내이자 좋은 엄마이지만 돈 문제만큼은 무책임하다는 말을 또다시 반복하였다. 나는 남편이 판단을 내려놓고 아내의 욕구가 무엇인지 그것만 듣도록 했다.

"아내의 욕구가 무엇인지 그것만 말씀해 주시겠어요?"

남편은 세 번을 반복하고 나서야 신뢰받고 싶은 아내의 욕구를 들을 수 있었다.

앞서 선언한 대로 두 사람이 서로 원하는 욕구를 듣게 된 시점부터 그 욕구를 충족시키는 전략을 찾는 데에는 20분도 채 걸리지 않았다. 그보다 훨씬 짧은 시간이었다!

수십 년간 갈등을 중재하면서 가정이나 국가에서 분쟁이 일어나는 이유를 깨달은 나는 초등학생도 갈등을 해결할 수 있다는 확신을 갖게 되었다. 그 누구라도 "양쪽이 지닌 욕구는 이러이러합니다. 자원에는 이런 것들이 있습니다. 이 욕구들을 충족시키려면 어떻게 해야 할까요?"라고 묻는다면 갈등은 금방 풀릴 것이다. 그러나 우리는 유감스럽게도 욕구로 생각하는 법을 배우지 못했기에 사고가 거기까지 미치지 못한다. 그보다는 서로 낙인찍고 판단함으로 인간성을 상실하고 아주 사소한 갈등조차 골이 깊어지고 마는 것이다.

나이지리아의 두 부족을 중재했던 경우를 통해 두 명 이상 얽힌 문제도 똑같은 원리를 적용할 수 있음을 살펴보자. 두 부족은 그 전해에 끔찍한 폭력 사태를 겪었다. 그러다 보니 1년 사이에 부족원 400명 중에 100명이 죽어나가 인구 4분의 1이 줄었다.

이 폭력 사태를 지켜본 나이지리아의 한 동료가 양측의 족장을 설득해서 나와 함께 갈등을 해결해 보기로 협의했다. 회의장으로 들어가는 길에 동료가 나를 붙잡고 귓속말을 했다.

"마셜, 무슨 일이 터질지도 모르니 조심해요. 저들 중에 자기 부족원 아이를 죽인 자가 같은 방에 있다는 걸 알고 있는 사람이 세 명이나 되거든요."

실제로 회의장에는 팽팽한 긴장감이 감돌았다. 그동안 두 부족 사이에는 수많은 폭력 사태가 오갔고 이렇게 한자리에 모인 일은 처음이었다.

갈등을 해결하기 위한 모임에서 늘 그랬듯이 서로의 욕구에 초점을 맞추는 질문으로 시작했다. 양측 모두에게 하는 질문이었다.

"이 상황에서 여러분의 욕구를 허심탄회하게 말씀해 주시겠습니까? 여기 계신 분들이 서로 어떤 욕구를 갖고 있는지 잘 알게 되면, 그때 이 욕구를 충족할 전략들을 찾는 방향으로 가겠습니다."

불행하게도 앞서 다룬 부부처럼 이들도 욕구를 이해하고 읽어내는 능력이 없었다. 상대방이 뭘 잘못했는지 지적할 줄만 알았다. 한 족장이 질문에 답하는 대신 테이블 반대편을 노려보며 소리쳤다.

"이 살인마들!"

그러자 반대쪽에서 맞받아쳤다.

"우릴 덮치려고 먼저 건드린 게 누군데! 우리도 더 이상은 못 참아!"

한마디씩 던진 말에 회의장은 처음 들어왔을 때보다 긴장감이 더 팽팽해졌다.

인간적인 유대관계를 형성하는 대화 방식을 모르는 상태에서 서로 소통하자고 한자리에 모이는 일은 서로에게 아무런 도움이 되지 못하는 게 틀림없다. 나의 일은 앞에서의 부부에게 했던 것과 동일하다. 어떤 말이 오가든 그 안에 숨은 욕구를 찾아내는 것이다. 그래서 "이 살인마들!"이라고 외쳤던 족장을 바라보며 물었다.

"족장님, 족장님께서는 안전에 대한 욕구가 있습니까? 지금 겪는 갈등을 폭력이 아닌 다른 방법을 통해 해결하고 싶으신 게 맞습니까?"

족장은 말이 끝나자마자 응수했다.

"물론이오! 내가 하는 말이 바로 그 말이었소!"

물론 족장은 그렇게 말하지 않았다. 상대방을 살인마라고 했고, 그 말은 욕구가 아닌 상대를 판단하는 말이었다. 일단 족장이 자신의 욕구를 협상 테이블 위에 펼쳐놓게 했으니, 이번엔 상대편 족장을 향해 물었다.

"족장님, 지금 들으신 이 족장님의 욕구를 들으신 대로 똑같이 말씀해 주시겠습니까?"

그러자 족장은 적의에 찬 눈빛으로 상대를 노려보며 대꾸했다.

"그럼 우리 아들은 왜 죽었는가?"

그 순간 양쪽에서 고성이 오가기 시작했다. 사태를 진정시키고 나서 말을 이었다.

"족장님, 상대 족장님의 욕구에 대해 어떻게 대처할지는 나중에 다루겠습니다. 일단 지금은 상대방의 욕구를 듣기만 하십시오. 이쪽 족장님의 욕구가 무엇이었는지 그대로 반복해 주시겠습니까?"

그러나 그 족장은 하지 못했다. 이 문제와 상대 족장에 대한 판단이 감정적으로 얽혀 있어 상대방의 욕구를 듣지 못하고 있었다. 그래서 다시 한 번 반복해서 전했다.

"족장님, 상대 족장님에게는 안전에 대한 욕구가 있습니다. 안전함을 느끼고 싶답니다. 현재 겪는 갈등을 폭력이 아닌 다른 방법으로 해결할 수 있다는 확신 말입니다. 지금 서로 대화가 잘 이루어지고 있다는 의미로 상대 족장님의 욕구를 똑같이 말씀해 주시겠습니까?"

족장은 하지 못했다. 두세 번 더 반복한 후에야 상대의 욕구를 들을 수 있었다.

이번엔 순서를 바꿔서 족장에게 물었다.

"상대 족장님이 안전에 대한 욕구가 있다는 사실을 들어주셔서 감사합니다. 자, 이번엔 족장님께서 갖고 계신 욕구를 말씀해 주시겠습니까?"

"저들은 우릴 지배하려고 했소! 저들은 침략자요. 자기 부족이 제일 잘났다고 여긴다는 말이오."

또다시 격렬하게 다투기 시작했기에 그 사이에서 말려야만 했다.

"잠시만요, 진정하십시오."

사람들을 진정시키고 나서, 상대를 침략자라고 했던 말 뒤에 숨은 욕구를 찾아내 족장에게 물었다.

"족장님, 방금 평등에 대한 욕구를 말씀하신 게 맞습니까? 이 지역사회에서 동등한 대우를 받고 있다고 느끼고 싶으신 거죠?"

"그렇소! 바로 그거요!"

또다시 상대 족장으로 하여금 있는 그대로 듣게 하는 일이 남았다. 역시나 쉽지 않았다. 어떤 욕구를 표현했는지 서너 번 반복해서 알려줘야만 했다. 그제서야 족장은 상대 족장에게 평등에 대한 욕구가 있음을 들을 수 있었다.

양측이 각자의 욕구를 표현하고 상대가 지닌 욕구를 듣도록 하는데 오랜 시간을 보냈을 무렵(두 시간 가까이 걸렸다), 아무 말 없이 듣고 있던 또 다른 족장이 벌떡 일어나 알아들을 수 없는 말이었지만 무언가 강렬하게 표현하였다. 무슨 말을 저렇게 열심히 하는지 궁금했기에 통역을 재촉했다.

"족장님이 말씀하시길, 이렇게 소통하는 방법을 하루에 다 알 수는 없답니다. 그렇지만 이렇게 대화할 수만 있다면 싸울 필요가 없겠다고요."

통역의 말에 가슴이 뭉클해져서 부탁했다.

"족장님께 전해 주십시오. 우리가 상대의 욕구를 듣게 될 때 세상이 어떻게 바뀌는지 보셨다니 정말 감사합니다. 오늘 저의 목적은 모두가 만족하는 방향으로 평화롭게 갈등이 해결되도록 돕는

데 있지만, 또 한편으로는 이렇게 소통하는 방식의 가치를 보여 드리고 싶었습니다. 그러니 여기 계신 분들이 원하신다면 부족별로 이렇게 대화하는 방법을 배울 수 있도록 돕겠습니다. 그러면 앞으로 어떤 갈등도 폭력이 아닌 대화를 통해 해결할 수 있을 겁니다."

그 족장은 제일 먼저 교육을 받고 싶어 했다. 실제로 그날 떠나기 전, 각 부족마다 모임이 이루어졌다. 이들은 어떤 말로 표현되든 그 뒤에 숨은 욕구를 듣는 법을 배우고 싶은 사람들이었다. 그리고 부족들 사이의 전쟁은 그날로 끝이 났다.

1.5 긍정적 행동 언어로 방법 제공하기

갈등을 겪는 사람들이 서로 자신의 욕구를 표현하고, 상대의 욕구를 알게 되면 서로의 욕구를 충족시킬 수 있는 방법을 찾는 단계로 넘어간다. 경험상, 서둘러 방법을 찾는 단계로 넘어가면 타협안을 찾을 수는 있겠지만, 해결 방안과는 질적으로 달라진다. 해결 방안을 제안하기 전에 충분히 서로의 욕구를 이해해야 서로 맺은 협약을 지킬 가능성도 커진다.

자신과 상대의 욕구가 무엇인지 보는 걸로는 서로 만족할 수 없다. 모두의 욕구를 충족시키는 행동으로 마무리를 해야 한다. 이를 위해서는 긍정적 행동 언어로 현재형을 사용해 분명히 제안할 수 있어야 한다.

'현재형'이란 상대에게 지금 이 순간 원하는 바를 분명하게 말하는 것을 뜻한다. 예를 들어 상대에게 바라는 행동을 얘기하면서 뒤에 "~해줄 수 있겠어요?"를 붙이는 식이다. 현재형으로 표현하면서 뒤에 "~해줄 수 있겠어요?"라고 표현하면 정중한 방향으로 서로 의견을 나눌 수 있다. 상대가 원치 않을 경우 그 이유를 찾아보면 된다. 현재형으로 부탁하는 법을 알게 되면 갈등은 해결점을 향해 나아갈 수 있다.

만일 "토요일 저녁에 함께 공연 보고 싶어요."라고 말한다면, 토요일 저녁에 내가 뭘 하고 싶은지는 분명하지만, 말하는 순간 상대에게 바라는 점은 명확하지 않다. 상대도 가고 싶다는 대답을 원할 수도 있고, 함께 가면 기분이 어떨지 얘기해 주길 바랄 수도 있다. 아니면 토요일 저녁에 다른 약속이 있는 건 아닌지 답해 주길 기다릴 수도 있다. 말하는 바로 그 순간 상대에게 바라는 답을 분명히 표현할수록 갈등도 더 빨리 해결될 수 있다.

여기에 한 가지 덧붙이면, 욕구 충족을 위해 긍정적인 행동 언어로 부탁할 때는 상대방에게 원하는 행동으로 표현해야 한다는 것이다. 상대방이 하지 않기를 바라는 행동 표현은 피해야 한다. 갈등 상황에서 상대에게 원치 않는 행동을 말하는 것은 혼란과 저항을 불러일으킬 뿐이다. 이는 우리 자신에게 적용할 때도 마찬가지다. 스스로에게 원치 않는 행동만 말한다면 같은 상황에서 변화될 가능성은 별로 없다.

몇 해 전 TV 토론회에 참여했을 때의 일이다. 토론회는 당일 오전에 녹화해서 저녁에 방영했기에 집에서 시청할 수 있었다. 토론회를 지켜보던 나는 기분이 몹시 상했다. 토론을 하면서 정말 싫어하는 행동을 세 가지나 하고 있었던 것이다. 그때 나는 혼잣말로 이렇게 중얼거렸다.

"나중에 이 쟁점으로 한 번 더 토론회에 나가게 된다면 A, B, C는 절대 하지 말아야지."

그다음 주에 같은 쟁점으로 토론을 해달라는 요청이 들어 왔고, 나는 실수를 만회할 기회라고 생각했다. 방송국으로 가면서 계속 혼잣말로 되뇌었다.

"자, 명심해. A를 하지 않는다. B를 하지 않는다. C를 하면 안 된다."

토론회가 시작되고 나서 상대 토론자는 지난주와 같은 방식으로 말을 걸어왔다. 내가 어떻게 했을까? 10초 동안은 계획대로 됐다. 그 다음은? A를 했고, B를 했고, C를 했다. 앞서 10초도 한순간에 말아먹었다!

여기서 문제는 하지 않겠다고만 다짐한 데 있다. 정확히 어떻게 달리 행동할 것인지는 불분명했다.

> 갈등을 해결할 때는 자신이 원치 않는 바가 아닌 자신이 원하는 바를 분명히 얘기하는 게 욕구를 충족시키는 데 도움이 된다.

이 점은 내담자인 한 여성을 통해 더 분명해졌다. 내담자는 남편이 집에서 보내는 시간이 적어서 갈등을 겪고 있었다. 그래서 남편에게 "직장에서 시간을 너무 많이 보내지 않았으면 좋겠어요."라고 말하곤 했다. 그러자 남편은 볼링 동호회에 가입하였고 여자는 폭발하고 말았다. 여기에서 보면 여자는 원치 않는 것을 말했지, 자신이 원하는 것은 말하지 않았다. 만일 자신이 원하는 대로 말한다면 이렇게 할 수 있지 않을까?

"일주일에 적어도 한 번은 나와 아이들과 함께 저녁 시간을 보내주겠어요?"

'행동 언어'란 우리가 부탁할 때 분명한 행동을 나타내는 동사를 사용하는 것을 말한다. 욕구를 모호하게 만들거나 공격적으로 들리는 단어는 피한다.

일례로 12년째 갈등을 겪는 부부가 있었다. 아내에게는 이해받고 싶은 욕구가 있었다. 남편에게 아내의 욕구가 뭔지 알도록 한 후, "자, 이제 전략을 찾아봅시다."라고 말하며 아내에게 물었다.

"이해하고 받고, 싶은 욕구를 충족시키기 위해 남편이 무엇을 해주길 바라십니까?"

아내는 남편을 쳐다보며 말을 꺼냈다.

"내가 얘기할 때 잘 들어 줬으면 좋겠어."

"듣고 있어."

남편이 바로 대꾸했다.

"아니, 안 듣잖아."

"듣는다니까."

두 사람은 12년째 이 문제로 싸우는 중이라고 말했다. 우리가 '듣는다'는 말을 전략으로 쓸 때 일어나는 일이다. '듣는다'는 말은 너무 모호하다. 행동 언어가 아니다.

나의 도움으로 아내는 남편에게 "내 말 좀 들어 줬으면 좋겠어."
라고 말할 때 정말 원하는 게 뭔지 깨달았다. 자기가 한 말을 남편
이 되짚어 주는 거였다. 그래야 제대로 전달이 됐는지 알 수 있으니
까 말이다. 아내가 긍정적인 행동 언어로 요청하자 남편은 기꺼이
그렇게 하겠다고 했다. 아내는 12년 동안 그렇게 바라 왔던 욕구를
드디어 충족할 수 있었다. 그동안 아내에게는 딱 한 가지, 원하는
걸 남편에게 분명히 표현하는 언어(능력)가 부족했을 뿐이다.

또 다른 부부가 비슷한 문제로 갈등을 겪은 적이 있다. 아내는 남
편으로부터 자신의 선택을 존중받고 싶은 욕구가 있었다. 먼저 남
편이 아내의 욕구를 이해하게 한 다음 아내에게 물었다.

"남편분은 선택을 존중받고 싶은 부인의 욕구를 이해했습니다.
이제 어떤 부탁을 하고 싶으십니까? 그 욕구를 충족시키려면 어떤
방법이 있을까요?"

아내가 남편에게 말했다.

"내가 나로 성장할 수 있는 자유를 줬으면 좋겠어요."

"주잖소."

"아뇨, 당신은 그렇지 않아요."

"주고 있다니까!"

"저기, 잠깐만요."

나는 두 사람을 제지했다. 여기에서 보듯이 구체적인 행동 언
어로 말하지 않으면 갈등을 악화시킬 수 있다. "성장할 자유를 달
라."는 말은 주인과 종의 관계 또는 독재자에게 구속된 듯한 암시

를 준다. 이러한 부탁은 뭘 원하는지 분명하지 않다. 나는 이 부분을 아내에게 짚어 주고 물었다.

"선택을 존중받고 싶은 욕구를 충족시키기 위해 남편분이 어떻게 해주길 바라십니까?"

아내가 남편에게 "당신에게 허락받고 싶은……"이라고 말을 꺼내자 재빨리 중단시켰다.

"죄송하지만, '허락받는다'는 말도 애매합니다. 더 구체적인 행동 언어를 써보시겠어요?"

"그럼 '당신이 내가 ~하도록'이라고 하는 건 어떤가요?"

"아니오, 그 말도 모호합니다. 누군가가 어떤 일을 하도록 해준다는 게 정확히 어떤 마음이죠?"

골똘히 생각하던 아내는 이내 중요한 사실을 깨달았다.

"어머나 선생님, 이제 알겠어요. 남편에게 '나한테 성장할 자유를 줘!'라고 하거나 '내가 하도록 해줘!'라고 말할 때 진짜 제 속마음을요. 그런데 그 마음 그대로 표현하자니 너무 부끄럽네요. 해봤자 남편이 들어줄 수도 없습니다. 진짜 바랐던 게 내가 뭘 하든 그냥 다 '좋아, 알겠어.' 하는 거였으니까요."

아내는 정말 부탁하려는 말이 분명해지자, 정작 남편에게는 존재 자체와 선택을 존중받을 자유를 주지 않았다는 사실을 깨달았다.

존중은 갈등을 성공적으로 해결하는 핵심 요소이다.

꽤 오래전, 미국 남부 도시에서 소수인종 학생들을 가르쳤을 때의 일이다. 학생들은 자신들이 다니는 학교 교장 선생님이 인종차별적일 때가 많아, 그 문제를 해결할 수 있게 도와달라고 했다.

NVC 훈련 시간에 학생들은 자신들이 원하는 욕구를 정확히 찾아냈다. 부탁을 표현하는 법을 다루자 학생들이 회의적인 반응을 보였다.

"선생님, 교장 선생님께서 부탁을 들어주실 리가 없어요. 예전에도 말씀드렸다가 기분만 상했는걸요. 그때 저희한테 '당장 나가지 않으면 경찰을 부를 테다!'라고 하실 정도였다고요."

"그때 뭐라고 부탁드렸죠?"

한 학생이 답했다.

"우리가 머리를 어떻게 하고 다니든 상관하지 말아 달라고요."

학생들 말로는 머리를 짧게 자르지 않으면 교장 선생님이 축구팀에 들여 보내지 않았다고 한다. 나는 학생들이 했던 말을 되짚어 주었다.

"교장 선생님께 (머리를 어떻게 하고 다니든 상관하지 말아 달라)말씀드린 표현은 적절하지 않아요. 여러분들이 정말 원하는 걸 어떻게 말씀 드릴 지 연습해 봅시다."

또 다른 학생이 말했다.

"그때 교장 선생님께 저희를 공정하게 대해 달라고도 말씀드렸어요."

"그게 욕구예요. 공정함에 대한 욕구가 있구나. 욕구를 알았다면 그다음엔 진짜 우리가 뭘 원하는지 분명히 해야죠. 욕구 충족을 위해 상대방이 뭘 해줄 수 있을까? 그 부분을 분명히 말하는 법을 배워야 합니다."

우리는 열심히 힘을 모아 서른여덟 개의 부탁을 긍정적인 행동 언어로 작성했다. 그러고 나서 강요가 아닌 정중한 부탁으로 공손하게 표현하는 방법을 연습했다. 이렇게 하면 상대가 '좋다/싫다' 중에서 어떤 반응을 보이든 동일한 마음으로 존중과 이해를 보일 수 있다. 만일 상대가 '싫다'고 한다면 긍정하지 못하는 어떤 욕구가 상대에게 있는지 이해하도록 노력해야 한다.

2.1 존중과 굴복은 같지 않다

다른 사람의 욕구를 이해한다는 게 내 자신의 욕구를 포기해야 한다는 뜻은 아니다. 오히려 나뿐만 아니라 상대의 욕구에도 깊은 관심을 갖고 있음을 보여 주는 것이다. 상대가 그 마음을 신뢰할 때 서로의 욕구를 충족할 수 있는 가능성은 훨씬 높아진다. 바로 교장 선생님과의 면담에서 이러한 일을 겪었다.

학생들은 교장 선생님을 찾아가 자신들의 욕구를 말씀드리고 서른여덟 가지의 부탁을 분명한 행동 언어로 표현했다. 학생들은 교장 선생님이 지닌 욕구를 경청했고, 그 결과 교장 선생님은 학생들이 가지고 온 부탁을 모두 수용했다. 그로부터 2주 후, 같은 학군 소속 교육위원이 전화를 통해 내가 학생들에게 가르쳤던 것을 이 사회에서도 교육해 달라고 부탁했다.

상대방에게 부탁을 할 때 상대가 승낙하든 거절하든 그 답에 상관없이 그 반응을 존중하는 태도는 매우 중요하다. 상대가 '아니오.'라고 하거나 '싫습니다.'라고 할 때 그 속에는 매우 중요한 메시지가 들어 있다. 이 메시지를 잘 경청하면 상대가 지닌 욕구를 이해할 수 있다. 상대의 욕구를 잘 듣다 보면, 상대가 '아니오.'라고 거절하는 말이 실은 제시된 방법에 자신의 욕구가 반영되지 않았다는 표현임을 알게 된다. 그래서 부탁에 응하지 않는 것이다. '아니오.' 뒤에 숨은 욕구를 잘 듣는 훈련을 하다 보면, 우리 모두의 욕구를 충족시킬 길이 열려 있음을 깨닫게 된다.

만일 '아니오.'라는 답을 거절로 듣거나, 그렇게 말한 상대를 원망하게 되면 서로의 욕구를 충족시키는 길을 찾기란 매우 어려울 수밖에 없다. 관심의 초점을 당사자 모두의 욕구를 충족시키는 데 두는 일은 전 과정에 걸쳐 가장 중요한 열쇠가 된다.

서로 소통하는 관계가 된다면 관계에서 서로 연결될 수만 있다면 어떤 갈등도 풀 수 있다고 자신한다. 갈등을 겪는 사람들이 각자 지닌 욕구를 분명히 알고 상대의 욕구를 잘 듣는다면, 그리고 욕구를 충족시킬 방법을 분명한 행동 언어로 표현할 수만 있다면, 상대가 '아니오.'라고 할지라도 초점은 욕구 충족으로 돌아오게 되어 있다. 우리 모두가 이렇게 할 때 서로의 욕구를 충족할 방법을 쉽게 찾을 수 있다.

3. 갈등을 겪는 당사자들이 한자리에 모이지 못할 때

앞서 얘기한 대로 갈등을 겪는 사람들끼리 한자리에 모여 단계별로 대화를 나누게 되면 상황은 매우 긍정적으로 흘러간다. 다만, 여기에는 당사자들이 함께해야 한다는 전제가 놓인다. 그래서 최근에는 당사자 가운데 어느 한쪽이 참여하지 못할 경우 갈등을 해결할 수 있는 방법을 찾고 있다.

그 효과적인 방법 한 가지가 녹음기 사용이다. 양쪽을 개별적으로 만날 수밖에 없을 경우 상대 역할을 내가 하는 것이다. 이런 식이다. 한 여성이 남편과 겪는 불화로 너무 고통스러운 나머지 나를 찾아왔다. 남편은 화가 풀리지 않으면 아내에게 폭행을 가하기도 하는 사람이었다. 아내는 남편과 함께 나를 찾아와 갈등을 풀고 싶었지만 남편이 거부하였다. 이 여성에게 내가 남편 역할을 하겠다고 했다. 여성이 남편에게 맞았을 때나 제대로 이해받지 못했을 때 느끼는 감정들을 풀어놓았을 때 존중하는 마음으로 경청했다. 그러고 나서 남편으로서 추측되는 욕구를 표현하면서 내가 하는 말을 잘 들어 달라고 부탁했다. 남편 역할을 하면서 말했던 내용을 녹음하였고, 아내의 욕구에 대해서도 분명한 대화를 나눴다. 역할이 끝난 후 녹음기를 아내에게 주면서 남편의 반응을 녹음해 달라고 했다.

아내가 남편에게 녹음기를 가져가 내가 한 역할을 들려주자 남편은 속이 후련해지는 느낌이라고 말했다. 내가 추측한 남편의 욕구가 정확했던 것이다. 역할극을 통해 자신의 마음을 공감받은 남편은 아내와 함께 직접 찾아왔고, 그렇게 한자리에 모인 부부는 폭력이 아닌, 서로의 욕구를 충족할 수 있는 다른 방법들을 찾아나갔다.

4. 맺으며

갈등을 해결하는 데 있어 중요한 개념 몇 가지를 나누었다. 이를 통해 욕구를 이해하고 읽어 내는 능력이 얼마나 도움을 주는지, 자신의 욕구를 표현하고 상대의 욕구를 듣고 나서 갈등을 해결할 수 있는 전략을 찾고, 그것을 분명한 행동 언어를 사용해 표현하는 일이 얼마나 중요한지를 살펴보았다.

이러한 나눔이 우리가 각자 처한 갈등 상황을 조화롭게 풀어가는 데 도움이 되길 바라며, 아울러 다른 이들의 갈등을 중재하는 데도 사용되길 기대한다. 그리고 그 경험들을 바탕으로 갈등을 겪는 사람들이 이러한 대화 방식을 통해 서로 욕구를 충족시키면서도 문제를 해결할 수 있다는 확신을 갖길 바란다. 덧붙여 강압적인 대화 방식을 배제하고, 우리가 상호의존적인 존재임을 인식함으로써 이러한 방식으로 대화가 가능하다는 확신을 키워가기를 바란다.

2

나로 존재하기, 타인을 사랑하기

특별한 관계를 위한 실천 지침

2

나로 존재하기, 타인을 사랑하기

특별한 관계를 위한 실천 지침

이번 장은 친밀함이 무엇보다 중요한 배우자나 연인, 가족 등과 같은 가까운 인간관계를 중심으로 다룰 것이다. 제시된 예는 그동안 진행했던 워크숍이나 언론 인터뷰에서 발췌하였다. 비폭력 대화의 핵심은 서로 사랑하면서도 각 개인의 고유함과 가치를 지키고 존중하는 데 있다. 이러한 핵심을 역할극과 자유로운 토론을 통해 함께 나누어 본다.

1. 워크숍을 시작하며

이렇게 관계를 주제로 워크숍을 진행하는 저도 실은 아침부터 뜻하지 않은 위기를 겪었습니다. 언제 어느 순간 물어도 짜증나는 질문을, 그것도 아침 일곱 시에 아내가 묻더군요. 변호사도 옆에 없는데 말이죠. 이른 아침부터 절 불렀습니다.

"자는 걸 깨웠어요?" 예, 하지만 그 정도는 괜찮아요. 제 아내는 대뜸, "진짜 진지하게 물어볼 게 있는데, 나 어때? 아직도 예뻐요?" [청중 웃음소리] 정말 이따위 질문을 하다니 제 속이 어땠을까요? 언젠가 한 번은 장거리 운전으로 완전히 지쳐서 집에 들어왔는데 아내가 그러더군요. "우리 집이 좀 달라 보이지 않아요?" 그런데 아무리 둘러봐도 모르겠는 거예요. 그래서 "아니"라고 하니까, 집 전체를 페인트칠했답니다! [웃음]

아침에 제 아내가 "나 어때? 아직도 예뻐요?"라고 물은 건 관계와 연결된 질문입니다. 비폭력 대화를 하는 사람으로서 그건 비폭력 대화의 방식이 아니라고 지적하며 아내의 말을 끊을 수도 있었겠죠. 이 세상 어느 누구에게도 맞다/틀리다, 예쁘다/못생겼다 할 수 없으니까요. 하지만 아내가 원하는 답은 그게 아니란 걸 저는 압니다.

"당신이 아직도 예쁜지 궁금하오?" 아내가 그렇다고 하자 이렇게 답해줬죠. "어떨 땐 예쁘고, 어떨 땐 안 예뻐. 나 다시 잔다!" [웃음] 다행히 아내가 좋아하더군요. 제가 좋아하는 책 중에서 댄 그린버그(Dan Greenburg)의 《자신을 비참하게 하는 방법(How to Make Yourself Miserable)》에 보면 이런 대화가 나옵니다.

"나 사랑해요? 나한테 정말 중요한 질문이니까 깊이 잘 생각
  해보고 답해요. 나 사랑해?"
"그럼."

"아이 참, 진짜 중요하다니까. 제발 진지하게 고민 좀 하고
  말해요.
"나 사랑해?"
"(잠시 침묵) 응."
"근데 왜 머뭇거려요?" [웃음]

우리는 생각하고 말하는 법을 바꿀 수 있습니다. 자신을 존중하고 미워하지 않으면서 자신의 한계를 인정할 수 있습니다. 바로 비폭력 대화(NVC)를 통해서 말이죠. NVC는 자신과 가장 가까운 사람들과 소통함으로써 더 깊은 친밀함을 누리고 기쁨과 즐거움을 풍성하게 나누도록 돕습니다. 죄책감이나 수치심, 책임감, 의무 때문에 관계를 지속하는 일은 친밀함을 파괴하게 되죠. 비폭력 대화는 직장에서도 서로 협력하는 즐거움을 누리게 합니다. 수직적 서열 구조를 벗어나 삶을 풍요롭게 할 비전을 공유하는 일터로 변화시킵니다. 전 세계의 많은 사람이 열정을 가지고 이 일에 동참하는 모습을 볼 때면 얼마나 가슴 벅찬지 모릅니다.

2. 전형적인 갈등

참가자 A 마셜 선생님, 남녀 사이에 겪는 가장 큰 갈등, 가장 큰 문제가 뭐라고 보십니까?

마셜 이런 강의에서 여성들이 많이 묻는 질문입니다.

"선생님, 여쭙기 조심스럽지만, 제 남편은 정말 좋은 사람이에요." 그러고 나서 꼭 '그런데'가 따라붙습니다. "그런데 그 사람 마음은 정말 알다가도 모르겠어요."

(물론 예외는 있겠습니다만) 이 세상 남자들이라면 불평불만을 제외한 다른 감정을 잘 표현할 줄 모릅니다. 다들 존 웨인이나 클린트 이스트우드, 람보를 보고 자랐으니까요. 서부 영화에서 존 웨인이 술집 문을 박차고 들어가 안에 있던 남자들을 편 가르듯이, 다들 속마음을 솔직하게 드러내는 대신 서로에게 꼬리표를 붙입니다. 존 웨인은 자기를 향해 겨누는 총구를 봐도 절대 '무섭다'고 하지 않죠. 반년 가까이 사막에 혼자 내버려졌을 때도 '외롭다'는 말 한마디 없었습니다. 그럼 존 웨인은 어떤 식으로 대화를 했을까요? 사람들을 편을 갈라 낙인찍는 게 전부였습니다. 그것도 아주 단순하게 좋은 놈 나쁜 놈으로 나눠서, 좋은 놈에겐 술을 한 잔 사고 나쁜 놈은 총을 쏴 버리는 식이죠.

사실 저도 과거에는 이렇게 대화하는 게 전부인 줄 알았습니다만, 아무튼 이러한 대화 방식으로는 자신의 감정과 소통하는 법을 알기 어렵습니다. 전투병이 되고자 한다면 의식적으로 감정에 휘둘리지 않으려 애쓸 테니까요. 이런 전투병과 결혼하는 일은 여성에게도 낯선 경험입니다. 어릴 적 전쟁 놀이를 즐기던 남자아이들과 달리 인형 놀이를 좋아했을 테니까요. 여성은 친밀함을 원하지만 남성에겐 그 단어 자체가 없기 때문에 친밀함을 표현하기가 만만치가 않습니다.

반대로 여성은 자신의 욕구를 솔직하게 표현하는 방법을 배우지 못했죠. 수세기에 걸쳐 자신의 욕구는 감추고 주변 사람부터 보살피도록 훈육 받았습니다. 그 결과 남성에게 의존적이 되어 남성이 알아서 자신의 욕구를 채우고 보듬으며 이끌어 주길 바라게 됐죠. 이 문제는 보편적이면서도 각 개인에 따라 다를 수 있습니다.

참가자 A   남녀 사이에 일어날 수 있는 일로 역할극을 해보면 좋겠습니다. 가장 많이 다투는 문제로 상황을 만들어 주시겠어요?

마셜   음, 제일 많이 다투는 문제라면 이런 거겠죠. 여성이 남성에게 묻습니다. "우리가 잘 소통하고 있는 걸까? 난 정말 우리가 정서적으로 잘 통한다는 느낌을 받고 싶어요. 내 말이 어떻게 들려요?" 남성은 이렇게 답하죠. "뭐가?"

참가자 A   아, 그럼 그 남성 역할을 제가 해 보겠습니다.

참가자 A(남편 역)   뭐가? 나보고 뭘 어쩌라고?

마셜(아내 역)   아니, 그렇게 되묻지 마세요, 당신이 느끼는 감정이 궁금하니까요. 내 말에 상처받았어요? 짜증나요? 두려워요?

참가자 A(남편 역)   글쎄, 잘 모르겠는데.

마셜(아내 역) 나도 그러네요. 그렇게 모르겠다고 해 버리니까 나도 맘이 불편하고 불안해요.

참가자 A(남편 역) 그렇게 말하니까 마치…… 나를 비난하는 것 같군.

마셜(아내 역) 그래서 상처받았어요? 존중받고 싶고 우리 부부 사이를 좋게 하려고 애썼던 점에 대해 고맙다고 인정받고 싶은 거죠?

참가자 A(남편 역) 뭐, 그렇지.

마셜(아내 역) 그 말을 기다렸어요. "상처받았어, 고맙다고 해주면 좋겠어."라고 말해 주길 얼마나 기다렸다고요. 그런데 그렇게 말하지 않고 "날 비난하는 것 같군."이라고 한 거 알아요? 당신이 하는 말에 휩쓸리지 말고 판단으로 듣지 말고 숨을 깊게 들이마시면서 당신의 감정이 어떨지, 어떤 욕구가 있는지 잘 들어보라고 했죠. 그런데 그건 너무 어려운 일이에요. 당신이 직접 당신의 느낌과 욕구를 말해 주면 고맙겠어요."

참가자 A(남편 역) 그렇지만 나도 내 안에 올라오는 게 뭔지 잘 모르겠어. 내가 어떻게 하길 바라오?

마셜(아내 역) 우선 우리가 이런 대화를 나눠서 기뻐요. 당신 입장에서 내가 부탁한 대로 해주는 게 얼마나 어려울지 잘 알아요. 이해해요. 새로운 도전이라는 거 의식하면서 기다릴게요.

그래도 지금 당신 마음이 어떤지는 듣고 싶어요.

참가자 A(남편 역) 뭐, 지금 이 순간은, 당신이 자기 욕구를 그렇게 말
해 줘서 기뻐.

마셜 이것이 바로 남녀 사이에 이루어지는 전형적인 패턴입
니다. 대부분의 남편은 아내가 하는 부탁을 마치 강요로
듣는 경우가 많습니다.

3. 결혼에 관하여

그동안 우리는 "결혼이란 무엇인가?"에 대해 말도 안 되는 가르
침을 받아온 덕분에 그 어떤 타인과의 관계보다도 부부 사이에 제
대로 소통하는 일이 가장 어렵습니다. 나와 함께 사는 사람도 '아
내'라고 생각하지 않을 때 훨씬 더 많은 즐거움을 누립니다. 우리
문화에서는 남자가 '내 아내'라고 하는 순간부터 자신의 소유물로
인식하기 때문이죠.

NVC는 너와 내가 서로 마음으로 소통하며 연결되도록 하는 언어입니다. 이
는 '~할 도리가 있는', '~로서 해야 하는', '지켜야 하는' 등 호칭에서 우리에게
부여된 책임과 의무인데, 어떤 일을 수행해서는 안 된다는 것도 포함됩니다.
죄책감이나 수치심, 무의식이나 두려움, 의무감이나 책임감을 바
탕으로 상대방을 위해 일을 하면 서로에게 손해입니다. 이런 에너
지에서 비롯된 친절은 언젠가 반드시 그에 상응하는 값을 치러야
합니다. 상대가 비용을 치렀기 때문이죠. 우리는 진심으로 마음을

주고받는 과정에 관심을 가져야 합니다. 어떻게 하면 받는 마음으로 주는 마음을 배울 수 있을까요? 인간적으로 일할 때는 주고받는 사람이 뚜렷이 구별되지 않습니다. 판단이 작용할 때 주는 사람과 받는 사람이 뚜렷이 나눠지고 즐거움도 찾기 어렵습니다.

4. 네 가지 질문을 통해 배우기

한 번 적어봅니다. 앞으로 네 가지 질문을 할 텐데, 결혼하신 분은 남편이나 아내가 하는 질문으로 생각하시면 됩니다. 아니면 가까운 친구나 동료, 연인 중에서 상대방을 택하셔도 됩니다. 비폭력 대화자라면 친밀한 관계에서뿐만 아니라 모든 인간관계에 적용해 볼 수 있는 질문입니다. 자신의 배우자나 친구가 묻는다고 생각하고 각 질문에 대한 답을 써보십시오.

독자 여러분도 별도의 종이를 준비해서 같이 해보십시오.

> 질문 01 배우자 혹은 친구로서 나의 행동 가운데 멋진 삶을 살고자 하는 당신에게 전혀 도움이 되지 않는 게 있다면 한 가지만 말해 주겠어요? 비폭력 대화자로서 당신의 풍요로운 삶을 방해하는 어떤 말이나 행동도 하고 싶지 않기 때문에, 그런 경우가 있다면 말해 주면 고맙겠어요. 내가 어떤 행동을 하거나 하지 않아서 당신이 풍요로

운 삶을 사는 것을 방해한 일 한 가지만 떠올려 보고 적어 주세요.

질문 02   비폭력 대화자로서 나는 당신의 풍요로운 삶을 방해하는 내 행동이나 말을 알고 싶어요. 그런데 상황에 따라 우리가 정서적으로 잘 소통하는 일도 참 중요해요. 서로 마음을 잘 주고받으려면 당신이 느끼는 감정을 잘 알겠죠. 서로의 느낌을 잘 어루만질 수 있다면 얼마나 큰 힘이 될까요? 두 번째 질문입니다. *내 맘 내키는 대로 하는 걸 보면 어떤 느낌이 듭니까?* (when I do what I do how do you feel?) 그 느낌을 적어 주세요.

질문 03   우리가 느끼는 감정은 자신의 욕구가 무엇인지, 그리고 그 욕구를 어떻게 다루는지와 연결되더군요. 욕구가 충족되면 유쾌한 감정들, 예를 들어 행복한, 만족스러운, 기쁜, 날아갈 것 같은, 흡족한 느낌을 갖습니다. 반대로 욕구가 충족되지 않으면 앞서 적었던 불쾌한 감정들을 느낍니다. 여기서 세 번째 질문입니다. 당신에게 충족되지 않은 욕구는 무엇입니까?

욕구 관점에서 왜 그런 느낌을 갖는지 말해 주십시오. "나는 ~하고 싶었기 때문에(원했으므로, 바랐기 때문에) ~할 때

~한 느낌이다."라는 형식으로 충족되지 않은 욕구를 적어 보십시오.

질문 04 이 질문이야말로 비폭력 대화로 삶을 살아가는 사람들에게 핵심이 되는 말입니다. 모두 이 핵심 질문을 받을 준비가 되셨습니까?

이제 당신이 풍요로운 삶을 사는 데 방해가 되는 나의 행동과 그에 따른 당신의 느낌을 알았습니다. 그리고 충족되지 않은 당신의 욕구에 대해서도 말해 주었죠. 이제 당신이 지닌 가장 멋진 꿈을 실현시키는 데 있어 내가 도울 수 있는 일을 알려 주세요. 이것이야말로 비폭력 대화의 정수입니다. 서로의 삶을 풍요롭게 하기 위해 무엇을 할 수 있을까요?

비폭력 대화란 언제 어디서든 상대가 누구라도 이 네 가지로 선명하게 소통하는 것을 말합니다. 물론 모든 상황이 우리의 충족되지 않은 욕구에 대한 것은 아닙니다. 한 가지 덧붙이자면 제시된 질문 1, 2, 3을 통해 비폭력 대화의 형식으로 감사를 표현할 수 있습니다. (1) 나의 삶을 풍요롭게 해준 상대의 행동에 대해서, (2) 그때 어떤 느낌이었는지, (3) 그 행동으로 나의 어떤 욕구가 충족되었는지를 표현하는 것입니다. 인간의 기본으로서 표현할 것은 두 가지 밖에 없습니다. 바로 부탁과 감사뿐입니다. NVC 언어를 사용하는 목적은 부탁과 감사를 분명히 표현함으로써 다른 요소들의 방해 없이 정서적으로 잘 소통하는 데 있습니다.

4.1 비판

마음으로 소통하지 못하도록 방해하는 두 가지 요소가 있는데, 비판이 그 한 가지입니다. 앞서 네 가지 질문에 대한 답을 NVC로 표현한다면 상대방이 비판으로 들을 만한 단어가 있어서는 안 됩니다. 답하는 과정에서 가장 먼저 표현해야 할 부분은 행동입니다. 상대방이 했던 행동에만 초점을 맞춰야지 행동을 비판해서는 안 됩니다. 남은 세 답은 모두 자신에 대한 것입니다. 자신의 감정, 자신의 충족되지 않은 욕구, 그리고 부탁. 만일 자신이 사용한 말이 상대방에게 비판으로 들렸다면 네 가지 답에 자신의 판단이 들어간 겁니다.

비판은 비난, 판단, 원망, 진단 또는 머리로 사람을 분석하는 것입니다. 비폭력 대화로 대답을 한다면 비판으로 여겨질 단어는 찾기 어렵습니다. 그러나 상대방이 판단하는 귀를 지니면 (마셜이 '판단의 귀'를 머리에 쓴다.) 그 어떤 말을 해도 비판으로 들릴 수 있습니다. 오늘은 그런 경우에 어떻게 상황을 정리하고 문제를 해결해 나갈지를 다루어서 어느 누구와도 비폭력 대화로 소통할 수 있도록 하겠습니다.

4.2 강압

마음으로 소통하는 능력을 방해하는 두 번째 요소는 강압입니다. 비폭력 대화자로서 여러분은 선물을 전하는 마음으로 네 가지를 적었을 것이고, 상대방도 강요나 명령이 아닌 선물이나 기회로 여기길 바랐을 것입니다. NVC 언어에는 비판이나 강압이 없습니다. 원하는 바를 말할 때에도 "기꺼이 할 수 있을 때에만 해주세요. 절대 부담감으로 하지 마세요. 죄책감이나 두려움, 수치심, 분노나 체념 때문에 하는 일이라면 절대 하지 마세요. 그럴 경우 서로 괴롭거든요. 마음에서 우러나올 때, 우리 서로에게 선물이 될 때에만 부탁을 들어주세요."라는 방식으로 소통합니다. 그 어느 쪽도 손해를 본다거나 양보하거나 포기하는 걸로 느끼지 않을 때 서로 이익을 누릴 수 있습니다.

4.3 마음으로 받아들이기

비폭력 대화는 크게 두 부분으로 구성됩니다. 하나는 상대가 비판이나 강요로 듣지 않게 위의 네 가지를 잘 전달하는 능력입니다. 나머지 하나는 상대방이 이 네 가지와 관련된 답을 말할 때 판단이든 비폭력 대화든 표현에 상관없이 잘 듣는 방법입니다. 상대방이 NVC로 말한다면 우리의 삶은 훨씬 쉽겠죠. 이 네 가지를 분명히 표현할 것이고, 우리 자신은 정확하게 받아들여서 응답하면 되니까요.

그러나 상대방이 판단의 언어로 말할 때에는 'NVC 귀'가 필요합니다. [마셜이 NVC 귀를 쓰자 청중이 웃는다] NVC 귀는 번역가 역할을 합니다. 상대방이 뭐라고 말하든 이 귀만 쓰면 NVC로 듣게 됩니다. 예를 들어 상대방이 "당신 문제가 뭔지 알아……"라고 해도 NVC 귀를 지닌 사람은 그 말을 "내가 원하는 건……"이라고 듣습니다. 어떤 판단이나 비판, 비난으로도 듣지 않습니다. 모든 비난은 충족되지 못한 욕구의 정서적 호소입니다. 자신이 원하는 바를 얻지 못하고 긴장감과 문제만 불러일으킵니다. NVC 귀를 통해 이를 절대 비판으로 듣지 않고 충족되지 않은 욕구로 들을 수 있습니다.

4.4 NVC로 듣고 답하기

누군가 판단형으로 말해도 NVC로 듣는 연습을 해보겠습니다. 다 함께 보고 배울 수 있도록 한 분이 자신의 경험을 나눠 주시면 좋겠는데요. 아까 적었던 답을 읽어주시겠습니다. NVC로 대답했는지, 판단이 섞였는지 알려드리겠습니다.

> **첫 번째 질문 : "내 행동 가운데 멋진 삶을 살고자 하는 당신에게 방해가 되는 게 있다면 무엇입니까?"**

참가자 B   뭔 말을 해도 듣지를 않는 것 같아.

마셜   '~것 같아, ~처럼 보여.'라는 말은 NVC로 답하는 게 아닙니다. 그 말을 하는 순간 진단을 내렸다는 뜻이죠. '뭔 말을 해도 들지를 않는 것 같아'는 진단입니다.

"내 말 안 듣지."

"듣고 있거든!"

"안 들었잖아!"

주변에 이런 언쟁이 벌어지는 경우를 쉽게 볼 수 있는데요, 관찰이 아닌 비판으로 시작하면 꼭 벌어지는 일입니다.

마셜(남편 역) 말해 봐, 대체 뭘 보고 당신 말을 안 듣는다는 거요? 신문이나 TV 보면서도 다 들을 수 있다니까.

참가자 B TV 보고 있었잖아요.

마셜(자신) NVC로 듣지 않으면 남편 입장에선 저 말이 비판으로 들릴 수 있어요. 반대로 NVC 귀로 듣는다면 비판이 아니라 질문에 답하는 걸로 여깁니다.

마셜(남편 역) 당신이 얘기하는데 나는 TV를 보고 있더라는 거요?

참가자 B 그래요.

마셜(남편 역) 그렇게 말하고 있는데 내가 TV를 보고 있으면 어떤 느낌이오?

마셜(자신) [참가자 B에게 조언한다] "내 말을 안 듣는구나!"라고 답하면 판단으로 빠지는 또 다른 표현이 되니까 그 말은 피하십시오.

참가자 B   힘이 쑥 빠지면서 속상해요.

마설(자신)   그렇죠, 바로 그거예요!

마설(남편 역)   왜 그렇게 느끼는 거요?

참가자 B   존중받고 싶으니까요.

마설(자신)   NVC의 정석이죠! 보십시오. 이 분은 "당신이 TV를 보고 있으니까 힘이 쑥 빠지고 속상해요."라고 하지 않았습니다. 자기 기분에 대해 남편을 탓하는 대신 자기 욕구로 끌고 가서 "내가 ~하고 싶었기 때문에 ~하게 느낀다."라고 표현했죠. 반면에 판단 식으로 말하는 사람이라면 "내가 말하는데 TV를 보고 있으니 속상한 마음이 들잖아."라거나 "당신이 ~했기 때문에 내 마음이 ~하다."라고 말했을 겁니다. 이제 네 번째 질문으로 가보죠. "당신이 멋지게 살려면 내가 어떻게 하면 좋겠소?"

참가자 B   우리가 대화를 나눌 때 함께 눈 맞추고 내가 하는 말을 다시 반복해 주면 고맙겠어요.

마설   잘하셨습니다. 모두 네 가지를 잘 들으셨죠?

  "내가 얘기할 때 TV를 보고 있으면, 힘이 쑥 빠지고 속상해요. 내 말에 귀 기울여 주고 존중받았으면 좋겠어요. 앞으로 대화를 나눌 때면 함께 눈을 맞추고 들은 말을 반복해 주겠어요? 그럼 잘못 전달된 부분이 있을 때 정정할 수 있으니까."

이렇게 얘기했을 때 배우자 입장에선 이를 비판으로 받아들이고 자신을 방어하려 들지 모릅니다. "듣고 있다니까! 텔레비전 보면서도 다 들을 수 있어."라고 말이죠. 어쩌면 한숨을 푹 내쉬면서 "알겠소."라며 강요로 받아들일 수도 있습니다. 남편은 아내의 부탁을 부부의 행복한 삶에 이바지할 수 있는 기회로 삼기보다 따라야만 하는 요구 사항으로 여긴 거죠. 하지만 이렇게 명령에 따르는 듯한 행동은 아내 입장에서도 달갑지 않습니다. 그건 아내인 자신의 기분의 상하지 않게 하려는 행동일 뿐이니까요. 아내가 멋진 삶을 사는 데 이바지하기 위해서가 아니라 남편 자신의 삶이 덜 비참해지려고 선택한 것입니다.

그렇기 때문에 결혼생활은 진정한 도전입니다. 결혼과 사랑은 상대를 위해 자기 자신을 부정하는 것이라고 우리는 배웠습니다. "사랑한다면 원치 않는 일이라도 그 사람을 위해서 해야만 한다."라고 말이지요. 그러나 그렇게 하는 일은 사실 상대방도 원치 않습니다.

참가자 B 그러면서 속으로는 해준 일에 대해 일일이 따지고 있을 걸요?

마셜 그렇죠. 각자 속으로는 계산하게 되죠. 그러니 10년 전에 해준 일도 기억하는 거죠.

"솔직히 내키지 않을 때도 여태껏 당신을 위해서 이것

저것 안 한 거 없이 다 했는데 말이야, 적어도 이런이런
정도는 해줄 수 있잖아!"

이런 식으로 끄집어내기도 합니다. 사실 얘기할라치
면 끝도 없죠. 다들 그 방면에선 누구보다 뛰어난 통계
학자가 되니까 말입니다.

5. 역할극(Role-Plays)

5.1 강요 듣기

참가자 C   그럼 상대방이 "TV 보면서도 다 들을 수 있다니까."라
고 하면 비폭력 대화자는 어떻게 답해야 합니까?

마셜(비폭력 대화자 역) 몰아붙이는 거 같아 언짢아요? 부담스러워요?

참가자 C   그렇지! 나한테 이렇게 늘 강요하는 식이잖아. 이거 해
라, 저거 해라! 젠장!

마셜(비폭력 대화자 역) 이런저런 강요에 지쳤나 봐요. 마지못해서가
아니라 마음에서 우러나와서 하고 싶은 거죠?

참가자 C   음, 맞아.

마셜(비폭력 대화자 역) 이제는 제가 힘이 쑥 빠지네요. 어떻게 하면 강
요로 듣지 않게 할 수 있을까요. 두 가지 선택밖에 없겠
죠. 입 다물고 욕구 충족도 포기하기, 강요로 들리더라

도 원하는 걸 말하기. 그 어느 쪽도 사실상 실패라고 봐야죠. 방금 내가 한 말 그대로 다시 얘기해 주겠어요?

참가자 C   뭘?

마셜(자신)   비폭력 대화를 모르는 사람들에겐 굉장히 혼란스러울 수밖에 없죠. 그동안 강압적인 사회에서 자랐으니까요. 그 부모들도 아이들에게 무언가를 시키려면 혼내거나 죄책감을 갖게 하는 수밖에 없다고 여겼을 겁니다. 그렇게 자랐으니 다른 방법을 접했을 때 당황하고, 부탁과 강요가 어떻게 다른지도 잘 모릅니다. 상대방이 원하는 대로 해주지 않으면 죄책감이 올라오거나 위협을 받을 거라 여기죠. 비폭력 대화자 입장에선 이런 사람에게 자신이 하는 부탁을 강요가 아닌 선물로 받아들이게 하는 일이 쉽지 않습니다. 그렇지만 선물로 듣게 할 수만 있다면 앞으로는 고통스러운 날들에서 벗어나겠죠. 상대방이 NVC 귀로 듣지 않는 한 어떠한 부탁도 고행이니까요.

마셜(비폭력 대화자 역)   원하는 걸 어떻게 요청하면 강요로 들리지 않을지 궁금해요.

참가자 C   모르지.

마셜(비폭력 대화자 역)   그래도 이 부분이 선명해져서 다행이에요. 뭘 하고 싶은지 말하는 순간 내 말을 강요로 받아들이거나 그대로 하려 들지 않고 내 욕구를 알게 할 수 있는 방법은 없을까가 늘 고민이었거든요.

참가자 C 그래, 그게 당신에게 얼마나 중요한지는 알겠어. 그리고 사랑하는 사람끼리 부탁받은 건 해줘야지.

마셜(비폭력 대화자 역) 혹시 사랑에 대한 정의가 나 때문에 바뀌었어요?

참가자 C 뭘, 어떻게?

마셜(비폭력 대화자 역) 사랑은 상대방을 위해서 나를 부정하는 게 아니에요. 오히려 자신의 느낌과 욕구를 자유롭게 솔직히 표현하고 서로 공감하며 수용하죠. 공감하며 수용한다는 건 따라주는 게 아니라 상대방의 표현을 있는 그대로 선물로서 받아주는 거예요. 강요가 아니라 "이게 나에요, 난 이렇게 하고 싶어요."라고 우리 자신의 욕구를 솔직하게 표현하는 게 사랑이에요. 사랑에 대한 제 정의가 어떻게 느껴지세요?

참가자 C 그 말에 동의한다면 정말 다른 사람이 되겠군.

마셜(비폭력 대화자 역) 맞아요.

5.2 내가 말을 '너무 많이' 하면 끊어 주세요.

마셜   또 다른 경우를 다뤄 볼까요?

참가자 D   모임에서 혼자서만 말을 너무 많이 하면 누군가 "그만 좀 얘기해. 도저히 더 못 듣겠다."라고 할 때가 있잖아요?

마셜   비폭력 대화자라면 '너무 많이'라는 단어를 써서는 안 되겠죠. '너무 많이', '딱 좋은', '너무 적게'와 같은 말에는 위험한 판단이 숨어 있습니다.

참가자 D   선생님 말씀도 그렇고, 어젯밤에 다른 선생님도 대화할 때는 중간에 한 번씩 말을 멈추고 상대가 반응할 수 있는 기회를 줘야 한다고 들었습니다.

마셜   '줘야 한다'고요?

참가자 D   아니오, '줘야 한다'가 아니라 '주는 게 좋다'였습니다.

마셜   맞습니다. 꼭 그래야만 하는 건 아니죠. 그럴 수 없는 때도 많았으니까요.[웃음]

참가자 D   어쨌든 그럴 때 친구가 신호를 해주면 좋겠습니다.

마셜   친구가 들어줄 수 있는 한계치를 넘어선 순간 말이죠?

참가자 D   맞습니다.

마셜   상대방이 우리의 한계를 넘어서 말을 쏟아낼 때 베풀 수 있는 '최선의 친절'은 말을 끊는 겁니다. 제가 '베풀 수 있는 최선의 친절'이라고 한 이유가 있습니다. 수백 명에게 물어봤습니다. "만일 상대방이 더 이상 듣고 싶지 않은데도 본인이 계속 얘기를 하고 있다 칩시다. 그럴 때 그 사람이 계속 들어주는 척하길 바랍니까 아니면 그만 얘기하도록 하길 바랍니까?" 단 한 사람을 제외하고는 모두 단호하게 '그만 얘기하도록' 해주길 바랐습니다. 한 여성만이 그 말을 듣고 잘 처신할 수 있을지 모르겠다고 답했습니다.

멍한 상태로 그저 상대방과 눈만 맞추고 미소를 띠는 모습이 친절은 아닙니다. 그런 친절은 전혀 도움이 되지 않습니다. 그러다 그 사람 때문에 스트레스를 받거나 온몸이 뻐근해지기도 할 텐데, 자신이 그런 원인 제공자가 되고 싶은 사람은 없으니까요. 사람은 누구나 자신이 하는 말과 행동이 다른 사람의 삶을 풍요롭게 하길 바랍니다. 그러니 그렇지 않을 경우엔 친절을 베풀어서 상대방의 말과 행동을 멈추십시오.

저 역시 이러한 말과 행동을 시도하는 데 용기가 필요했습니다. 제가 자란 문화에서는 금기 사항이었으니까요. 노스다코다 주에 있는 파고 시에서 선생님들에게 강의를 했는데 친목회에 초대받았습니다. 모두들 둘러앉아 이런저런 얘기를 나누는데 10분쯤 지났을 무렵 기운이 쑥 빠지더군요. 대화 속에 삶에 대한 이야기나 느낌이나 욕구에 대해서는 한마디 말도 없었죠. 누군가 "그 방학 때 있었던 일 말이에요."라고 운을 띄우면, 그 방학에 대해 이야기하는 식이었습니다. 그러다 또 다른 얘깃거리를 꺼내는 식으로 얘기를 하더군요. 잠자코 듣고만 있다가 용기를 냈죠.

"죄송합니다만, 저도 선생님들과 유대관계를 맺고 대화에 참여하고 싶은데 그렇게 하기가 너무 어렵군요. 다들 즐거우십니까?"

만일 그렇다고 한다면 나는 나대로 그 시간을 어떻게 즐길지 고민해 볼 참이었습니다. 그런데 그 자리에 있던 아홉 명 모두 말을 멈추고는 눈을 동그랗게 뜨고 쳐다보더군요.

2분 정도 흘렀을까, 이제 난 죽었구나 싶었죠. 하지만 곧 어떤 답도 내 기분을 망칠 수는 없다는 사실을 떠올렸습니다. 기분이 가라앉았던 건 제가 '판단의 귀'로 옳다/그르다를 따졌기 때문이었죠. 'NVC 귀'로 바꿔 쓴 저는 그 침묵 속에 표현된 느낌과 욕구를 들여다볼 수 있었습니다.

"저 때문에 다들 언짢아지신 것 같은데, 제가 자리에서 빠지는 게 좋겠습니다."

다른 사람의 느낌과 욕구가 무엇인지 초점을 바꾸는 순간부터 사실 제 기분은 나아지기 시작했습니다. 초점을 옮기자 제 자신을 도덕적으로 판단하고 경멸하며, 굴

러들어온 돌처럼 여기는 힘에서 완전히 벗어났죠. 스스로 뭔가 잘못한 것 같을 때도 마찬가지입니다. NVC 귀를 쓴다고 언제나 추측이 맞는 건 아니거든요. 그 자리에 함께한 선생님들이 언짢았을 거라 예상했지만 그렇지 않았습니다.

"아뇨, 화가 났다기보다 그게 무슨 말씀인지 생각 중이었어요."

어느 분이 먼저 말씀하시더군요.

"저도 재미없었거든요."

사실 그 선생님이 제일 열심히 떠들었거든요! 이런 경우가 처음은 아니었습니다. 제가 지루하면 같이 얘기하던 사람도 똑같이 지겨워하는 경우가 대부분이었습니다. 우리 자신의 삶과 동떨어진 이야기를 할 때 흔히 겪는 감정으로, 느낌이나 욕구를 다루는 대신 그저 그렇고 그런 수다로 관계를 유지하려 들 때 나타납니다. 특히 일정 수준 이상의 사회적 지위를 가진 사람일수록 이러한 대화 패턴에 익숙합니다.

코미디언 버디 해킷이 했던 말이 생각나는군요. 집에서 식사를 마치고 나면 항상 속이 더부룩하고 쓰려서 당연하게 여기고 살았는데 군 생활을 하면서는 한 번도 그런 일이 없더라는 겁니다. 어머니의 요리에 길들여져서 속 쓰림 증상이 일상적인 삶이 되어 버린 것이죠. 사회생활을 통해 이루어진 사교 모임 또한 별 의미 없는 대화를 나누며 시간을 보내는 일을 당연시합니다. 다른 방법을 모르기 때문에 그저 한자리에 모여서 머리로만 이야기가 오갈 뿐이죠. 죽은 대화, 하지만 그 사실조차도 알지 못합니다. 그렇게 서로 속마음을 털어놓고 보니 함께하던 아홉 명 모두 같은 마음이었습니다. 죽은 대화, 시시껄렁한 잡담을 늘어놓으면서 다들 지치고 가라앉아 있었던 거죠. 그러자 한 여자 선생님이 물었습니다.

"마셜 선생님, 우리가 왜 이러고 있는 거죠?"

"네?"

"빙 둘러앉아 너도나도 지겨운 시간을 보내잖아요. 선생님은 오늘이 처음이지만, 저희는 매주 이런 자리를 가져왔어요!"

"그건 저처럼 삶의 에너지에 집중하는 경험을 시도해 보지 않아서 그럴 겁니다. 정말 원하는 삶을 살고 계십니까? 매 순간순간이 우리에겐 너무나 소중하니까 에너지를 잃었을 때에는 활력을 북돋는 일을 해봐야죠."

5.3 대체 원하는 게 뭐야?

참가자 E 마셜 선생님, 어떻게 하면 남녀가 잘 지낼 수 있을까 고민할 때가 있어요. 가령, 운전하고 가다가 "자기야, 저

집 예쁘지?" 하거나 "저기 호수 좀 봐! 저런데 꼭 한 번 가 보고 싶었는데."라고 하잖아요? 그러면 남자들은 집을 새로 사야 한다거나 지금 당장 그 호수로 여자를 데려가야 한다고 여긴단 말이에요. 사실 여자들 입장에선 그 순간 흥분해서 한 말이지 그걸 꼭 해달라는 의미는 아니거든요. 그냥 말로만 그럴 뿐이죠.

마셜　그럼 제가 남자들을 대변해야겠군요. 꼭 남자만을 위한 답도 아니네요. 우리가 상대방에게 어떤 말을 하면서 꼭 답을 달라는 뜻은 아니라고 할 경우, 상대방은 생각보다 큰 상처를 입을 수 있습니다. '나도 그 집이 예쁘다거나 외관이 어떻다는 둥 하는 말로 맞장구쳐야 하나? 아니면 다른 말을 듣고 싶은 걸까?'라고 고민을 하기 때문이죠.

　댈러스 공항에서 터미널로 이동하는 기차를 타고 가던 때였습니다. 건너편에 노부부가 앉아 있었는데, 남편 분이 안절부절못하며 아내에게 툴툴거리더군요.

　"내 평생 이렇게 느려터진 기차는 첨 봤어."

　이 말은 "저 집 되게 근사하지 않아요?"라는 경우와 비슷한데요, 두 사람이 말하면서 원한 건 무엇이었을까요? 아내에게 듣고 싶은 말을 선명하게 표현하지 않고 그렇게 툭 내뱉는 말이 아내를 얼마나 힘들게 하는지 남편은 알지 못하는 거죠. 아내 입장에선 일종의 추리 게

임이거든요. 우리 자신이 어떤 말을 하면서 정말로 원하는 걸 알리면 그 순간에 솔직하게 드러나는 자신의 내면을 잘 들여다볼 필요가 있습니다. 그런데 이 남편은 그냥 "내 평생 이렇게 느려터진 기차는 첨 봤어."라고 말했습니다.

바로 건너편에 앉아 있어서 부인의 표정도 볼 수 있었습니다. 사랑하는 남편이 불만을 토로하는데 어찌할 줄을 몰라 불편한 기색이 역력했습니다. 상대방이 뭘 원하는지 잘 모를 때 흔히 그러하듯, 이 부인도 그저 잠자코 있을 뿐이었습니다. 그러자 남편은 같은 말을 되풀이하는 것이 원하는 대로 이루어지는 마법이라도 되는 듯이 반복해서 중얼거렸습니다. 우리도 예외는 아닙니다. 그런 행동이 상대방 속을 얼마나 괴롭게 하는지는 전혀 모르고요. 이 남편도 마찬가지입니다.

"내 평생 이렇게 느려터진 기차는 정말 첨이라니까!"

이때 부인의 대답이 환상적이었습니다.

"기계가 알아서 딱딱 시간 맞춰 운행하는 거잖아요."

당연히 남편이 원한 답이 아니었습니다. 남편도 뻔히 알고 있을 사실을 부인은 뭣 하러 알려 줬을까요? 남편의 상한 기분을 어떻게든 풀어 주려는 거겠죠. 남편이 뭘 원하는지 제대로 말해 주지 않으니 부인도 그 상황이 점점 더 괴로웠던 겁니다. 그러자 남편이 세 번째 같은 말을 반복했습니다.

"내 평생 이렇게 느려터진 기차는 첨이야!"

그러자 부인이 대꾸했습니다.

"그러니 나보고 어쩌라고요?"

사실 남편이 원한 건 우리도 흔히 겪는 일로 삶의 의욕과도 연결됩니다. 일상생활을 하면서 적어도 하루에 한 번 이상 이 욕구를 충족시키길 바라고, 그렇지 못할 경우 값비싼 대가를 치르기도 하죠. 이걸 원한다는 사실조차 깨닫지 못할 때도 많고, 알고 있어도 어떻게 요구해야 할지 모르기도 합니다. 한마디로 비극인 셈이죠. 남편이 원했던 건 단언컨대 '공감'이었습니다. 아내가 자신의 느낌과 욕구를 잘 느껴서 답해 주길 원한 겁니다. 부부가 NVC를 공부했다면 이렇게 대화를 할 수 있을 것입니다.

남편 하아, 내 평생 이렇게 느려터진 기차는 정말 첨이군만! 지금 이 순간 내 느낌과 욕구를 짚어 줄 수 있겠소?

아내 답답하고 짜증나죠? 기차가 좀 더 속도를 냈으면 좋겠어요?

남편 음, 제시간에 도착하지 못하면 추가 요금을 내야 하니까.

아내 늦어서 돈을 더 내는 일이 없었으면 하니까 걱정이 되는 거군요.

남편 [한숨을 쉬며] 그렇지.

우리가 고통을 겪을 때는 그저 누군가 내 곁에서 공감해 주는 일만으로도 굉장한 힘을 얻습니다. 그런 관심이 얼마나 다른 세상을 만들어 내는지 보면 놀라울 따름입니다. 그 자체가 문제를 해결하지는 않지만, 정서적 유대관계를 통해 문제를 해결할 수 있는 힘을 주죠. 앞서 남편 분이 그랬듯이, 이런 유대관계를 맺지 못하면 상대방과 자기 자신 모두 말을 꺼내기 전보다 더 큰 고통을 겪게 됩니다.

5.4 음식 문제 (닥치는 대로 먹는 사람)

참가자 F ⠀ 마셜 선생님, 제가 어젯밤 일을 얘기해도 될까요? 사실 어제가 부부 세미나 두 번째 날이었는데, 남편이 오지 않아서 기분이 좋지 않았어요. 밤 11시쯤 집에 도착했는데 5분쯤 지났을까 남편이 숙소에서 전화를 했어요. 수업 시간에 다룬 내용을 남편에게 전하는데, 하필 어제 다룬 주제가 저한테 정말 중요한 음식에 대한 문제였어요. 제가 한 번 꽂히면 닥치는 대로 먹거든요. 대화를 나누는데 어느 순간부터 남편이 더 이상 말하고 싶지 않아 했어요. 남편은 제가 제 자신을 음식으로 학대한다고 여기거든요. 그걸 지켜보기가 너무 괴로워서 말도 꺼내기 싫대요.

⠀⠀⠀⠀⠀ 그래서 남편에게 선생님이 알려 주는 방법과 워크숍에서 다룬 내용을 전했어요. 그러자 남편이 몇 년 만에 처음으로 솔직하게 털어놓았어요. 자기도 수업을 망쳤

다고 느끼는 날에는 집에 와서 아이스크림을 먹는다고
요. 사실 우리 둘 다 스트레스를 먹는 걸로 풀고 있어서
이 음식 문제에 대해선 누구보다 서로를 잘 공감해 줄
수 있었거든요.

　그런데 어제 비로소 우리 두 사람이 진심으로 연결되
는 걸 느꼈어요. 아몬드 초콜릿 아이스크림이 먹고 싶
어진 저는 달콤한 초콜릿에 바사삭 깨물어지는 아몬드
를 상상하다가 잠시 고민했어요. "내가 정말 찾는 건 뭘
까?" 그건 사랑이었어요! 순간 머리에 번쩍 빛이 들어 왔
어요. 제가 찾던 건 사랑이었어요.

마셜　남편과 연결되기를 간절히 원하셨군요. 예전엔 남편에
게 어떻게 요청해야 할지 몰라 아이스크림을 드신 거고
요.

참가자 F　네, 정말 놀라웠어요. 남편과 저는 한 시간 넘게 통화했
어요. 서로 처음으로 자기 속을 열어 보인 거죠.

마셜　12시를 넘겼으니 이틀 밤 동안 진정한 연결을 맛보셨군
요! 이번에는 자기 자신과 NVC로 대화하면서 스스로
'닥치는 대로 먹는 사람'이라는 생각을 떨쳐내 보도록
하죠. 비폭력 대화에서는 판단을 하지 않기 때문에 그런
말을 사용하지 않습니다. 명심하십시오. 모든 판단은 충족
되지 않은 욕구의 비극적 표현입니다. NVC는 과정입니다. 우리 자
신을 "나는 ~한 사람이다."라고 표현하는 것은 멈춘 생각으로, 우

리 자신을 그 생각 상자에 담아 자기 예언처럼 실현시킵니다. 나 자신이나 혹은 다른 사람에 대해 "(어떠)하다/(무엇)이다."라고 생각하면 그런 일이 일어나도록 행동하게 마련이죠. NVC에서는 "~이다."라는 상태 동사가 없기 때문에 "이 사람은 게으르다.", "이 사람은 정상이다.", "이 사람이 옳다."라고 말할 수 없습니다. 오늘 배운 네 가지를 활용해서 '닥치는 대로 먹는 사람'을 NVC로 바꿔서 표현해 보십시오.

참가자 F 사랑받고 싶거나 스킨십을 하고 싶은 욕구 때문에 먹을 것을 찾을 때면……

마셜 어떤 느낌이죠?

참가자 F 어떤 면에선 먹는 게 내 마음을 좀 누그러뜨리는 것……

마셜 그러면 기분이 가라앉나요?

참가자 F 예, 기분이 좀 우울해져요. 제 욕구가 충족되지 않아서……

마셜 기분이 가라앉는 이유는 자신의 욕구가 뭔지 선명하게 알아서 충족시키고 싶기 때문이다.

참가자 F 맞아요, 그거예요.

마셜 그래서 어젯밤 남편과 나눈 일들을 앞으로도 하고 싶다. 이제 먹을 게 확 당길 때면, 잠시 멈춰서 '진짜 내 욕구는 뭐지?'라고 나 자신에게 물어본다. 자, 이렇게 다들 '나는 닥치는 대로 먹는 사람'이라는 판단의 말을 어떻게 느낌과 욕구로 표현하며 풀어낼 수 있는지 보셨습니다. 우리 각자 이런 식으로 자신과 비폭력 대화를 할 수 있습니다.

'나는 뭔가를 원하기 때문에 먹는다.'가 시작 부분으로 자기 자신을 관찰하는 겁니다. 둘째, 자기감정을 들여다봅니다. '나는 기분이 가라앉는다.' 셋째, 나의 충족되지 않은 욕구는 내가 정말로 원하는 사람과 연결되는 것이다(스킨십 하는 것이다). 마지막 넷째, 나의 가장 멋진 꿈을 실현시키기 위해 뭘 하고 싶은가? 이제 뭔가를 먹고 싶을 때면, 멈춰서 나 자신에게 '나에게 정말 필요한 게 뭐지?' 하고 물어본다. 그러고 나서 내가 정말로 원하는 욕구를 어루만진다.

앞으로 참가자 F는 자신을 "~한 사람이다."라고 고정시켜 생각하지 않고 유동적인 과정에서 다루게 됩니다. 그 자체가 문제를 해결하지는 않지만, 과정을 통해 해결 방법을 찾아내게 됩니다. 이제는 자신을 어떤 정적인 상태로서 규정하는 게 아니라 자신의 감정이 무엇인지, 뭘 하고 싶은지, 어떻게 하면 되는지 생각할 것이기 때문입니다. 비폭력 대화자로서 우리는 자신을 '가치 있는 사람'으로 규정해선 안 됩니다. 그렇게 생각하는 순간 자신이 '가치 없는 사람'은 아닐지 고민하면서 막대한 시간을 소비하게 됩니다. 비폭력 대화자는 자신이 어떤 사람인지 고민하는데 시간을 쓰지 않습니다. '나는 누구인가?' 대신에 "이 순간 내 안에 흐르는 삶의 에너지는 무엇인가?"를 매 순간 고민합니다.

5.5 뭘 원하는지 이해하기

참가자 G 혼자서 모든 일을 다 짊어지는 사람들이 있잖아요. 자기 옆에 일을 돕는 사람이 있다는 게 얼마나 좋은지 경험해 보지 못한 사람들이요. 참가자 F가 자신이 원하는 걸 찾았다니 정말 부러워요. 저는 뭐가 필요한지 모르겠거든요. 그래서 낙담하고요.

마셜 대다수 사람이 자신이 뭘 원하는지 모릅니다. 뭔가를 했는데 오히려 기분이나 상황이 엉망이 돼버렸을 때 비로소 '아, 내가 원한 게 이게 아니구나.' 하고 깨닫는 거죠. 예를 들어 아이스크림이 먹고 싶어서 하나 사서 먹었는데 오히려 기분이 나빠졌어요. 그럼 이걸 원한 게 아니었구나 하고 깨닫는 겁니다.

비폭력 대화자에게 맞다 틀리다는 중요하지 않습니다. 삶의 언어를 사용하는 일에는 용기가 필요하고, 생각보다는 직관을 바탕으로 나의 욕구를 찾는 겁니다. 나의 충족되지 않은 욕구를 만나고, 그 충족되지 않은 욕구를 어떻게 할지 결정하는 거죠.

참가자 G   제가 오지랖이 좀 넓습니다.

마셜   자신을 낙인찍으시는군요.

참가자 G   그게 무슨 말이냐 하면, 제가 관계를 맺는 방식이 주변 사람들 상황을 지켜보다가 필요한 순간 딱딱 도움을 주거든요. 제가 도울 거라 예상치 못했던 사람들이 깜짝 놀라는 모습을 보면 기분이 좋아집니다. 그런데 그러고 나면 이 사람들이 정말로 원했을까 아니면 거절하고 싶었을까 고민하게 됩니다.

| 상대가 받아들이지 않을 때 |

마셜   그건 우리 경험상, 그렇게 친절을 베푸는 척하면서 나중에 그에 따른 대가나 비용을 청구하는 경우가 많았기 때문이죠. 얼마나 황당합니까. 그러니 순수한 호의도 쉽게 믿지 못하는 겁니다. 이 세상에 우리가 경험하지 못한 베풂이 있다는 사실, 내 맘대로 주무르려는 속셈이 아니라 진심으로 도와주려는 사람이 있다는 사실을 알지 못하는 겁니다.

참가자 G   속상해요, 저는 순수한 마음으로 베푸는데 제 뜻이 제대로 전달되지 못하니까요. "나에게 도울 기회를 주지 않다니, 내 맘이 참 아프다."라고 말할 걸 그랬습니다.

마셜 　그렇게만 말하면 아까 그 기차에서 만났던 노신사와 같은 거죠.

참가자 G 　그럼 제 도움이 필요할 때 제게 말해 주겠어요?"라고 덧붙이면요?

마셜 　네, 그 부분을 짚어 주니 반갑군요. 지금 마음이 아프죠. 호의를 베풀 기회를 주고, 그 호의를 선물처럼 편안하게 잘 받아줬으면 했으니까요.

참가자 G 　네, 그렇게 하면 간단하군요.

5.6 말다툼인가?

참가자 H 　여자 친구와 대화를 하고 싶은데 그럴 때마다 싸우고 싶지 않다면서 제 말을 탁 막아 버리니까 맥이 쏙 빠집니다. 제 느낌과 욕구를 표현하려고 하면 여자 친구는 그걸 말다툼이라고 생각해요. 그러면서 자기 아이 앞에서 싸우고 싶지 않다고 하죠. 문제는 아이가 엄마한테서 떨어지질 않아요.

마셜 　아, 어려운 문제군요. 말다툼으로 여기는 순간 말하는 사람이 그 싸움에서 이기려 들 거라 단정하거든요. 그런 판단형의 사고를 지닌 사람들에게 옳고 그름을 떠나서 자신이 느끼는 감정과 원하는 바를 표현하는 방식이 있다는 사실을 납득시키기란 참 어렵습니다.

참가자 H   정말 힘든 부분은 제가 여자 친구를 공감하려는 시도조차 싸우는 걸로 여긴다는 겁니다. 그 친구가 느낄 감정과 원하는 걸 알아주려고 할 때도 제가 '따진다'고 보니까요.

마셜   여자 친구분은 자신을 판단하는 게 싫은 겁니다. 남자 친구가 하는 말을 인정하거나 자신의 나약한 부분이 드러나면 공격당하거나 지적당할까 봐 두려운 겁니다. 자신이 느끼는 감정이나 바라는 게 잘못된 거라고 말이죠.

참가자 H   여자 친구 말로는 살면서 밝고 좋은 면만 나누고 싶지, 어둡고 무거운 얘기는 하고 싶지 않기 때문에 이런 얘기는 하고 싶지 않답니다.

마셜   삶 자체가 힘든 일투성인데 굳이 뭣 하러 그걸 또 따로 건드리냐는 거죠?

참가자 H   네, 맞습니다.

마셜   사실 제 아버지께서 제 첫 워크숍에 오셔서 하셨던 말씀도 삶 자체가 힘든 일투성인데 굳이 뭣 하러 그걸 또 따로 건드리냐고 하셨답니다. 인생을 그렇게 본다면 정말 맘에 쏙 들어올 문구죠. 그런데 그 워크숍에 함께 했던 사람들은 자신들의 아버지가 느낌과 욕구를 소중히 여겨서 '힘들 때 힘들다고 표현해 줬다면 얼마나 멋진 선물이 되었을까.'라고 말했습니다. 제 아버지는 이 말을 듣고 큰 충격을 받으셨습니다. 그 이후로 제 아버지는 내면에 엄청난 변화를 겪으셨죠.

많은 사람이 고통스러운 감정을 입 밖에 내는 걸 부정적이고 불쾌한 경험으로 치부합니다. 왜냐하면, 그러한 감정이 죄책감이나 징벌 같은 종류와 얽히기 때문이죠. 그러한 감정을 NVC 춤의 일부로 본 적도 없고, 그러한 감정을 말로 표현하는 일이 얼마나 아름다운지 겪은 적도 없습니다. 처음 책을 출판할 당시에 긍정적 감정과 부정적 감정을 목록으로 만들어 제시했어요. 그런데 독자들이 부정적 감정을 부정적으로, 나쁜 것으로 인식하는 걸 보면서 안 되겠다 싶어 재인쇄를 들어갈 때는 인용부호를 넣어 '긍정적', '부정적'으로 표기했습니다. 그런데 그것도 아니다 싶었죠. 그래서 지금은 그 말 대신 '욕구가 충족되었을 때의 느낌', '욕구가 충족되지 않았을 때의 느낌'이라고 쓰고 있습니다. 인생을 말하는 데 있어 두 감정 모두 귀하다는 걸 보여 주고 싶었거든요. 이제 여자 친구를 두고 이 문제를 다루어 보도록 하죠.

마셜(여자 친구 역) 그러니까, 나는 싸우고 싶지 않다고! 가뜩이나 힘든 일도 많은데, 그냥 편하게 같이 텔레비전 보면서 즐겁게 보내면 안 되겠어?

참가자 H(비폭력 대화자) 지금 좀 짜증이 나는구나……

마셜(여자 친구 역) 또, 또! 또 느낌이 어쩌니저쩌니하네!

참가자 H(자신) [침묵] 휴우.

마셜(자신) [웃는 청중을 향해] 역시 싸움 구경하는 게 제일 재밌죠?

마셜(여자 친구 역) 정말 그런 말할 때마다 못 참겠단 말야! (여자 친구가 다른 방으로 들어가면서 문을 쾅 닫는다.)

참가자(자신) 실제로는 더 심한 말로 막 퍼부어 대서, 전 그 자리에서 KO패 당합니다. [웃음]

마셜 열을 세야죠! 자, 이번엔 참가자분이 여자 친구 역할로 바꿔서 대화를 바꿔 보도록 하죠.

마셜(비폭력 대화자) 그러니까 자기가 정말 하고 싶은 말은……

참가자 H(여자 친구 역) 됐어! 그만해! 그런 얘기라면 하고 싶지 않으니까 말도 꺼내지 마.

마셜(비폭력 대화자) 정말 속상하군, 왜냐하면 나는……

참가자 H(여자 친구 역) 그냥 같이 있으면 기분 좋은, 그런 사람으로 내 곁에 있어 주면 안 돼? 이런 얘기 따위 다 집어치우고 그냥 사랑만 하자고!

마셜(비폭력 대화자) 자기는 우리 서로 밝고 가볍게 이 시간을 보내고 싶은 거지?

참가자 H(여자 친구 역) 응.

마셜(비폭력 대화자) 나도 우리 사이에 밝고 가벼운 면을 좋아하는데, 그건 우리가 모든 부분을 다 다룰 때 가능하다고 봐. 웃고 싶을 때 마음껏 웃고, 울고 싶을 때는 펑펑 울고 싶은데, 한쪽을 없애 버리면 다른 한쪽도 잃는 거나 마찬가지야. 그건 정말 중요한 일이야. 자기가 들은 대로 다시 얘기해 주겠어?

참가자 H(여자 친구 역) 또 감정이 어쩌구 하는 얘기구나? 우울해지니까 제발 그만 좀 해!

마셜(비폭력 대화자) 우울한 감정에 빠질까 봐 정말 두렵나 보구나. 그래서 이런 감정 이야기는 하고 싶지 않은 거고?

참가자 H(여자 친구 역) 그래, 게다가 지금은 옆에 아이까지 있으니까, 더더욱 다투고 싶지 않아.

마셜(비폭력 대화자) 그러다 몸싸움까지 하게 될까 봐 두려운 거야?

참가자 H (여자 친구 역) 그만하자고!

마셜(비폭력 대화자) 그럼 아이가 없을 때 얘기하는 건 어때?

참가자 H (여자 친구 역) 그래, 정 그러고 싶다면 점심때 찾아와.

– 점 심 –

마셜(비폭력 대화자) 나는 좋은 감정이든 나쁜 감정이든 어떤 감정도 긍정적이라는 사실을 자기한테 보여 주고 싶어.

참가자 H(여자 친구 역) 그런 감정 얘기 따윈 듣고 싶지 않아. 자기 또

요즘에 그런 수업 듣고 있구나? [웃음] 나는 그냥 살면서 좋은 면만 보고 싶어. 무겁고 힘든 감정에 눌리고 싶지 않아. 그냥 좋게좋게 살고 싶어.

마셜(비폭력 대화자) 괜히 부정적인 얘기를 꺼내서 구덩이에 빠져 허우적거리지 않고, 인생을 즐기고만 싶은 거지?

참가자 H(여자 친구 역) 맞아, 내 인생에서 그런 부정적인 일들은 없었으면 좋겠어. 오늘 내 친구 에밀리한테 무슨 일이 있었는지 알아? 아들을 데리러 학교에 갔는데 아무 데도 보이질 않더래. 그래서 처음엔 옆집 엄마가 같이 데려갔나 보다 했는데, 길에서 만난 같은 반 아이가 자기 아들이 점심시간에 어떤 아저씨를 따라가는 걸 봤다는 거야. 그 아이는 처음 보는 아저씨였대. 에밀리 기분이 어땠을 것 같아, 더구나 2년 전에 자기 조카에게 일어났던 일을 똑같이 겪는 거라면? 기억나? 왜 에밀리 언니가 우리 집에 놀러 와서 그랬잖아……

마셜(비폭력 대화자) 말 끊어서 미안한데, 그런 일이 일어났던 걸 듣는 게 무서웠다고 얘기하는 거지?

마셜(자신) 지금 제가 왜 말을 끊었는지 아시겠어요? 여자 친구가 말을 너무 많이 하다 보니까 들으면서 에너지가 쑥 내려가고 있거든요. 그래서 여자 친구의 말 뒤에 숨은 감정을 연결 짓느라 비폭력 대화식으로 말을 끊은 겁니다. 이것은 상대방의 발언권을 뺏는 게 아니라 삶을 이끄는 대화로 다시 되돌리기 위해서입니다. 앞서 다루었듯이, 내가 지루하면 상대방도 지루하기 때문에 모두를 위한 일종의 서비스인 셈이죠.

마셜(비폭력 대화자) 그 일이 자기한테 너무 무서운 경험이었다는 말을 하는 거지?

참가자 H(여자 친구 역) 맞아, 아이가 차도에 갑자기 뛰어들기라도 하면……

마셜(비폭력 대화자) 한순간에 생명을 앗아가는 일을 겪을 수도 있으니까 얼마나 두려웠겠어.

참가자 H(여자 친구 역) 또 그런 식으로 내 감정을 떠보려 하지 마. 아이는 길가에 있었고, 엄마가 바로 뒤쫓아 가서…….

마셜(비폭력 대화자) 잠깐만, 말 끊어서 미안한데, 계속 듣고 있기가 힘들어서 말이지. 자기와 잘 소통하면서 대화하고 싶은데 그러지 못한 것 같아.

참가자 H(여자 친구 역) 알겠어, 근데 어쨌든 지금 나가봐야 해. 아이 데리러 가야 하거든, 오늘은 하교 시간이…….

마셜(비폭력 대화자) 나는 자기가 우리 관계를 계속 유지하고 싶은지만 말해주면 좋겠어.

참가자 H(여자 친구 역) 당연하지, 자기를 얼마나 사랑하는지, 얼마나 함께 하고 싶어 하는지 알잖아.

마셜(비폭력 대화자) 우리 사이에 꼭 필요한 게 있는데, 그게 없어서 우리 관계를 어떻게 계속 이어가야 할지 잘 모르겠어. 부정적인 감정도 잘 나누고 싶은데 그러지 못하니까. 그 부분에 있어 서로 원하는 방향이 다르다면, 그 다른 점을 더 분명히 알았으면 좋겠어. 그래야 NVC적으로 이별을 할 수 있을 테니까.

참가자 H(여자 친구 역) [갑자기 NVC로 이야기한다.] 자기 느낌과 욕구를 표현하고 싶은데 그렇지 못하니까 절망스러운 거야?

마셜(비폭력 대화자) 그러고 싶은데, 어떻게 하면 자기도 그렇게 표현하게 할 수 있을지 모르겠어.

마셜(자신) 그런 수준에 머물고 싶어 하는 사람들이 있습니다. 그리고 그 사람들에겐 자신과 같이 그 수준에 있고 싶어 하는 사람을 만날 권리가 있습니다. 여태껏 진짜 그런 사람은 한 명도 못 봤지만요. 이런 사람들은 제가 그들이 과거에 고통스러웠던 일들을 억지로 끄집어내려 한다고 오해합니다. 그러면 그들이 생각하는 제 말과 진짜 제가 하는 말이 어떻게 다른지 보여 줍니다. 이 여자 친구와 같은 경우, 여지를 주지 않고 있기 때문에 이 과정에 잘 개입하려면 전략을 잘 짜야 합니다.

5.7 싫다는 말 듣기

참가자 I
비폭력 대화란 나의 욕구를 이해해서 내가 원하는 바를 잘 부탁하는 거잖아요. 그런데 그게 제 남자 친구한테는 잘 안 돼요. 제가 원하는 걸 부탁하려 하면, 벌컥 화부터 내면서 짜증을 낼 테니까요. 그러고 나면 남자 친구한테 좀 좋게 대해 달라거나 아니면 잠자코 있을 걸 괜한 얘기 꺼냈다고 후회할 게 뻔해요.

마셜
사람들은 이 단어를 듣는 순간 짐승으로 변하는데요, 자신뿐 아니라 말한 사람까지도 짐승으로 만들어 버리죠. 두 글자로 된 간단한 말인데, 뭔지 아시겠습니까?

참가자 다수
싫어!

마셜
네. 얼마나 많은 사람이 상대방이 싫다고 할까 봐 두려워서 원하는 걸 말 못하는지 아십니까? 그런데 사실은 그 '싫다'는 말을 두려워하는 게 아니라고 하면, 다들 "아니에요, 진짜 그 말 듣기가 얼마나 두려운데요."라고 합니다. 문제는 절대 '싫다'는 말 때문이 아닙니다. 진짜 문제는 상대방이 '싫다'고 말할 때 우리 자신이 어떻게 받아들이냐에 있습니다. 우리가 '싫다'는 말을 거절로 받아들일 때가 문제인 거죠. 거절당했다고 상처받으니까요. 물론 우리가 NVC 귀로 듣는다면 '싫다'는 말을 거절로 듣지 않고, 부적절하게 표현된 상대방의 욕구라는 사실을 알았을 겁니다. 그래서 부적절한 표현으로 듣지 않고, 원하는 욕구로 듣는 거죠. 이렇게 들으려면 훈련이 필요합니다.

마셜(참가자 I를 가리키며) 남자 친구가 싫다는 말을 어떻게 하죠?

참가자 I 제가 무슨 부탁을 하면, "싫어!"라고 해요. 그러면 저는……

마셜 그 정도로 힘을 실어 싫다고 했다면 이미 문제는 다 나왔죠. 남자 친구는 그 말을 어떻게 들은 걸까요?

참가자들 강요.

마셜 네, 강요로 들은 겁니다. 이렇게 '싫다'고 강하게 말하는 사람은 자신의 자율성이 박탈당할까 봐 극도의 두려움을 느끼죠. 이들은 상대방이 원하는 걸 들으면 자기 의지에 상관없이 그 일을 꼭 해줘야 한다고 여기기 때문에 겁부터 나는 겁니다. 그 때문에 이런 식으로 말하는 사람은 우리가 하는 부탁을 듣지 못했다고 보면 됩니다. 그러니 우리가 할 일이 없어요, 부탁으로 듣지 않았으니 엄밀히 따지면 거절이 아니죠. 그들에겐 강요로만 들렸을 뿐입니다.

참가자 I 그래서 이 지점에서 남자 친구가 어떤 느낌일지 알아주려 애썼는데, 잘 안 됐어요.

"그냥 내 말 알아듣고 끝냈으면 좋겠어. 이따위 감정 놀이 따윈 하고 싶지 않아, 그럴 필요도 없고. 그냥 내 대답은 '싫다'는 사실만 알아줬으면 좋겠다고."

마셜(남자 친구 역) 자율성을 빼앗길까 봐 내가 얼마나 두려워하는지만 알고 있어.

마셜(자신) 사랑하는 사람이 해달라니까, 사랑하는 사람이 화를 낼까 봐, 아니면 내가 해줄 때까지 계속 시달릴 테니까 해주는 게 아니라, 내가 그렇게 하기로 선택해서 할 수 있다면 얼마나 귀한 일이겠습니까? 사람들은 원치 않는 일을 억지로 하면서 인생을 낭비하게 될까 봐 무척 염려합니다. 그래서 더 반발하는 거죠. 남자 친구도 "그냥 알아들어! 그렇게 이해해. 오늘은 그럴 맘이 아니라니까. 내 자율성을 보호해야겠어."라고 말했죠. 남자 친구가 "그냥 알아들어."라고 했을 때 말투나 톤을 보면 의지하는 것도 극도로 싫어하지만 완전한 자율성을 누리지 못해서 우울증을 겪은 적도 있는 것 같군요. 그래서 남자 친구에게 뭐라고 말씀하셨나요?

참가자 l 그냥 침대에 들어가 잤어요. [웃음] 뭐, "싫어, 싫다고, 싫어!"라고 같이 소리를 질러대긴 했지요. 정말 화나고 열을 확 받아서 남자 친구한테 쏘아붙였죠.
"진짜 기분 나빠."
그랬더니 남자 친구가 뭐라 그랬는지 아세요?
"음, 다행이네, 살아 있다는 증거잖아." [웃음]
그러고는 그 사람도 입을 다물었어요.

마셜	남자 친구는 정말 겁이 난 거예요. 여자 친구에게 맞서서 자신을 보호할 자신이 없는 겁니다. 여자 친구가 너무 흥분하니까 자기를 보호하려고 뒤로 쑥 물러난 거죠.
참가자 I	그럼 전 어떡해야 하나요? 혼자서 삭히면 되나요? [자기 공감을 하면서]
마셜	제일 중요한 점은 이 문제가 참가자 본인 잘못도 아니고, 본인이 어떻게 할 수 있는 일이 아니라는 거죠.
참가자 I	네.
마셜	누군가 내 욕구를 싫다고 말할 때 취할 수 있는 최선의 방법은 자신의 욕구에는 아무런 잘못이 없다고 보는 겁니다. 이 작업을 최대한 빨리할 필요가 있어요. 내 욕구가 그 정도로 상대방을 두렵게 했나 싶으면 거기에서 오는 고통과 충격 때문에 자신의 욕구가 잘못됐다고 판단하기 쉬우니까요.
참가자 I	저는 그저 남자 친구가 무엇을 원하는지 듣고 싶었을 뿐인데요.
마셜	남자 친구는 자신의 자율성을 보호하는데 온 힘을 쓰고 있어요. 원하는 것도 그뿐입니다. 관계에서 자신이 안전하다고 느낄 최소한의 공간, 자신이 준비되기 전에 어떤 일에도 휘말리지 않을 여유가 필요한 사람입니다.
참가자 I	그럼 저는 조용히 저 자신과 공감을 하면 되는 건가요?

마셜　네, 그냥 내 남자 친구도 다른 남자와 다를 바 없구나 하세요. 제 아내 말로는 남자가 바뀌려면 세 번은 다시 태어나야 한답니다. [웃음] 그러니 차라리 그 시간에 친한 여자 친구랑 수다나 떨면서 훌훌 털어버리세요. 아내가 주옥같은 멘트를 날린 적이 있죠. "강요 따윈 개나 줘버려!" [웃음] "옳소."라고 응수해 줬습니다.

| 이 말을 듣고 싶어요? |

참가자1　남자 친구가 의존하는 걸 전 극도로 싫어하지만, 완전히 자율적이지도 못해 우울한 상태일 때면 정말 맥이 탁 풀려요. 자기 인생인데 제 뜻대로 할 수 있겠어요? 그런 걱정할 필요가 없다는 걸 알았으면 좋겠어요. 그 사람이 그런 확신만 갖는다면 훨씬 더 행복하게 지낼 수 있을 텐데, 제 맘 아시겠어요?

마셜　남자 친구 입장에선 그가 가까운 관계를 유지하는 걸 얼마나 두려워하는지 여자 친구가 충분히 공감한다고 느낄 때야 비로소 지금 말씀처럼 지낼 수 있어요. 다만, 그렇게 되기까지는 시간이 꽤 걸리겠죠. 그때서야 비로소 '이 여자에게도 욕구가 있었을 텐데, 어떻게 말해도 내가 강요로 들으니 얼마나 힘들었을까.' 하고 이해하게 될 겁니다.

참가자 I   제 맘대로 그 사람을 좌지우지할 수 없다는 사실을 정말 알게 해주고 싶어요. 어떻게 효과적인 방법이 없을까요?

마셜   글쎄요, 아마 남자 친구는 어떤 말도 다 강요로 들을 겁니다. 특별한 경우엔 질문하신 분의 침묵조차도 강요로 들을 수 있으니까 차라리 가볍게 소리를 지르는 게 나을 수 있어요. 참가자 본인의 욕구를 마음에 묻어두기만 할 경우 오히려 남자 입장에선 부담스러울 수 있어요. 하고 싶은 말을 수천 번 소리 지르다 보면 언젠가 남자 친구도 이해할 겁니다.

참가자 I   혹시라도 제가 문제를 회피하는 모습으로 비치지는 않을까, 잠자코 혼자서 자기 공감을 하면서도 걱정되더라고요.

마셜   네, 사실 우리의 욕구를 말하지 못하는 건 굉장히 고통스럽죠. "내가 뭘 해주면 좋은지 말해 달라니까! 자기가 힘들어할 만한 일은 절대로 강요하고 싶지 않아! 제발 좀 믿어 줘!"라고 소리 지른다고 전혀 문제 될 게 없어요. 그러면서 늘 잘못을 지적받으면서 자라 왔을 남자 친구가 얼마나 힘들었을지 계속 공감해 주십시오. 모르긴 몰라도 자라면서 온갖 지적에 시달렸을 거라 그가 신뢰를 갖기까지는 굉장한 시간과 인내가 필요할 겁니다. 억지로 시키는 일은 없을 거라고 아무리 얘기해도 말로는 믿지 못할 겁니다. 과거에 경험한 두려움이 너무 커서 그걸 풀기까지 굉장히 많은 공감이 필요한 분입니다.

5.8 느낌과 욕구 표현하기

마셜   또 다른 질문 있으신 분?

참가자 J   남자 친구와 통화를 하면서 문제가 좀 생겼어요. "미안한데 오늘 못 만날 것 같소. 딸이 오늘 한 시 반에 하교한다네. 오롯이 둘이서만 좋은 시간 보내고 싶은데, 애를 데려가면 아무래도 신경이 쓰여서 말이야."

마셜   그래서 뭐라 하셨습니까?

참가자 J   제 감정은 금방 느낄 수 있어서 "서운하네."라고 말했죠.

마셜   "서운하네."

참가자 J   네, 그런데 욕구가 뭔지는 모르겠더라고요.

마셜   자신의 욕구를 말하지 못했군요. 느낌을 말한 타이밍도 좀 판단적이긴 합니다. 남자 친구 입장에선 공감 먼저 받고 싶었을 텐데 '서운하다'는 말부터 들었으니까요. 여기에서부터 두 사람이 살짝 어긋나기 시작하죠.

참가자 J   제가 서운하다니까 그 사람이 "왜?" 하는 거 있죠.

마셜   여러 나라를 방문하면서 물어본 적이 있습니다. "가장 듣기 힘든 말, 가장 안전하다고 느끼는 말이 뭡니까?" 그때 가장 많이 나온 답이 '왜?'였습니다. 정말 누군가를 겁먹게 하고 싶다면 '왜'라는 질문을 던지십시오. "왜?"

참가자 J	전 말문이 막혀서 아무 말도 못 했어요. 그러자 남자 친구는 올 수 없는 이유를 줄줄이 읊어댔어요.
마셜	안타깝게도 남자분이 자폭하셨군요. 자신이 못 오는 이유를 설명하고 정당화시킬수록 상대방에겐 공격으로 들린다는 걸 모르는 겁니다. 그래서 어떻게 하셨습니까?
참가자 J	"너무 서운해서 생각 좀 해봐야겠어."라고 말하고는 'NVC 친구들에게 전화해야겠다'고 생각했어요.
마셜	정말 지혜롭게 잘하셨습니다! 상황을 들으니 남자 친구와 정말 함께 보내고 싶으셨군요.
참가자 J	네.
마셜	두 사람의 욕구가 서로 부딪힌 거죠. 남자 분이 "지금 당장 당신의 욕구를 충족시키는 일보다 다른 욕구가 있어."라고 말씀하셨으니까요.
참가자 J	맞아요, 솔직히 이성적으로는 납득이 갔지만 마음이…… .
마셜	머리로는 그 상황을 이해하지만, 마음으론 서운한 거죠. 남자 친구의 말을 어떻게 들었기 때문에?
참가자	"자기랑 같이 있고 싶지 않아."
마셜	네, 그렇게 거절로 들은 거죠. 우리의 삶을 정말 비참하게 만드는 방식이기도 합니다. 누군가의 욕구가 내 욕구

와 부딪혔는데 상대방이 "네 욕구를 충족시키는 일보다 지금 이 순간 다른 일을 할 게 생겼어."라고 할 때 내게는 그 말이 "너랑 있고 싶고 않아."로 들리는 겁니다. 고백건대 저 자신도 아주 오랫동안 '싫다'는 말을 판단의 귀로 들어왔습니다. 이 '싫다'는 말을 NVC 귀로 듣는 일은 정말 어렵습니다.

자, 이제 이런 상황에서 NVC 귀를 사용하는 법을 배워 볼까요? 이런 학습을 하다 보면 우리 삶에서 비참한 부분을 상당 부분 걷어낼 수 있습니다. 자신의 욕구와 다른 욕구를 가진 사람의 말을 거절로 듣게 되면 우리 존재도 어느 순간 거절당하게 됩니다. 자신과 상대방의 욕구가 부딪힐 때마다 상대방의 욕구를 거절로 읽는다면 누가 내 옆에 있고 싶겠어요? 그러다 보면 한순간에 서로 힘들어지죠. 그 때문에 그런 상황을 NVC 귀로 듣는 법을 알지 못하면 결국엔 상대방을 밀쳐내 버리게 됩니다. NVC 귀를 쓰는 게 절대 쉬운 일은 아니지만 그래도 배우고 익혀야 합니다. [마셜이 낡아서 해진 NVC 귀를 쓰자 청중이 조용히 웃는다. 마셜은 웃음에 반응해 말을 덧붙인다] 서운해요. [웃음소리가 커진다]

참가자 J   NVC 귀가 제대로 작동하지 않나 봐요. [웃음소리가 더 커진다]

마셜   네, 망가진 것 같군요, 새로 하나 장만해야겠어요. 자, 이제 제가 이 NVC 귀를 쓰는 순간 기적이 일어납니다. 거

절은 지구상에서 사라지고, 앞으로는 절대 '싫어.'라고
도 '하고 싶지 않아.'로도 들리지 않습니다. 판단과 비난
은 지구상에서 사라집니다. 제가 듣는 말은 오직 진실이
며 이는 비폭력 대화의 언어를 사용하는 사람에게 해당
하는 말입니다.

"우리 모두가 하는 말은 다 감정이며 욕구로서, 표현
방식은 다를지라도 그 안에는 더 나은 삶을 위해 무엇을
어떻게 할 것인가가 담겨 있다. 누군가 '싫다.'라고 말한
다면 그것은 그 사람이 정말로 원하는 걸 표현하는 빈약
한 방식일 뿐이다. 그 말을 거절로 들어서 상황을 더 악
화시키지 않고, 상대방이 뭘 원하는지로 듣는다."

한 아내가 남편에게 "직장에서 늦게까지 일하지 않았
으면 좋겠어요."라고 하니 남편이 볼링 동호회에 가입
해서 화가 머리끝까지 났다는 일화를 앞에서 말씀드렸
습니다. [웃음] 아내는 원치 않는 걸 말했고, NVC 귀를 쓰
지 않은 남편은 아내가 정말로 뭘 원하는지 알 수 있는
방법을 모른 거죠. 아내 스스로 원하는 걸 솔직하게 말
했다면 상황은 훨씬 쉽게 풀렸겠지만, 남편이 NVC 귀
를 썼다면 "직장에서 늦게까지 일하지 않았으면 좋겠어
요."라는 말에 이렇게 답하지 않았을까요?

남편   내가 행복하게 살기를 바라는데 그러지 않아서 염려되
는가 보군. 내가 좀 더 여가를 즐겼으면 좋겠소?

아내 당신만 즐기는 게 아니라 애들과 나하고요. 6개월 동안 우리랑 보낸 시간이 겨우 이틀이에요.

남편 우리 가족이 다 함께 보낸 시간이 얼마 안 돼서 섭섭한 가 봐. 적어도 일주일에 한 번은 아이들과 당신하고 같이 보내고 싶은 거지?

아내 맞아요. 보시다시피, NVC 귀로 들으면 상대방이 원치 않는 걸로는 듣지 않습니다. 오히려 상대방이 뭘 원하는 지 더 분명히 알게 되죠. 원치 않는 일을 밝히는 데만 집중하면 온갖 혼란한 상황에 빠져버려서 위험하게 됩니다.

다른 사람에게 내가 뭘 바라는지, 특히 그렇게 바라는 이유가 무엇인지 분명하게 안다면 협박하거나 응징을 통해서는 절대로 나의 욕구를 충족시킬 수 없다는 사실을 확실히 알게 됩니다. 생각이 있는 사람이라면 그 누구도 두려움이나 죄책감, 수치심 때문에 자신을 위해 일하길 바라지 않습니다. 비폭력 대화를 기반으로 하는 우리는 알고 있습니다. 두려움이나 죄책감, 수치심 때문에 하는 일은 결국 공멸하고 만다는 사실을! 그러니 이제부터는 NVC 귀를 써서 이 남자 친구에게 공감을 해줘야 합니다. 자, 시작해 볼까요?

마셜(남자 친구 역) 정말 일이 꼬여버렸군. 우리가 함께 할 때는 온전히 자기한테만 집중하고 싶은데 오늘은 딸아이 때문에 정신 사나워질 게 뻔하니까.

참가자 J(자신) 비폭력 대화자로 해요?

마셜(자신) 네, 이 귀를 쓰세요. (마셜이 참가자 J에게 NVC 귀를 건네자, 여자가 받아쓴다.)

참가자 J 정말 실망스러웠어.

마셜 아뇨, 잠깐만요, 남자 친구한테는 공감이 필요해요.

참가자 J(비폭력 대화자) 음, 다른데 신경 쓰지 않고 나한테만 오롯이 집중하면서 좋은 시간을 보내고 싶은데, 오늘은 딸아이가 일찍 하교하는 바람에 아이까지 돌봐야 한다는 거죠?

마셜(남자 친구 역) 맞아, 그렇게 공감해 줘서 고마워요. 사실 사랑하는 사람의 욕구조차 맞춰 주지 못하면 어떡하나 늘 걱정되긴 해. 거절로 받아들여서 나를 또 밀쳐 내고 내칠까 봐서. 그래서 자기 욕구와 내 욕구가 부딪히면 정말 겁이 나. 상대방이 원하는 걸 해주지 않으면 사랑받지 못한다는 아픈 경험이 내게 있잖아. 그래서 우리 욕구가 서로 부딪힐 때면 "자기와 함께하고 싶지 않아."라고 할까 봐 두려움이 앞서.

참가자 J(비폭력 대화자) 더 공감이 필요해?

마셜(남자 친구 역) 음, 더 해주면 좋겠어.

참가자 J(비폭력 대화자) 오늘 딸을 보살피려면 내 얼굴 보기가 어려울 거란 사실에 걱정됐구나. 그렇게 말했을 때 자기가 나랑 시간을 보내기 싫은 걸로 오해받을까 봐 겁도 났고. 과거에도 사랑하는 사람의 욕구를 만족시켜주고 싶은데 그렇게 해줄 수 없거나 자기 욕구랑 부딪힐 때면 같이 있기 싫어서 그런 걸로 오해받기도 하고 말이야. 그래서 거절당했다고 여기면 자신을 책망하고 죄책감과 수치심을 느꼈겠네. 그 사람들에게 판단을 받고 나면 자기는 더 큰 죄책감을 느끼고 두려워진 거지.

마셜(남자 친구 역) 맞아, 그랬어. 이렇게 공감을 받으니까 정말 좋군. 안 되겠어, 지금 당장 딸아이 데리고 갈게! [웃음과 박수 소리] 이렇게 공감을 먼저 받았으니까 이번엔 자기가 받았을 상처에 대해서 들어 줄게.

참가자 J(비폭력 대화자) 이 일로 내가 어떤 느낌을 받았는지 듣고 싶어요?

마셜(남자 친구 역) 음, 궁금해요.

참가자 J(비폭력 대화자) 진짜 실망했어.

마셜(남자 친구 역) 어, 미안해요, 자길 실망시킬 뜻은 없었는데.

마셜(자신) 자, 잘 보세요. 남자 친구는 다른 사람의 감정을 떠안으려는 경향이 있습니다. 여자 친구가 실망했다는 말을 듣자마자 긴장하기 시작하죠. 비폭력 대화로 듣지 않는 사람들은 상대방이 힘들다고 하면 자신이 잘못했다고 여기고는 해결하려 듭니다. 이 남자 친구도 NVC를 잘 모르는 사람들이 제일 먼저 하는 행동을 보이죠. 바로 사과입니다. '미안하다'는 말을 듣는 순간 판단이 뒤따르죠. 그러면 이 남자는 오늘 왜 딸아이와 함께 있어야 하는지 온갖 변명을 늘어놓게 되고, 여자 친구는 공감은 받지도 못하고 듣기 싫은 변명만 들으면서 더 심각한 심적 고통에 빠집니다.

마셜(남자 친구 역) 미안해, 실망시키려는 게 아니었는데, 딱 오늘만…… 어쩌구저쩌구…… 그래서 이렇게 저렇게…… 변명에, 합리화에…… 휴우! [웃음]

참가자 J(자신) 공감해 줄까요?

마셜(자신) 아뇨, NVC로 소리를 지르세요! 남자 친구를 공감해 줬으니까 이번엔 공감을 받으세요.

참가자 J(비폭력 대화자) 알겠어요, 근데 나도 지금 당장 내 느낌을 공유하고 싶은 욕구가 있어.

마셜(남자 친구 역) 그래, 그렇게 하는 게 중요하지.

참가자 J(비폭력 대화자) 지금 내가 하고 싶은 건 내 느낌을 자기한테 말하고, 그게 끝나면 자기가 들은 대로 다시 말해 주는 거야.

마셜(남자 친구 역) 음, 알겠어. 사실 나한테 아주 나쁜 습관이 있는데 말이지, 내가 듣는 게 약해. 여태껏 한 번도 제대로 잘 들어본 적이 없단 말이지. 우리 엄마도 잘 들어주는 편이

아니어서, 내가 음……. [웃음]

참가자 J(자신) 그럼 이번엔 엄마와 대화해요?

마셜(자신) 아뇨, 그냥 NVC로 소리치세요.

참가자 J(비폭력 대화자) 듣는 문제에 대해 아픈 경험이 있었나 봐.

마셜(자신) 아뇨, 그렇게까지 공감해 주지 마시고 그냥 NVC로 내질
러요.

참가자 J(비폭력 대화자) 이번 일에 대한 내 느낌과 욕구를 자기와 나누
고 싶다니까! 내가 하는 말을 좀 잘 들어줬으면 좋겠어!
그러고 나서 내가 한 말을 다시 해주면 돼, 알겠어요?

마셜(남자 친구 역) 그래요. [마셜이 어깨를 으쓱하며 주변 눈치를 살피자 청중이
웃는다.]

참가자 J(자신) 혹시 제 남자 친구와 따로 만난 적 있어요? [웃음소리가
더 커진다]

마셜(자신) 제가 남자 친구의 모습까지 완벽히 재현했군요!

참가자 J(비폭력 대화자) 그날 자기가 나와 함께 시간을 보낼 수 없다고
했을 때 정말 실망스러웠어.

마셜(남자 친구 역) 그래, 그런데…….

마셜 (남자 친구에게 NVC코치 역할을 한다) 쉿, 그냥 조용히 여자 친
구 분 얘기를 들으세요.

마셜(자신) 때때로 NVC 코칭으로 직접 개입해야 할 때가 있습니다.

참가자 J(비폭력 대화자) 그날을 얼마나 손꼽아 기다렸는지 몰라요. 함께 있으면 너무 좋고, 정말 보고 싶었으니까.

[마셜이 자칼 인형(남자 친구)**과 기린 인형**(코치)**을 가지고 대화를 한다]**

NVC 코치 여자 친구가 한 말을 다시 말씀해 주시겠습니까?

남자 친구 네, 이 사람이 어떤 느낌이었는지 이해했어요.

NVC 코치 여자 친구가 뭘 느꼈는지만 말씀해 주시겠어요?

남자 친구 아뇨, 이 사람 말이 맞아요. 그렇게 느낄 수밖에 없었어요. 제가 잘못했죠. 같이 못 보낼 수도 있으니 약속을 잡는 게 아니었는데. 다 제 잘못입니다. 정말 너무 미안해요.

NVC 코치 여자 친구 말을 판단으로 듣고 있다는 사실 아십니까? 사실 그게 더 큰 폭력이라는 사실도요?

남자 친구 네?

NVC 코치 다른 사람이 하는 말을 '내가 뭘 잘못했구나!'로 들으면 그게 상대방에겐 더 큰 폭력이 됩니다. 왜냐하면, 그 사람은 자기 욕구를 이해받지도 못하고, 자기 진심을 말했다가 되려 문제만 일으켰다고 느끼니까요. (여자 친구도 마찬가지죠). 자기 속마음을 얘기할라치면 남자 친구가 다 자기 잘못으로 받아들이니까 점점 더 정직해지기 어렵게 되죠.

남자 친구　그렇지만 전 NVC 귀를 쓰고 있지 않아서 제가 듣는 얘기는 전부 다 제 잘못이라고 들립니다.

NVC 코치　NVC 귀가 필요하세요?

남자 친구　네! [판단을 상징하는 남자 친구 인형에 NVC 귀를 씌우자 청중이 웃는다] 그래서 자기가 정말 실망했구나. 왜냐하면 내가……．

NVC 코치　아뇨, NVC 귀를 제대로 안 쓰셨군요. 여자 친구가 실망스러워한 건 이런저런 이유 때문이 아니에요. 그 감정에 대해 책임지려 하지 말고 그냥 마음만 들으세요.

마셜(NVC 남자 친구 역)　함께 시간을 보내고 싶어서 손꼽아 기다렸는데 실망스러웠지.

참가자 J(비폭력 대화자)　맞아!

마셜(남자 친구 역)　[NVC 귀로 새롭게 들으며] 자기가 정말 간절히 바라던 게 그거였어.

참가자 J(비폭력 대화자)　응. 그렇게 말해주니까 참 좋다!

마셜(남자 친구 역)　공감을 받으니까 기분이 정말 좋구나.

참가자 J(비폭력 대화자)　맞아, 정말 기뻐.

마셜(남자 친구 역)　나 자신을 벌레처럼 여기길 바라는 게 아니라?

참가자 J(비폭력 대화자)　당연하지, 그런 생각 하지 말아요.

마셜(남자 친구 역) 그냥 이런 공감만 필요했네.

참가자 J(비폭력 대화자) 맞아!

마셜(남자 친구 역) 그게 전부야?

참가자 J(비폭력 대화자) [목소리가 나긋나긋해져서] 그럼, 그리고 이렇게 들어줘서 정말 고마워요.

마셜(남자 친구 역) 이럴 수가! 여태껏 사랑받으려면 그 사람이 원하는 대로 다 맞춰줘야 한다고 생각해 왔는데, 정말 원했던 건 공감과 솔직함이었다니! 내 곁에 있어줘서 고마워요. 이 귀를 벗는 일이 없도록 노력할게.

참가자 J(비폭력 대화자) 좋아요!

마셜(자신) 우리 자신이 화가 나거나 방어적이 될 때 가장 먼저 할 일은 다른 사람의 말을 듣지 않고 있다는 사실을 깨닫는 겁니다. 이 지루한 싸움에서 벗어나려면 의식이 필요해요. 다른 사람의 말을 선물로 받지 않으면 제대로 들을 수가 없습니다. NVC 귀를 벗는 순간 알아채야 합니다. 이때 분노가 훌륭한 단서가 되죠. 비폭력 대화자에게 분노는 자명종과 같습니다. 저는 제 자신이 화가 나거나 방어적이 될 때, 다른 사람의 말이 공격이나 강요로 들릴 때 제대로 듣지 않았다는 사실을 깨닫습니다. 말하는 사람에게 어떤 마음이 오가는지 정서적으로 소통하는 대신 어떤 면이 잘못됐는지 판단하는 거죠. 판단의 귀를 쓰고 있다면 저 자신을 상처 입힌 거니까, 그럴 때면 재빨리 입을 다물고 NVC 귀를 쓰고서 제 목소리를 듣습니다. 어떻게 할까요?

저 자신에게 귀를 기울이면서 자기 공감을 합니다. 저 스스로 판단의 귀를 쓰고 들으면서 스스로에게 얼마나 많은 상처를 주고 있는지 보는 겁니다. 이런 상황을 깨닫고 나면 조용히 머릿속에 펼쳐지는 장면을 즐기게 됩니다. 영화를 보는 느낌이거든요. [웃음]

5.9 위로하기

참가자 K   공감과 위로가 어떻게 다른지 알고 싶습니다. 친구에게 "두렵구나, 심리적 위안이 필요해 보여."라고 하면서 공감해 주는 것과 정말 위로해 주는 것의 차이 말이죠. 만일 그 친구가 "맞아, 정말 심리적 위안이 필요해."라고 말한다면 어떡합니까?

마셜   상대방이 위로나 위안을 받고 싶어 한다면 기꺼이 그렇게 해주면 됩니다. 그건 전혀 문제가 되지 않아요. 공감이 필요한데 위로를 해줄 때가 문제죠. 언젠가 한번은 제 딸아이가 거울을 보면서 "아, 진짜 돼지처럼 못생겼네." 하길래 "넌 하나님이 이 땅에 지으신 가장 아름다운 창조물이다."라고 했더니 "아빠!" 하고 성질을 벌컥 내면서 문을 쾅 닫아버리더군요. 그 순간 제가 판단적이었던 거죠. 딸아이는 공감을 원했는데 저는 그 상황을 해결해서 제 욕구를 충족시키고 싶었던 겁니다.

제가 어떻게 했을까요? 그렇게 판단을 하고 나서 다른 방에 혼자 들어가 되뇌었습니다. "하루도 빠짐없이 이 주제를 놓고 떠들어 대면서 막상 이 상황이 닥치니 까맣게 잊어버리는구나. 부처님도 말씀하셨지. '상황을 해결하려 들지 말고 그냥 그대로 있어라.' 저는 다시 딸아이에게 갔습니다.

> 마셜 : 내 생각엔 아빠의 위로가 아니라 네가 네 외모를 얼마나 실망스러워하는지 듣고 싶었던 것 같구나.
>
> 딸 : 맞아요. 아빠 늘 상황을 해결하려고 들잖아요. [웃음]
>
> 마셜 : 유죄.

5.10 공개적으로 말하기

참가자 L   같이 지내는 친한 친구의 감정까지 눈치를 보게 됩니다. 예전에 여러 사람과 함께한 자리에서 그 친구와 관련된 얘기를 꺼낸 적이 있는데, 그 친구 입장에선 지극히 사적인 부분이었나 보더라고요. 그래서 그 후론 각자 영역을 명확히 구분하는데 가끔 그 경계선이 모호할 때가 있어요. 그래서 말인데, 저희가 다른 사람들과 함께 자리를 할 때면 어떤 상황에서 "이 얘기를 해도 될까?"라고 물어야 하는지, 굳이 물을 필요는 없는지 알고 싶습니다. 제가 그렇게 물었을 때 그 친구가 안 된다고 하거나 그런 얘기는 하는 게 아니라고 하면 화가 나기도 하고 검열당하는 기분이거든요. 제 질문을 이해하시겠습니까?

마셜   네. 다른 사람들과 대화를 나눌 때 어떤 상황에서 친구 얘기를 해도 괜찮은지 혹은 안 되는지 분별하기 어렵다는 말씀이시죠?

참가자 L   네.

마셜   일단 질문 자체가 비폭력 대화 방식이 아닐 뿐 아니라 말씀하신 방향도 매우 위험합니다. 내용을 좀 더 명료하게 다듬어서 비폭력 대화로 바꿔보도록 하죠. 문화인류학자인 어니스트 베커는 저서 《정신의학의 혁명The Revolution in Psychiatry》에서 우울증이란 인지적으로 새로운 대안을 찾을 수 없는 상태에서 기인한다고 했습니다. 다시 말해서 대답할 수 없는 질문들로 머릿속을 꽉 채워놓고는 그 질문들을 한다는 거죠. 마치 질문자께서 친구에게 "~해도 될까?", "~해도 괜찮아?"라고 물었듯이 말입니다. 그런 질문은 대체로 답을 할 수가 없는데다 머릿속을 맴돌게 만들죠. 제가 질문을 바꿔볼 테니 잘 보십시오. 아까 말씀하시길 친구가 본인이 하는 얘기를 불편해할 때가 있다고 했었죠. 그렇다고 본인이 그 얘기를 한 게 잘못됐다는 말은 아닙니다. 옳지 않다는 뜻이 아니에요. 그냥 친구가 좋아하지 않았을 뿐인 거죠. 친구에게 그냥 이렇게 물어 보세요. "그게 뭔지 잘 모르겠다. 내가 어떤 얘기를 하면 괜찮은지 아닌지 구체적으로 예를 좀 들어주겠어?"

마셜(친구 역) 글쎄, 공개적으로 말하기 적절치 않은 내용은 안 했으면 좋겠어. [웃음]

마셜(자신) 우리는 감정적 노예(억압된 분노)와 감정적으로 자유로움의 차이를 분명히 구분할 줄 알아야 합니다. 감정적 노예는 사람들이 맞다, 옳다, 정상이라고 하는 것들을 해야 한다고 여기는 것으로, 비폭력 대화와는 가장 거리가 먼 극에 위치해 있습니다. 감정적 노예에 사로잡힌 사람들은 다른 사람을 만족시켜야 한다고 생각하고, 그들이 맞다고 하는 일에 일생을 소비합니다. 그러니 너무 무거운 짐을 지게 되죠. 예를 들어볼까요? 가족 중에 한 명이 잔뜩 기분이 상해서 집에 왔습니다. 무슨 일 때문인지는 중요하지 않아요.

> **가족 한 명** : 만사가 다 짜증나는 일투성이야.
> **판단형 가족** : 얼른 와서 밥이나 먹어.

마셜   보다시피 그게 어떤 문제인지는 중요하지 않습니다. 옆에 있는 사람이 힘들어하니까 잽싸게 자기가 뭐라도 해줘야 한다고 여기는 겁니다. 그런데 이 사람이 비폭력 대화 워크숍에 참가했다 칩시다. 그런데 다른 사람의 감정을 떠안지 않을 방법이라던가, 우리가 정말 책임져야 할 부분은 무엇인지에 대해 제가 제대로 설명해주지 못한 겁니다. 그리고 나서 이 사람이 집에 갔는데 가족 중한 사람이 "나 아직도 A 때문에 짜증이 나!"라고 했어요. 그러니까 "음, 그건 너 문제고. 내가 네 감정을 책임질 필요는 없어."라고 맞받아쳐요. [웃음]

> 가족 : 대체 그런 말은 어디서 배운 거야?
> NVC 참가자 : 비폭력 대화 워크숍에서.
> 가족 : 거기 사람들 다 가만 안 두겠어!

마셜   비폭력 대화의 개념은, 그렇습니다. 우리는 다른 사람의 감정을 책임질 필요가 없습니다. 그렇다고 해서 굳이 사람들에게 "나는 네 감정을 떠안지 않겠어."라고 적대감을 불러일으킬 필요는 없습니다. 다만, 다른 사람의 감정을 잘 들어주면서도 내 중심을 잃지 않도록 하는 거죠. 상대방이 원하는 바를 듣고 공감해 주지만 우리가 해줄 필요는 없습니다. 우리 자신도 공감을 필요로 하지 상대방으로 하여금 무언가를 포기하거나 양보하기를 바라지 않습니다. 상대방의 욕구를 잘 들어주고 존중한다고 해서 상대방이 하는 부탁을 반드시 들어줘야 한다는 뜻은 아닙니다.

질문에 답이 됐습니까? 아니면 제가 딴 길로 샜나요? 자신이 뭘 원하는지부터 분명히 알아야 합니다. 비폭력 대화자는 절대 상대방의 허락을 구하지 않습니다. 그러니 "~해도 될까?", "~해도 괜찮아?"라고 묻지 마십시오. 비폭력 대화자는 절대로 주도권을 다른 사람에게 건네서 뭘 해야 할지 말지 시키는 일이 없도록 합니다. 비폭력 대화 방식으로는 이렇게 말할 수 있습니다.

"나는 이렇게 하고 싶은데 너는 어떻게 생각하는지 궁금해. 내 욕구만큼이나 네 욕구도 알고 싶은데, 그렇다고 내 욕구를 포기한다거나 양보하겠다는 뜻은 아니고, 너를 희생시켜서 이득을 취할 생각도 없어. 우리 서로의 욕구가 모두 중요하지만 그게 꼭 내 욕구를 포기해야 한다는 건 아니야."

5.11 당신 옆에 있으면 내가 없어져요

참가자 M 질문 하나 더 해도 됩니까? 친구가 헤어지자며 말했습니다. "장거리 연애는 못하겠어요. 당신 옆에 있으면 내가 없어져요. 감정적으로 성숙하지 못한 나인지라 이렇게 말도 안 되는 행동을 하고서 장거리 연애를 하자는 당신 말에 덥석 그러자고 했어요. 금방 사랑에 빠지니 정말 내가 문제긴 해요."

그래서 제가 그러면 친구로만 지내도 괜찮다고 했더니 잘 모르겠다고 말합니다.

마셜   네, 알겠습니다. 친구분은 사랑에 대해서 NVC와는 다른 개념으로 배우셨군요. "누군가를 정말 사랑한다면, 자신의 욕구는 부정하고 상대방부터 돌봐야 한다."라고 생각하는 겁니다. 이런 사람들은 연인 관계에 들어서는 순간 판단형으로 바뀝니다. 그전까지 그렇게 따뜻하고 애정이 넘치던 사람들이었는데 말이죠. 속은 심판형으로 변했지만 겉모습은 여전히 NVC 옷을 입고 있어서 사실상 가장 위험한 심판자인 겁니다. [웃음] 이 사람들은 연애 초기에 마음을 다해 잘해 줍니다. 주는 게 즐거운 사람들이라 전혀 어렵지 않아요. 그러다 선을 넘는 순간 생각이 달라지는 겁니다.

그 선이 무엇일까요? 바로 자신이 '헌신을 하고 있다'고 두려움을 느낄 때죠. 사람들을 겁에 질리게 만들려면 '헌신'이나 '진지하다'는 말을 쓰면 됩니다. '진지한 관계' 혹은 '사랑'이라는 단어를 떠올리며 '이 사람을 사랑하는구나.'라고 싶은 순간 관계는 끝납니다. 자신들이 진지한 관계라고 정의 내리는 순간 상대방의 감정까지 떠안아야 한다고 느끼거든요. 자신의 사랑을 증명하려면 자신을 부정하고 상대방을 위해 헌신해야 한다고 여깁니다.

"당신과 함께 있으면 내가 사라져요. 그걸 나는 견딜 수가 없어요. 당신의 고통을 보게 되면 나는 없어지고 그 모든 일을 내가 해결해야만 하니까?"라는 표현에 이 모든 사실이 감춰져 있는 겁니다. 겉으로는 자신들이 책임을 떠안은 것처럼 보이지만 내면에는 "넌 너무 의존적이야. 바라는 게 너무 많아."라고 여기면서 상대방을 탓하죠. 굉장히 혼란스러운 상황이지만, 정작 당사자는 자기 내면이 이렇게 요동치고 있다는 사실을 모릅니다.

마셜(친구 역) 나는 정말 연애하는 게 두려워요, 또 스스로를 옭아맬 테니까. 사랑하는 사람이 힘들어하거나 필요한 게 보이면 그때부터 힘들다는 말 한마디도 못하고 스스로를 감옥에 가두니까. 그러고 나면 숨이 턱턱 막혀서 관계를 끊고 벗어나야 해요.

마셜(비폭력 대화자) 비폭력 대화자로서 그 문제에 대해선 해야 할 일이 많겠지만, 그렇다고 내 욕구나 사랑에 문제가 있다고는 생각하지 않소. 그렇게 되면 이 상황이 갑절로 나빠질 테니까. 이 문제를 떠안을 필요는 없지만 당신이 하는 말을 진심으로 잘 들을 필요는 있겠군요. 그래서 너무 겁이 났군요. 우리 관계에서 책임이나 의무감 없이, 자유를 구속하지도 않고 나를 보살펴야 한다는 강박관념도 없이 서로 깊게 사랑하고 아끼는 관계를 갖는 게 정말 어렵겠어요.

참가자 M(친구 역) 바로 그거예요! 정말 감옥에 갇힌 것처럼 숨을 쉴 수가 없어요.

마셜(비폭력 대화자) 나한테서 힘든 일이나 어려운 감정을 듣게 되면 그 순간 생명이 끊어지는 것만 같았겠죠.

참가자 M(친구 역) 맞아요! [한숨]

마셜(비폭력 대화자) 얘기해 줘서 고마워요. 우리가 연인 사이가 아니라 친구로 지내는 건 어때요?

참가자 M(친구 역) 아뇨…… 친구한테도 마찬가지예요. 좋아하는 사람들한텐 다 똑같거든요. 키우던 강아지한테도 이런 적이 있단 말이에요. [웃음]

마셜(비폭력 대화자) 이런, 정말 어렵군요. 친구 사이가 되어서 힘든 일을 나누고 싶었는데, 그랬다간 까무러치겠어요.

참가자 M(친구 역) 맞아요. 힘들다고 하는 순간 내 잘못이라고 여기고는 뭐라도 하려고 애쓸 테니까요. 내 인생은 끝나고 당신을 돌보는 거죠.

마셜(비폭력 대화자) 그럼 나는 이렇게 혼잣말을 하겠죠. "이렇게 공감을 받지 못하다니 너무 고통스럽다. 나를 살아 있게 하는 내 욕구와 느낌이, 그 사람에게 선물이 되기를 바라는 내 욕구와 느낌이 강요로 받아들여지니 너무 괴롭다. 어떻게 하면 내 욕구를 알게 할 수 있을까? 공감을 받을 수 있는지 한 번만 더 해보자." 아무 부담 없이 그냥 내 말을 들어만 줄 수 있겠어요?

참가자 M(친구 역) 무슨 말이에요?

마셜(비폭력 대화자) 내 느낌과 욕구를 말할 테니까 그냥 들어만 주면 돼요. 그것 말고는 없어요. 뭔가를 해줘야 한다거나, 잘못했다는 생각 없이 그냥 내가 하는 말 그대로 따라 해 주기만 하면 돼요. 그거는 해줄 수 있겠어요?

참가자 M(친구 역) 해 볼게요.

마셜(비폭력 대화자) 나는 너무 슬퍼요…….

참가자 M(친구 역) 미안해요. [웃음]

마셜(비폭력 대화자) 아니, 잠깐만. 그냥 내가 하는 말을 듣고 그대로 따라 해 주기만 하면 돼요. 내 욕구와 느낌이 위협이 아닌 선물이 되길 바랐는데 마음이 많이 아파요. 내가 한 말을 들은 대로 말해 주겠어요?

참가자 M(친구 역) 내가 맘을 아프게 했군요.

마셜(비폭력 대화자) 당신이 맘 아프게 한 게 아니라 내 욕구가 날 맘 아프게 한 겁니다. 그 말만 들어줄래요?

참가자 M(친구 역) 다시요.

마셜(비폭력 대화자) 내 느낌과 욕구가 위협이 아닌 선물이 되길 진심으로 바랐기 때문에 마음이 아파요.

참가자 M(친구 역) 마음이 아팠군요, 왜냐하면 내가……

마셜(비폭력 대화자) 아뇨!

참가자 M(친구 역) 그러면 당신 때문에?

마셜(비폭력 대화자) 예.

참가자 M(친구 역) 당신은 당신의 느낌과 욕구가 내게 위협이 아닌 선물이 되길 바랐기 때문에 마음이 아프군요?

마셜(비폭력 대화자) 그렇게 들어줘서 정말 고마워요. 이제 편안히 가요. 언젠가는 내게로 와서 함께 행복할 수 있길 바랍니다.

| 부탁하기 |

참가자 M 저기, 아직 할 말이 남았는데요. [웃음]

마셜 뭡니까?

참가자 M "그동안 지낸 시간이 있는데 이렇게 끊으려니 좀 두려워요. 연인 사이는 아니더라도 친구처럼 서로 연락은 주고받았으면 좋겠어요."라고 말하고 싶습니다.

마셜 그렇게 관계를 멀찌감치 설정하신 일은 참 잘하셨습니다만, 거기에서 멈추면 비폭력 대화가 아니죠. 방금 하신 말씀으로는 계속 연락하며 지내고 싶다는 욕구와 느낌은 표현됐지만, 상대방이 뭘 어떻게 하면 좋은지에 대해서는 분명하지 않으니까요. 그렇게만 말하면 듣는 사람 입장에서는 불난 집에 기름을 붓는 격이죠. NVC 귀를 갖지 않은 사람에게 "친구로 지내자."라고 하면서 구체적인 행동을 말하지 않으면, 상대방은 그 말을 또다시 "내 목을 조르는구나. 날 노예 삼으려고 해!"라고 해석합니다. 비폭력 대화를 쓰지 않는 사람에게는 아주 구체적으로 부탁해야 합니다. "나를 좀 사랑해 줘. 좀 이해해 주면 좋겠어. 내 말 좀 들어줘. 친구로 지내자."라는 말은 안 됩니다. 친구로 지내려면 구체적으로 뭘 어떻게 해주길 바랍니까?

참가자 M   "적어도 한 달에 한 번은 어떻게 지내고 있는지 서로 안부 전화 정도는 좋겠군요."

마셜   그럼 이렇게 말씀하십시오. "한 달에 한 번 나한테 안부 전화해줄 수 있겠어요?"

마셜(친구 역)   통화 시간은요?

참가자 M   아, 일요일에 30분 정도.

마셜(친구 역)   알겠어요.

마셜(자신)   이렇게 비폭력 대화로 구체적으로 말해야 합니다.

5.12 성차별 혹은 인종차별주의 다루기

참가자 N   [소리를 낮춰서] 아는 사람이 여자는 유부녀만 되면 남자를 너무 밝힌다고 말하더군요.

마셜   비폭력 대화가 아니라면 저 말을 듣는 순간 성차별적 발언이라고 생각하겠죠. 하지만 그런 생각을 떠올리는 순간 말한 사람이 우리 욕구를 더 민감하게 다루도록 할 힘을 잃어버립니다. 우리가 상대방을 '성차별주의자'나 '인종차별주의자'라고 판단하는 순간, 그 말을 입 밖으로 내든 생각만 하든, 우리의 욕구를 충족시킬 힘을 잃게 돼요. 그래서 그 말을 듣고 뭐라 하셨습니까?

참가자 N   너무 화가 나서 처음엔 말문이 막혔어요. 그 사람에게 성차별적 발언이라고 지적도 못 했고요. 그렇게 잠깐 말문이 막힌 동안 여자에게 그런 말을 하는 남자의 고통을 느끼긴 했지만 비폭력 대화를 사용할 기분은 아니었어요.

마셜   그렇게 침묵했던 몇 초 사이에 NVC 에너지를 완전히 소진했군요. 그러니 NVC를 사용하지 않아도 된다고 스스로 용납했고요.

참가자 N   고개를 저으며 말했죠. "여자도 남자를 밝힐 권리가 있죠."

마셜   남자의 말에 동의를 하셨군요. 비폭력 대화자는 절대로 동의하거나 반박하지 않습니다. 당부하는데 여러분 절대 다른 사람의 머리에 같이 올라타지 마십시오. 그래봤자 험한 꼴만 봅니다. [웃음] 상대방의 머리에서는 되도록 멀리 떨어지고 가슴 가까이 가십시오.

마셜(남자 역)　여자들은 결혼만 했다 하면 왜 그렇게 다들 남자를 밝힌대요?

마셜(비폭력 대화자)　[침묵]

마셜(자신)　잠깐 멈춘 겁니다. 비폭력 대화자는 지금 이 순간 너무 화가 났어요. 전에도 말씀드렸지만 비폭력 대화자는 화가 나면 듣고 싶은 걸 듣지 못합니다. 그래서 이 비폭력 대화자는 잠시 뒤로 물러나 머릿속에 떠오르는 판단의 쇼를 들여다봅니다.

> **비폭력 대화자[내적 표현]** : 이런 성차별적 발언을 하다니, 이 인간 목을 확 비틀어 버리고 싶다. 내 욕구에 대해서 이렇게까지 무심하다니 정말 진저리가 나. 단지 여자라는 이유만으로 일터에서 이렇게 툭툭 던지는 성희롱 발언들을 들어줘야만 할까?
>
> **비폭력 대화자[외적 표현]** : 결혼생활을 털어놓고 싶은데 막상 꺼내려니 불안하세요? [큰 웃음]

참가자 N   사실 그때 그런 생각을 하긴 했는데, 막상 입 밖에 내지는 못하겠더군요. 직장 동료 한 명이 퇴사하는 날이라 다 같이 점심을 먹던 자리였거든요.

마셜(남자 역)   무슨 말이오? 다 같이 재미있어 했는데 너무 민감하게 받아들이지 마세요.

마셜(비폭력 대화자)   그냥 농담한 거라고요? 제가 그 말에 웃을 거라고요?

마셜(남자 역)   그래요.

마셜(비폭력 대화자)   아, 저는 그런 농담을 쉽게 못 받습니다. 그런 성적인 표현들을 듣는 게 너무 거북하고 불편해요.

마셜(남자 역)   그렇게 민감하게 반응할 필요 없다니까.

마셜(비폭력 대화자)   제 말이 다 끝날 때까지 기다려주시겠어요? 끼어들거나 그럴 필요 없다고 말씀하시지 말고요, 네? [웃음]

마셜(남자 역)   알겠소! 아, 까다롭기는! [웃음]

마셜(비폭력 대화자)   그냥 가볍게 농담 주고받자는 거였는데, 언짢았나 봐요?

마셜(남자 역)   그렇지. 당신들 진보주의 여성들은 정말 골칫거리라니까. 어울리기가 힘들어요.

마셜(비폭력 대화자)   말할 때마다 신경 쓸 필요 없이 편하게 농담 주고받으면서 지내고 싶은 거죠?

마셜(남자 역) 그렇죠.

마셜(비폭력 대화자) 저도 그렇게 하고 싶은데, 그런 농담을 주고받는
일이 저한테는 정말 힘들어요. 왜 그런지 제 마음을 좀
들어주시겠어요?

마셜(자신) 이제 이 남자를 교육시킵니다.

5.13 욕설과 폭언

참가자 비폭력 대화자는 심한 폭언에 어떻게 대응해야 합니까?

마셜 비폭력 대화에서는 욕설과 폭언 모두 충족되지 않은 욕
구의 비극적 표현이라고 합니다. 비폭력 대화자는 욕설
이나 폭언을 듣게 되면 자신에게 물어야 합니다. "저 폭
언은 무엇이 충족되지 않아 생기는 걸까?" 하고 말입니
다. 안타깝게도 폭언을 하는 사람들은 폭언이나 욕설 이
외에는 욕구를 표현하는 방법을 모릅니다.

> **폭언 사용자** : 넌 너무 예민해서 탈이야!
>
> **비폭력 대화자** : 내가 달리 이해해 주면 좋겠어?
>
> **폭언 사용자** : 이 세상에 너보다 이기적인 사람은
> 보질 못했다.
>
> **비폭력 대화자** : 케이크 한 조각은 널 위해서 남겨 놓
> 길 바랐구나.

욕설이나 폭언은 충족되지 않은 욕구의 비극적 표현입니다. 비폭력 대화자에게 이 세상에 정상/비정상, 옳다/그르다, 좋다/나쁘다와 같은 것은 없습니다. 이런 말은 지배자 밑에 놓인 사람들을 훈련시키기 위해 생산된 언어입니다. 사람들로 하여금 권력자에게 고개 숙이고 신분이나 계급에 순응하도록 길들이고 싶다면, 무엇이 옳고, 정상이고, 맞는지 머리로 따지면서 최고 권위자에게 평가하는 힘을 건네면 됩니다. 이러한 기준이 어떻게 나오는지 더 알고 싶다면 사회 변동에 대해 제가 쓴 소책자를 보십시오.

이런 문화에서 자라면 이 비극적 속임수에 휘둘리며 살 수밖에 없습니다. 이 사람들은 정말 큰 고통을 당하거나 간절히 바라는 것이 있을 때 폭언이나 욕설을 퍼붓는 방법 외에는 어떻게 표현해야 할지 모릅니다.

우리는 비폭력 대화를 통해 이렇게 반복되는 고리를 끊고자 합니다. 폭력의 근원은 고통에 시달리면서도 그 고통을 명확히 말할 수 없을 때 일어납니다. 앤드류 슈무클러(Andrew Schmookler)는 자신의 저서 《약점 극복하기(Out of Weakness)》에서 폭력에 대해 이렇게 말합니다.

"폭력의 기저에는, 그것이 부부나 부모 혹은 국가 사이에 일어나는 언어적·정신적·신체적 폭력 그 무엇이든지 간에, 내면에 존재하는 것을 어떻게 다뤄야 할지 모르는 사람들과 관련이 있다. 그런데도 우리는 저 어딘가에 폭력을 휘두르는 악한이 있고 문제를 일으키는 나쁜 사람이 있다는 식으로 교육받아 왔다.

이는 한 국가를 이끄는 지도자가 다른 국가에 대해 '악의 제국'이라 칭하고, 상대 국가는 그 말 이면에 담긴 고통이나 두려움, 충족되지 않은 욕구를 들여다보고 밝히는 대신 '제국주의적 독재자'라고 응수하며 갈등을 부추긴다. 이는 매우 위험한 사회 현상이다."

이 때문에 비폭력 대화자는 그 어떤 폭언이나 욕설도 그 말을 되받아 치기보다는 그 뒤에 숨은 고통과 욕구에 집중할 책임이 있습니다.

6. 감사 표현하기

참가자 P 감사함을 표현하는 데 필요한 세 가지를 말씀해 주시겠습니까?

마셜 한 가지 짚고 갈 점은, 감사와 칭찬은 다르다는 것입니다. 비폭력 대화에서는 칭찬이라는 말을 쓰지 않습니다. 칭찬은 판단에 따른 전형적인 기술이기 때문이죠. 직장 상사들이 즐겨 쓰는 방법이기도 한데, 한 연구 조사에 따르면 적어도 하루에 한 번 부하 직원을 칭찬하면 업무 효과가 훨씬 커진다고 했습니다. 이런 칭찬은 일시적으로는 효과를 발휘하지만, 듣는 사람이 조종당하고 있다고 느끼는 순간 사라지죠. 비폭력 대화에서는 어떤 결과물을 내기 위해 감사를 표현하지 않습니다. 그 사람이 한 일이 우리에게 얼마나 기쁜지 알려 주고 축하하기 위

해 표현합니다. 감사에는 다음과 같은 세 가지 요소가
있습니다.

> • 우리가 감사하는 상대방의 행동
>   (매우 구체적으로 표현한다)
> • 우리의 느낌
> • 우리의 충족된 욕구

7. 비폭력 대화 연습하기

참가자 Q 비폭력 대화를 능숙하게 사용할 수 있는 세 가지 방법을
알려주십시오.

마셜 가장 먼저 드릴 말씀은, 우리가 완벽할 수 없다는 겁니
다. 비폭력 대화는 우리에게 성자가 되라고 요구하지 않
습니다. 인내할 필요도 없고, 긍정적인 자존감을 가질
필요도 없습니다. 자신감도 마찬가지고요. 심지어 정상
적인 일반인이 될 필요도 없다고 말합니다. [웃음]

　그럼 뭐가 필요할까요? 무엇보다 제일 중요한 건 영
적으로 깨어 있음(spiritual clarity)입니다. 우리 자신이 인간
대 인간으로 얼마나 연결되고 싶은지 의식적으로 깨어
있어야 합니다. 안타깝게도 우리는 역사의 흐름 속에서
판단이 깊숙이 자리 잡은 사회에 살고 있습니다. NVC로

기울고는 있지만, 만일 테이야 드 샤르댕(1만 년 전 관점으로 생각한 고생물학자)처럼 생각한다면 더 빨리 바뀌겠지요. 그렇지만 제가 바라는 만큼 빠르게 바뀌지는 않아서 열심히 속도를 붙이고 있습니다.

제가 가장 집중하는 부분은 저부터 바뀌는 겁니다. 저 자신이 완전히 비폭력 대화를 구사하는 게 이 세상을 돕는 길이라 생각합니다. 그렇게 저부터 흠뻑 경험하고 나서 남는 에너지를 다른 사람을 돕는 데 쓰는 거죠. 그들 또한 비폭력 대화에 젖어들게 말이죠. 그 때문에 우리는 우리 자신이 얼마나 다른 사람과 소통하고자 하는지 의식적으로 늘 깨어 있어야 합니다. 저 같은 경우는 하루에 두 번, 세 번, 네 번, 정말로 모든 걸 멈추고는 내 자신이 얼마나 이 세상에 있는 사람들과 유대관계를 맺고자 하는지 생각합니다.

어떻게 하느냐고요? 방법은 사람마다 다릅니다. 명상이나 기도를 하기도 하고, 잠깐 멈춤이나 느리게 걷기를 하지요. 어떻게 하든 상관없습니다. 저 역시 방법은 날마다 다르지만 근본적으로는 하던 일을 멈추고 천천히 제 머릿속을 오가는 생각들을 점검합니다. 판단으로 채워져 있는가 아니면 비폭력 대화가 오가는가? 멈춰 서서 제 머릿속을 들여다보며 속도를 줄입니다. 그러고는 "내가 의자가 아닌 인간으로 태어난 그 복잡 미묘한 이유"라는 문구를 떠올리죠. 영화 〈천 명의 어릿광대〉에 나오는 대사로, 제가 가장 좋아하는 말입니다. 이 때문에 영적으로 깨어 있는 일이 정말 중요합니다.

둘째는 연습, 연습, 연습입니다. 저 같은 경우 자신이나 다른 사람을 판단했다 싶을 때면 메모를 합니다. 그렇게 판단을 한 자극제가 뭐였는지, 내가 어떻게 했는지를 적습니다. 상대방이 뭘, 어떻게 말했길래 그렇게 순간적으로 판단했는가를 메모합니다. 그리고 그날 시간이 될 때 메모를 들여다보면서 그 당시에 겪었을 고통에 대해 자기 공감을 합니다. 자책을 하는 게 아니라 그렇게 판단형으로 말을 하게 한 고통을 들으려 애씁니다. 그러고 나서 저 자신에게 묻습니다. "그 상황에서 비폭력 대화를 쓴다면 어떻게 말할 수 있을까? 상대방이 느꼈을 느낌과 욕구는 무엇이었을까?"

자, 비폭력 대화자는 일이 뒤섞이는 걸 좋아하지, 완벽함을 추구하지 않습니다. 완벽함을 추구할 때 갖는 위험을 알기 때문입니다. 우리는 그저 과정적으로 덜 바보처럼 행동하도록 애쓸 뿐입니다. [웃음] 우리 목적이 '과정적으로 덜 바보처럼'이 되면, 일을 그르쳐도 축하할 이유가 됩니다. 왜냐하면, 덜 바보처럼 행동할 수 있는 방법을 배울 계기가 되니까요. 그러니 덜 바보가 되는 방법을 연습하고, 연습하고, 또 연습하십시오.

마지막 셋째, NVC 지원 단체의 일원이 되십시오. 판단이 판치는 세상에서 NVC 지원 단체는 비폭력 대화로 이루어진 더 나은 세상, 더 멋진 세상을 만드는 데 일조

합니다. 각 지역에 비폭력 단체나 모임이 생길 때마다 얼마나 감사한지 모릅니다.

8. 사랑이 하는 일

비폭력 대화를 통해 사랑의 개념과 사랑을 보이는 방법, 사랑을 다루는 법을 더 잘 전달할 수 있게 되었습니다. 제가 내린 결론은, 사랑은 단지 우리가 느끼는 감정이 아니라는 겁니다. 사랑은 우리가 증명하고, 우리가 행동하고, 우리가 소유한 것입니다. 사랑은 주는 것입니다. 우리 자신을 특별한 방법으로 주는 것입니다. 우리 자신을 발가벗은 모습으로 정직하게 드러낼 때, 어느 순간이든 다른 목적 없이 내 안에 살아 있는 것을 그대로 드러낼 때, 그것은 선물입니다. 어떤 원망이나 비난도 하지 않고, 징벌하지 않고 그냥 "여기 내가 있소, 이게 내가 바라는 바요. 이 순간 나의 연약함은 이것이요."라고 말하는 것. 제게는 바로 이렇게 보여 주는 것이 사랑을 보이는 방법입니다.

우리가 사랑을 베푸는 또 다른 방식은 다른 사람의 말을 어떻게 받아들이느냐에 있습니다. 아무런 판단 없이 그 사람이 하는 말에 공감하고 그 사람 내면을 살리는 것과 연결되는 것이 바로 선물입니다. 그 사람 내면에 살아 움직이는 욕구, 그 사람이 하고 싶은 바를 들으려고 하는 게 선물입니다. 이 때문에 비폭력 대화는, 제가 이해한 바로는, 사랑이 뭔지 보여 주는 표현입니다. 이는 유대교와 기독교에서 말하는 "네 몸을 사랑하듯 네 이웃을 사랑하라."와

"비판하지 마라. 그리하면 너희가 비판을 받지 않을 것이요."와 비슷한 개념입니다.

우리가 이러한 방식으로 유대관계를 맺을 때 어떤 일이 일어나는지 보면 놀랍기 그지없습니다. 이러한 아름다움, 이러한 힘은 사랑의 신성한 에너지와 연결됩니다. 하나님을 나타내는 여러 말 중에 제가 선택한 말입니다. 비폭력 대화는 제 내면에 있는 아름다운 신성한 에너지와 연결되도록 해주며 더불어 다른 사람들과도 연결시켜 줍니다. 이것이 바로 제가 경험한 '사랑'에 가장 가까운 것입니다.

9. 맺으며

우리는 관계에서 나 자신을 지킴과 동시에 상대방도 존중하며 일하기를 원합니다. 상대방이 우리를 대할 때 특별히 존중하지 않더라도 말입니다. 우리는 소통하기를 원하지만 그렇다고 일로만 관계 맺는 방식은 원치 않습니다. 그럼 우리 모두 어떻게 하면 될까요? 먼저 단호하고 분명하게 의사를 표현하면서 관계 맺기를 추천합니다. 비폭력 대화는 매우 자기 주장적(assertive) 언어입니다. 자신이 어떤 느낌인지, 욕구가 무엇인지, 상대방에게 무엇을 바라는지 분명하게 목소리를 낼 수 있어야 합니다. 그러나 단정적으로 말하면서 폭력적으로 되지 않으려면 두 가지를 놓쳐서는 안 됩니다. 비폭력 대화에서는 단호하지만 상대방을 비난하지 않습니다. 비폭력 대화에는 상대방이 잘못했다는 뉘앙스를 풍기는 어떠한 표현도 하지 않습니다. 상대방을 틀렸다, 이기적이다, 무신경하다는 식으로 단정을 짓거나 분류하는 말 모두 해당됩니다.

비폭력 대화로 우리 내면에 일어나는 일들을 분명히 표현하는 방법을 배우고, 상대방이 해주기를 바라는 일들을 비폭력 대화 방법으로 구체적으로 표현하는 것은 정말 멋진 기술입니다. 상대방에게 바라는 것을 말할 때는 부탁으로 해야지 강요가 되어서는 안 됩니다. 우리가 하는 말이 비난이나 강요로 들리거나, 우리가 상대방의 욕구도 똑같이 존중한다는 느낌을 주지 않으면 실패하고 맙니다. 상대방 입장에서 우리가 자기 길을 가는 데에만 관심이 있다고 느껴지면 상대방은 우리의 욕구를 위해서는 힘을 아끼고, 에너지 대부분을 자신을 방어하거나 저항하는 데 사용합니다.

비폭력 대화를 사용할 때는 구체적이고 선명해야 합니다. 우리 안에 일어나는 일들을 선물로서 있는 그대로 표현하여 상대방에게 원하는 바를 분명히 말할 수 있습니다.

인간이 보편적으로 갖는 가장 큰 감정이자 가장 기본적인 욕구는 바로 자기 삶을 풍요롭게 할 힘이 자신에게 있음을 볼 때 느끼는 기쁨입니다. 다른 사람에게 베푸는 즐거움을 싫어하는 사람을 본 적은 없습니다. 이런 일은 강요가 아닌 비폭력 대화로 서로의 느낌과 욕구를 공유하고 서로를 신뢰하게 될 때 저절로 일어납니다. 우리 모두가 이러한 일을 꿈꾸기를 소망합니다. 개인적으로는 관계에서 이러한 장밋빛 철학을 상당히 꽃피우고 있습니다.

3

관계에서 겪는 고통 벗어나기

타협하지 않고 치유와 화해하기

3

관계에서 겪는 고통 벗어나기

타협하지 않고 치유와 화해하기

제3장 〈관계에서 겪는 고통 벗어나기〉는 2002년 10월 4일에 진행한 워크숍에서 발췌한 것으로, 관계 회복에 초점을 맞추고 이를 위해 필요한 기술을 습득하는 데 목적이 있다. 비폭력 대화를 사용하여 갈등 문제를 이해하고 해결하며, 해묵은 상처를 치유함으로써 서로가 더 만족하는 관계로 발전하고자 한다.

이 장에서는 가정이나 직장, 학교나 사적인 모임 등에서 갈등으로 겪는 인간관계의 어려움을 치유하고 화해하는 단계를 차근차근 밟아볼 수 있다. 아울러 상처를 치유하는 데 필요한 공감 에너지, 즉 그 순간 진심으로 상대방에게 집중하고 연민을 느끼는 것도 경험할 것이다. 비폭력 대화 기술은 평화를 유지하며 갈등을 일으키는 상황을 미연에 방지하는 힘을 길러 준다. 비폭력 대화에 동참하여 우리가 가슴으로 듣고 말할 때 서로 이해하게 됨으로써 나타나는 놀라운 마법들을 경험하기 바란다.

이 훈련은 청중이 제시한 문제 상황을 역할극을 통해 함께 풀어 나간다.

1. 고통스러운 감정 치유하기

마셜　　우리가 간절히 바라는 치유와 화해에 대해 이야기를 나누고자 합니다. 여러분은 어떤 내용을 다루었으면 하십니까? 과거에 누군가와 겪은 일로 아직까지 고통이 앙금처럼 남아 있어서 이 자리에서 다뤄보고 싶은 분이 계십니까?

참가자 R　그 사람만 생각하면 너무 억울하고 고통스러운 감정이 올라오는데 어떻게 풀어야 할지 모르겠어요.

마셜　　비폭력 대화를 사용해 억울하고 고통스러운 감정을 불러오는 그 사람 역할을 한번 해보죠. 제가 상대방 역할을 하긴 하지만 비폭력 대화로 살고 있는 사람으로서 말하겠습니다. 참가자분은 그냥 하고 싶은 얘기를 맘껏 하시면 됩니다. 자, 준비되셨습니까? 좋습니다, 그럼 제가 누구 역할을 하면 됩니까?

참가자 R　친오빠요.

마셜(오빠 역)　동생아, 오빠에 대한 억울하고 고통스러운 감정을 풀고자 이렇게 용기를 내줘서 참 고맙다. 지금 현재 오빠에 대한 속마음을 나눠 주는 것 자체가 소중한 선물이니까 하고 싶은 얘기를 다 풀어놓으렴.

참가자 R　오빠는 자식 된 도리로 그러면 안 되지. 연로하신 부모님이 편찮으실 때 언제 한 번 제대로 나서서 도와준 적 있어? 같이 좀 해결하자고 연락하면 피하기만 하고, 이제 와서 다 지난 일이니까 그냥 묻고 가자고? 오빠 항상 이런 식이야. 그건 네 문제니까 자기는 관여하고 싶지 않다며, 내가 뭣 때문에 화가 났는지는 신경조차 쓰지 않잖아.

마셜(오빠 역)　지금 나한테 털어놓은 감정이 워낙 많아서, 네 말을 제대로 이해했는지 한 번 되짚어 볼게. 부모님이 편찮으셨을 때 오빠가 옆에서 더 많이 도와주길 바랐는데 그러지 않아서 화가 굉장히 많이 난 것 같구나, 맞니?

참가자 R　응.

마셜(오빠 역)　그래, 그렇다면 당시에 혼자서 그 일을 감당하는 게 얼마나 힘들었을지, 얼마나 간절히 도움을 바랐을지 지금도 이해받고 싶겠구나. 또, 도움도 도움이지만 가족 사이에 문제가 생겼을 때 오빠가 했던 행동들 때문에 상처도 많이 받고 너무 고통스러웠겠지. 오빠가 당시에 달리 결정해 주길 바랐는데 말이다.

참가자 R　맞아.

마셜(오빠 역) 그래, 네 욕구가 존중받지 못한 경우가 그때 한 번만은 아니었겠지? 오빠가 제대로 들은 게 맞니?

참가자 R 맞아, 정확해.

마셜(오빠 역) 내가 공감의 귀를 쓴 게 마음에 드니?

참가자 R 그럼! 진짜 오빠면 좋겠네요.

마셜(오빠 역) 그래, 그럼 계속 쓰고 있을 테니까 아직까지 마음에 남아 있는 말을 해보렴.

참가자 R 오빠는 이제 와서 화해하자고 하지만 난 못하겠어. 서로 쌓인 갈등을 풀지도 않은 채 더 이상 그렇게 살고 싶지 않아.

마셜(오빠 역) 너 자신을 보호하고 싶은 욕구가 있구나. 문제를 해결하려고 노력했다가 뜻대로 되지 않아서 받은 예전의 고통을 또 다시 겪고 싶지 않은 거지? 이미 충분히 힘들었으니까. 마음 한편에선 오빠 말을 듣고 싶지만 그렇게 하면 과거에 받은 상처까지 다 해소됐다는 뜻으로 받아들일까 봐 염려되는구나.

참가자 R 맞아. 솔직히 어떻게 해야 할지 모르겠어. 예전으로 돌아가도 별로 득이 될 게 없어 보이고, 이렇게 거리를 두는 것도 자연스러운 일은 아니니까.

마셜(오빠 역) 정말 갈림길에 서 있구나. 서로 화해해서 상처를 치유하고 싶은 욕구와 너를 보호하고 싶은 강렬한 욕구가 있는데 이 두 욕구를 어떻게 충족시켜야 할지 모르겠지?

참가자 R   맞아.

마셜(오빠 역) 정말 고통스러운 갈등이구나.

참가자 R   그래.

마셜(오빠 역) 네 말에 오빠가 답하려고 하는데, 더 하고 싶은 말은 없니?

참가자 R   없어.

마셜(오빠 역) 공감의 귀로 들으니 깊은 슬픔이 느껴지는구나. 오빠도 우리 사이에 있었던 일로 충족되지 못한 욕구들이 보였거든. 널 잘 보살피고, 영적으로 정신적으로 풍요롭게 잘살게 하고 싶은 욕구가 있었는데, 오히려 나의 행동들이 역효과만 일으키고 힘들게 했다는 사실을 알고 나니 마음이 너무 아프고 힘이 쑥 빠지는구나. 오빠가 슬프다고 했을 때 네 마음은 어땠니?

참가자 R   오빠도 나처럼 어떻게 해야 할지 몰라 당황스러울 것 같아. 오빠가 그렇게 마음이 불편했으니까 내 욕구를 충족시킬 방법을 몰랐을 것 같아.

마셜(오빠 역) 그렇게 생각해줘서 고맙다. 그런데 지금 오빠는 네가 영적으로 정신적으로 풍요롭게 살도록 도움을 주고 싶은 욕구를 충족시키지 못해서 마음이 참 아프구나.

참가자 R   그래, 고마워.

마셜(오빠 역)   당시에 너나 가족들을 소원하게 대하면서 내 마음은
어땠는 줄 아니? 너도 대강 짐작은 하겠지만, 그래도 정
확하게 내 입장을 전하고 싶다. 먼저, 부모님이 편찮으셨
을 때 오빠라는 사람은 도와주지도 않고 너 혼자 다 감당
하느라 굉장히 힘들었지. 실은 그때 맘속으로는 같이 그
힘든 상황을 부담해야 한다고 여기면서도 아무런 행동
도 하지 않는 나 자신을 비겁하다고 느꼈어. 그런 죄책감
이 나를 짓누르니까 너의 고통이나 바람을 진심으로 들
어줄 수가 없었어. 부탁이란 부탁은 죄다 강요로만 들리
니까 돕고 싶은 맘이 들다가도 왜 자꾸 강요를 하나 싶어
울컥 화가 치밀곤 했지. 죄책감이 올라왔지만 온갖 감정
에 휩쓸려 버리니까 문제 자체를 회피하게 되더라. 내 말
이 어떻게 들리니?

참가자 R   뭐, 그럴 수도 있겠네…… 이해는 가.

마셜(오빠 역)   그땐 너도 오빠 때문에 상처를 받았겠지만 나도 말하
지 못한 상처들이 있어. 그런데 그 상처들을 표현할 줄
모르고 속에 꾹꾹 담아 놨다가 벌컥벌컥 화만 내고 만 거
지. 달리 표현했다면 참 좋았을 텐데 말이다. 내 말이 어
떻게 들리니?

참가자 R   그렇게 말해주니 좋네.

마셜(오빠 역)   오빠한테 더 듣고 싶은 얘기나 하고 싶은 얘기 있니?

참가자 R   서로 이 문제를 잘 해결해서 각자 편안해질 수 있는 방법을 찾고 싶어. 그러면 앞으로 잘 지낼 수 있을 테니까. 지금 이렇게 얽혀 있는 일을 풀려면 오빠랑 터놓고 많은 얘기를 나눠야 할 것 같아.

마셜(오빠 역)   이렇게 시작해 보면 어떨까? 이 워크숍을 녹음하는 담당자한테 부탁해서 오빠한테 복사본을 하나 보내 주라고 하는 거지. 그래서 들어 보고 앞으로도 이런 대화를 이어가고 싶은지, 제삼자의 도움이 필요한지 알아보는 거지.

참가자 R   좋아, 그러면 되겠다.

마셜(오빠 역)   그래, 그렇게 하자.

참가자 R   고마워.

1.1 역할극에 대한 반응(피드백)

마셜   방금 다룬 상황에 대해 질문이나 피드백 주실 분 있습니까?

참가자 S   복사본을 보내는 게 불가능할 경우엔 어떻게 해야 합니까?

마셜   참가자 R은 여기에서 다룬 걸로도 상당 부분 상처를 치유 받았다고 생각합니다. 앞으로 더 관계를 발전시키고 싶게 되었죠. 보시다시피 상처를 치유하는 데 당사자인 오빠가 반드시 자리에 함께 해야만 하는 것은 아닙니다. 물론 이 자리에서 함께 앞으로의 관계를 진전시킨다면 더 좋겠지만, 치유를 하는 데 반드시 상대방이 있을 필요는 없습니다. 돌아가셨거나 접촉하기 어려울 경우도 있으니까요. 상대방이 옆에 없어도 완전히 상처를 치유할 수 있습니다.

참가자 S   다른 사람과 얽힌 문제로 혼자 힘으로는 치유하기 어려운 경우에 방금 선생님이 해주신 것처럼 NVC로 옆에서 도와줄 사람이 필요하네요. 제 문제를 들어주고 공감해 줄 사람 말이죠. 그런데 그런 친구가 없다면 어떻게 해야 하나요?

마셜   아, 혼자서도 충분히 할 수 있습니다. 물론 앞에서 보셨듯이 가장 좋은 방법은 당사자인 오빠가 이 자리에 함께 하는 겁니다. 그렇다면 훨씬 더 강력한 치유의 효과를 봤을 겁니다. 본인이 직접 역할을 했으니까요. 그렇지만 당사자가 없어도 가능합니다.

     역할극을 할 때 지켜야 할 중요한 원칙들이 있습니다. 우선 과거의 사건 자체는 자세히 다루지 않습니다. 동생은 오빠가 한 행동을 간단하게 짚고 넘어갔을 뿐 시시콜

콜하게 따지지 않았습니다. 경험상 과거를 파고들어 갈수록 치유가 어렵습니다. 역할극의 대화는 대부분 현재, 지금 이 순간 두 사람의 속마음을 다룹니다. 과거의 일 때문에 아직까지 남아 있는 감정에 대해 나눕니다.

상처를 치유하려면 과거를 이해해야 하고, 과거를 이해하려면 그와 관련된 이야기를 풀어놓아야 한다고 말합니다. 그러나 이 말에는 지적인 이해와 공감이 뒤섞여 있습니다. 치유는 공감에서 일어납니다. 과거에 대한 이야기는 그 사람이 왜 그럴 수밖에 없었는지를 지적으로 이해하게 할 뿐이지 공감이나 치유가 일어나지는 않습니다. 사실 과거를 끄집어내는 일은 상처만 더 깊게 할 뿐입니다. 상처를 다시 불러내는 거나 마찬가지죠.

그 때문에 과거를 부정하지는 않았지만 자세히 파고들지 않고 오빠가 했던 일을 간단하게 언급만 한 겁니다. "엄마가 장보러 갈 게 있다고 하면 여기저기 모시고 다녀야지, 아버지가 편찮으시다면 이 병원, 저 병원 들렀다가 어쩌고 저쩌고……." 이런 얘기들까지 나누지는 않았습니다. 동생이 이런 얘기들을 꺼내면 꺼낼수록 치유는 어렵습니다. 특히 그 상처를 준 당사자를 앞에 두고 그럴 경우, 상처에 대한 이해를 구하기보다는 자신을 괴롭히려는 속셈으로 여길 수 있습니다.

참가자 S 저는 오빠가 동생에게 솔직하게 털어놓지 못하는 문제들이 있는 것처럼 느껴졌어요. 그럴 경우엔 어떻게 해야 하죠?

마셜   오빠 역할을 하면서 제가 마지막에 "오빠도 말을 못해서 그렇지 마음에 상처가 있어."라고 했지요. 그렇게 말하면 끝나는 겁니다. 과거 일 때문에 나도 상처를 받았고 이해받고 싶다고 표현한 겁니다. 그렇다고 그 상처에 얽힌 이야기나 과거 일을 일일이 들춰내야 이해를 받는 건 아닙니다. 동생에게 이해받고 싶다는 의미였고, 그 말을 들은 동생의 눈빛을 통해 확인받을 수 있었죠.

2. 치유의 첫 단계 : 공감으로 소통하기

마셜   우리 자신을 치유하거나, 누군가의 치유를 도울 때 가장 먼저 기억해야 할 점은 '지금 겪는 일에 초점을 맞추는 것'이지 과거에 일어난 일이 아닙니다. 과거 문제를 다뤄야 한다면 '네가 가출했을 때'라든가 '나를 때렸을 때'라고 최대한 간단하게 말을 합니다. 치유의 첫 단계는 과거에 일어난 일 때문에 현재 관계에서 겪는 내면의 문제를 공감하는 데 있습니다. 오빠 역할을 하면서 저는 동생의 속마음을 공감하며 소통했습니다. 이를 위해서는 반드시 해야 할 일이 있습니다.

  공감으로 소통하는 첫째 단계는 현재에 집중하는 것

입니다. 이것을 철학가 마르틴 부버는 한 사람이 다른 사람에게 줄 수 있는 가장 소중한 선물이라고 했습니다. 오빠 역할을 하면서 저는 그 순간 동생의 마음에 온전히 집중하였습니다. 어떤 말을 해줄까 고민하거나 과거의 일을 떠올리지 않았습니다.

이 공감이라는 선물은 과거에서는 절대 가져올 수 없습니다. 심지어 과거에 이 사람에게 내렸던 진단조차 공감을 방해합니다. 제가 정신분석학을 공부하면서 시행했던 수많은 임상 훈련을 실패라고 하는 이유도 여기에 있습니다. 그때 저는 상대방이 하는 얘기를 머리로만 이해했을 뿐 그 사람에게 온전히 집중하며 함께하는 법을 몰랐습니다. 진정한 치유는 거기에서 오는 건데 말이죠. 현재에 오롯이 머무르기 위해서는 제 모든 임상 훈련과 진단, 처방, 인간 발달에 대한 사전 지식 모두 버려야만 했습니다. 이 자료들은 모두 지적인 이해만 줄 뿐 공감을 방해했습니다.

공감을 한다는 게 어떤 느낌일까요? 공감은 서핑보드를 타는 것과 같습니다. 파도를 함께 타고 넘나들 듯이 지금 이 순간 상대방의 내면에서 말하는 소리를 들으며 생명의 리듬을 함께 타는 것이 공감입니다. 저 같은 경우 상대방을 마주 보면 되레 신경이 분산될 때가 있어서 시선을 낮추고 집중할 때가 많습니다.

참가자 S   저는 감정에 같이 푹 빠져 버려요.

2.1 공감(empathy, 共感)과 동감(sympathy, 同感)의 차이

마셜 　공감과 동감이 어떻게 다른지 짚어 보도록 하죠. 자기 안에서 강렬히 느껴진다면 그것은 동감입니다. 제가 오빠로서 동생에게 "네가 그렇게 말을 하니까 마음이 아프구나."라고 한다면 그것은 동감이지 공감이 아닙니다. 두통이나 치통으로 괴로워하다 재미있는 책에 푹 빠지는 순간 통증을 잊은 적이 있지 않습니까? 사실 그 순간에도 몸 상태가 바뀐 것은 아니기 때문에 고통은 그대로입니다. 다만, 온 신경이 몸의 통증에 머물지 않고 책에 쏠려 있는 거죠. 그게 바로 공감입니다.

　공감으로 우리는 상대방의 감정과 함께합니다. 그렇다고 우리가 상대방의 감정을 똑같이 느낀다는 의미는 아닙니다. 상대방이 자신의 감정을 느낄 동안 함께 있어 주는 것입니다. 순간 상대방의 감정에서 벗어나면 제 자신에서 올라오는 강렬한 감정을 느끼게 됩니다. 그럴 때면 애써 억누르려고 하지 않습니다. 그때 감정은 제게 상대방과 함께 있지 않고 제 자신에게 돌아와 있다고 알려주는 거니까요. 그러면 저는 자신에게 "다시 상대방에게 돌아가라."하고 말해 줍니다. 그런데 그럴 때 느끼는 제 고통이 너무 크면 공감을 할 수 없기에 이렇게 말합니다.

　"말씀을 듣다 보니 마음이 너무 힘들어서 계속 듣기가

어렵습니다. 제 감정을 털어 내고 다시 들으려면 시간이 좀 필요한데 기다려 주시겠습니까?"

공감과 동감이 뒤섞이지 않도록 주의해야 합니다. 만일 고통을 겪는 사람에게 "아, 그래, 네가 얼마나 힘들지 알겠어. 내 마음도 이렇게 아픈데 말이야."라고 했다면, 상대방이 느끼는 감정의 흐름을 끊어버리고, 자기 쪽으로 관심을 돌려버린 겁니다.

제가 사용하는 표현 중에 비폭력 대화를 싫어할 만한 것이 있습니다. 바로 "공감이란 다른 사람의 고통을 즐기는 법을 배우는 것"이란 표현이죠. 왜 듣기에도 불편한 말을 하는 걸까요? 샌디에이고에 가게 되면 전화를 걸어오는 친구가 있습니다. "와서 내 통증이랑 한 번 놀자."라고 하는데 자기가 하는 말뜻을 제가 알아듣기 때문이죠. 극심한 통증을 겪으며 시한부 삶을 사는 친구인데, 주변 사람들이 보이는 반응 때문에 더 괴롭다고 합니다. 다들 좋은 뜻인건 알겠는데, 자기 고통을 감내하는 것보다 동정 어린 마음으로 힘들어하는 사람들을 달래기가 더 어렵다고 해요.

"마셜, 그래서 내가 널 부르는 거야. 넌 인정머리도 없고 싸가지도 없는 녀석이라 내가 뭐라 해도 개의치 않을 테니까."

그 친구는 자신이 비폭력 대화를 비꼬듯 말해도 제가 이해하리란 걸 알죠. 게다가 상대방의 고통이든 기쁨이든 그 순간 오롯이 함께하는 것 자체를 제가 소중하게 여긴다는 사실도 알았습니다. 마음이야 당연히 기쁨을 나누기를 바라지만, 상대방의 내면에 살아 움직이는 감정과 함께하는 것 자체가 소중합니다. 친구가 "고통과 함께 놀자."라고 말한 것도 같은 의미죠.

2.2 격한 감정에 맞서 현재에 머무르기

참가자 S   어떻게 하면 감정에 휩쓸리지 않고 현재에 머무를 수 있죠?

마셜   항상 그럴 수는 없습니다. 일례로 언젠가 알제리 여성의 상처 치유를 도운 적이 있습니다. 극단주의자들이 이 여성을 집 밖으로 끌고 나와서는 그녀의 친구가 차량 뒤편에 묶인 채 도로에 끌려다니며 죽어가는 모습을 지켜보게 했습니다. 그리고 나서 이 알제리 여성을 다시 집 안으로 데려가 여성의 부모가 지켜보는 앞에서 강간을 하고는 다음 날 밤에 다시 찾아와 죽이겠다고 했습니다. 여성은 가까스로 전화를 찾아 제네바에 있는 제 친구들에게 도움을 요청하였고 한밤중에 그곳에서 탈출할 수 있었습니다. 스위스에 거주하던 저는 친구의 전화로 상황 설명을 들었습니다.

"마셜, 이 여성의 치유 작업을 해줄 수 있겠나?"

"낮에는 강의가 잡혀 있어 저녁에 보내도록 하게."

"그런데 마셜, 문제가 좀 있어. 어떤 식으로 치유 작업이 진행될지 설명해 줬더니 상대방 역할을 할 자네를 죽일까 봐 두렵대."

"실제 그 사람이 아니라 역할극일 뿐이라고 설명했는데도?"

"그건 이 여성도 이해했어. 그런데 '그 인간이라고 상상만 해도 죽여 버릴 것만 같아요. 아니 죽일 거예요. 반드시 그럴 거예요.'라고 하더군. 게다가 몸집도 어마어마해."

친구들한테 미리 조심시켜 줘서 고맙다고 했죠.

"그렇다면 통역가를 같이 동석시키겠네. 제삼자가 함께 한다는 사실만으로도 그 여성에게 안심이 될 걸세. 르완다에서 온 교육생인데 지금 수업을 받고 있어서 그렇게 두려워하지 않을 거야. 위급 상황에서 날 도와줄 르완다 교육생이 동석한다면 마음이 더 놓일지 그 여성에게 한번 물어봐 주게."

이렇게 그 여성을 위한 환경을 만들었습니다. 아까 하신 질문에 답변을 드리자면, 차마 입에 담지도 못할 엄청난 고통을 이 여성을 통해 들으면서 저는 두 번이나 말을 끊어야 했습니다.

"잠시만요, 잠시만. 잠깐만 끊고 갑시다."

저는 복도로 나가서 제 자신을 추스린 후에야 돌아갈

수 있었습니다. 사실 바로 돌아가지는 못했습니다. 그 순간 동료들과 함께 '디트로이트 요법(Detroit theraphy, 다양한 유형의 치료)'을 통해 20분 정도 저 자신을 다루고 나서야 여성에게 돌아갈 수 있었습니다.

저 역시 마음이 너무 힘들고 고통스러워서 완전히 그 순간에 집중하기 어려울 때가 있습니다. 그런데 그게 큰 문제라고 생각하지 않는 이유는 상대방도 대체로 이해해 주기 때문입니다.

참가자 S　상대방과 그 고통을 나누는 게 도움이 된다고 보십니까?

마셜　저는 종종 그렇게 합니다. "제 마음이 너무 힘들어서 지금 이 순간 들을 수가 없군요. 제가 느끼는 고통을 듣고 싶은가요? 아니면 본인 고통만으로도 감당하기 힘드신가요?" 이렇게 물으면 절반은 듣고 싶다거나 들을 수 있다고 합니다. 그때그때 상황에 따라 다르죠. 이 여성의 경우엔 너무나 고통스럽게 울부짖어서 제 감정을 나눌 수 있는 상황이 전혀 아니었습니다.

2.3 공감 단계

마셜　공감의 단계로 돌아가 봅시다. 첫째, 공감은 현재성을 요구합니다. 이 순간 상대방 내면에 살아 움직이는 느낌과 욕구에 집중하는 겁니다. 둘째, 상대방의 느낌과 욕구에 잘 연결되어 있는지 확인하는 작업이 필요합니다. 두 단계 모두 침묵 상태로 현재에 머물러 상대방의 감정과 욕구에 집중하는 일이 가능합니다.

물론 상대방의 느낌과 욕구를 제대로 파악했는지 말로 되짚어서 확인할 수 있습니다. 방법이 무엇이든 고정된 틀을 따르는 게 아니라 공감을 이루는데 그 목적이 있다는 사실을 명심하십시오. 상대방으로 하여금 시험당하는 느낌을 주어서는 안 됩니다. 이 때문에 되짚을 경우에는 상대방과 내가 잘 소통하고 있는지, 상대방의 말뜻을 정확히 파악했는지 확인하고 싶어서라는 사실을 잘 이해시켜야 합니다.

상대방의 말을 잘 듣고 있다는 확신이 들 경우에도 되짚어 주는 것이 필요할 때가 있습니다. 바로 상대방이 자신이 한 일을 말하면서 스스로 위축되는 경우인데, 자신이 이해받고 있다는 사실을 확인하는 걸로도 큰 위로가 됩니다. 이 두 가지 경우에 속으로 조용히 공감하는 대신 말로 공감합니다.

최근에 덴마크에서 엄청난 고통에 시달리는 한 여성을 상담한 적이 있습니다. 한 20분 정도 지났을까, 자신의 고통을 아주 섬세하면서도 솔직하게 표현한 여성 덕분에 그 내면에 살아 있는 느낌과 욕구를 쉽게 들을 수 있었습니다. 소리 내어 되짚을 필요를 못 느꼈기에 20여 분 동안 조용히 앉아서 듣기만 했습니다. 그 시간이 끝날 무렵 여성은 벌떡 일어나 저를 포옹하며 그러더군요.

"마셜 선생님, 공감해 줘서 고맙습니다."

저는 아무 말도 하지 않았는데 말입니다. 그 시간 내내 그녀와 함께한 사실을 상대방도 말없이 그대로 느낀 거죠.

참가자 R 그렇다면 공감하는 동안 선생님은 자신을 비우고 상대방으로 채운 거군요.

마셜 공감하는 동안 상대방과 온전히 함께한 거죠. 상대방으로 채우는 건 동감입니다.

공감을 위한 셋째 단계는 상대방이 끝났다는 신호를 줄 때까지 함께하는 겁니다. 상대방이 처음 꺼내는 이야기는 대체로 빙산의 일각에 불과하며 내면 깊숙이 숨겨둔 이야기는 금방 하지 않습니다. 공감을 제대로 받았는지 알 수 있는 신호가 몇 가지 있습니다. 하나는 상대방이 느끼는 해방감입니다. 공감을 받으면 정말 기분이 좋거든요. 상대방이 원하는 공감을 받았을 때 여러분 자신도 그 해방감이 몸으로 느껴집니다. 같은 공간에 있는 사람 모두 느끼는 거죠. 그리고 또 다른 신호로는 말을 멈춥니다.

네 번째 단계는 해방감을 맛본 후에야 일어납니다. 공감하는 과정에서 제가 어떤 부분을 이해했을 때 상대방이 "네, 그래서 어쩌고저쩌고, 이러쿵저러쿵……"하며 말을 잇는다면 아직 상대방에게 더 많은 공감이 필요하다는 신호입니다. 그러나 그 과정에서 해방감을 맛보고, 상대방이 말을 멈춘다면 필요한 공감을 받았다는 의미죠. 그럴 때 저는 "더 하고 싶은 얘기가 있나요?"라고 여러 번 되묻습니다. 상대방에게 집중되어 있던 관심을 돌릴 때는 시간을 두고 천천히 진행해야 하기에 몇 번씩 확인하는 거죠.

이렇게 공감을 하는 상대방이 "끝났어요."라는 표현을 할 줄 안다면 좋겠지만 대부분의 사람들은 잘 모릅니다. 오히려 공감 후에 추가 작업을 원할 경우가 많습니다. 다섯째 단계는 '공감 후'의 부탁이나 추가로 원하는 부분에 공감하는 겁니다. 부탁에는 상대방이 한 말을 듣고 난 우리 자신의 느낌이 어떤지를 알고 싶어 하는 경우가 있습니다. 특히 말을 하면서 스스로 위축된 경우에 그러하죠.

자신의 행동이 상대방에게 어떤 영향을 끼쳤는지 궁금해 하는 건 인간의 보편적인 모습입니다. 다만, 그걸 어떻게 물어야 할지 잘 모를 뿐이죠. 그 때문에 공감 후에 상대방이 저를 빤히 쳐다보면 이렇게 묻습니다.

"하신 말씀을 제가 어떻게 느끼는지 알고 싶으세요?"

그러면 알고 싶다고 하는 경우도 있고, 아닌 경우도 있습니다. 한 가지 더 말씀드리자면 제 느낌을 알고 싶어 하는 사람들 가운데 자신의 욕구를 더 잘 충족시키려면 어떻게 해야 하는지 조언을 부탁하는 경우가 있습니다. 그런데 그 대상이 내담자의 자녀라면 절대로 조언하지 마십시오. 자녀가 정말 조언을 원하는지 두 번 세 번 확인하십시오. 십중팔구 공감은 건너뛰고 곧바로 조언부터 하려 들 테니까요.

치유의 1단계 : 공감하기

앞에서 저는 참가자의 오빠 역할을 하면서 동생이 겪은 고통을 공감했습니다. 동생이 확인받고 싶어 하는 게 느껴져서 대체로 큰 소리로 되짚으며 공감했습니다. 상대방의 현재 느낌과 욕구에 완전히 젖어들기 위해 오빠 역할로 임했다는 사실에 주목하십시오. 왜 저는 저 자신 마셜로서 하지 않았을까요? 참가자를 공감한다면 누구라도 치유에 도움이 될 텐데 말입니다. 그동안 경험한 바로는 현실에 더 가까운 사람이 공감해 줄수록 치유 효과가 더 강력하게 일어났습니다. 이 경우에도 오빠가 함께 자리했다면 동생에게 직접 공감해 주도록 했을 것입니다. 이 자리에 없어서 제가 오빠 역할을 한 것이죠.

정리하자면, 치유 과정의 1단계는 당사자에게 필요한 공감을 해주는 것입니다. 여기에는 세 가지 방법이 있는데, 제삼자로서 개입하거나, 상대방 역할을 하거나, 상대방을 그 자리에 직접 데려오는 겁니다.

치유의 2단계 : NVC로 애도하기

치유 과정의 2단계는 애도하기입니다. 오빠로서 공감을 한 후에 저는 애도를 했습니다. 이렇게 말이죠.

"동생아, 오빠가 한 행동들이 널 그렇게 힘들게 했다니 마음이 참 아프구나. 너를 보살피고 지켜 주고 싶었던 오빠의 욕구가 충족되지 못했으니 말이다."

여기에서 중요한 점은 애도와 사과는 전혀 다르다는 점입니다. 사과는 받는 쪽이나 주는 쪽 모두에게 매우 폭력적인 행위입니다. 특히 사과를 받는 입장에서 이런 행위를 더 좋아한다는 건 정말 비극입니다. 이들은 사과를 하는 사람이 스스로를 증오하며 고통스러워하는 모습을 지켜보는 문화에 물들어 있습니다. 분명한 사실은 순수한 애도를 경험하게 되면 절대 사과를 하지도 받고 싶지도 않다는 겁니다. 애도와 사과를 좀 더 자세히 들여다볼까요?

사과는 도덕적 판단을 기준으로 하기 때문에 내가 잘못했고, 그 죗값을 치러야 하며, 그렇게 행동한 스스로를 증오해야 한다고 여깁니다. 애도는 도덕적 판단을 기준으로 하지 않기 때문에 사과와는 근본적으로 다릅니다. 애도는 삶을 풍요롭게 하는가를 판단 기준으로 둡니다. 내 자신의 욕구가 충족되었는가? 아니라면 어떤 욕구를 충족시키기 못했나?

수치심이나 죄책감, 자기 분노나 우울감은 우리 자신이 잘못했다고 판단할 때 느끼는 감정이며, 충족되지 못한 욕구를 다룰 때 겪는 감정은 슬픔이나 애통함, 좌절감입니다. 우울감, 죄책감, 분노, 수

161

치심과 같은 감정을 느낀다면 그것은 우리가 도덕적 판단을 했다는 증거로서, 이 네 가지 감정은 지구상에서 폭력을 바탕으로 하는 사고의 생산물입니다. 한편으로는 이러한 감정을 지녔다는 사실이 반갑기도 합니다. 이런 감정들을 느낀다면 폭력을 조장하는 생각을 하고 있다는 말이니까 재빨리 그 생각을 바꾸어야 합니다. 치유의 2단계는 '사과'가 아닌 '애도하기'임을 기억합시다.

| 감정에 함몰되지 않음 |

참가자 R   애도에 빠져서 치유를 끝내지 못한 사람들을 만난 적은 없습니까?

마셜   없습니다. 감정에 함몰되는 경우는 주로 도덕적으로 생각하거나 판단할 때입니다. 인류학자 어니스트 베커의 《정신의학의 혁명》에 보면, 토머스 차스라는 정신과 의사가 '정신질환'을 비극적 은유라고 한 말에 베커가 동의하면서 이러한 현상을 달리 바라보고 있습니다.

방금 하신 말씀처럼 감정에 함몰되어 빠져나오지 못하는 경우와 관련된 우울증에 대해 베커는 "우울증은 자신의 인식 안에서 새로운 대안을 찾을 수 없는 상태의 결과물이다."라고 정의했습니다. 이 말은 우리의 생각이 우리의 욕구를 인식하지 못하게 막고, 욕구 충족을 위한 행동을 하지 못하게 방해한다는 뜻입니다.

예를 들어 애도를 끝내지 못하는 사람이 있습니다. 이

사람은 애도를 하면서 생각에 생각이 꼬리를 뭅니다. '나는 형편없는 부모야. 내 아이를 달리 대했다면 그 아이가 나한테서 벗어나겠다고 가출해서 기차에 치여 죽지는 않았을 텐데. 더 잘 지냈어야 했는데, 나는 왜 이 모양일까? 정말 형편없는 부모야.' 이런 생각은 세월이 흘러도 절대 헤어 나오지 못합니다. 그런데 이것은 애도가 아닙니다. '~해야만 했는데' 하는 생각은 모두 도덕적 사고에 사로잡힌 겁니다. 어디 가지도 않습니다. '나는 형편없는 부모다'는 정지된 상태의 생각으로 함몰될 수밖에 없습니다.

참가자 R 아까 인용하신 말씀을 한 번 더 쉽게 설명해 주시겠습니까?

마셜 "우울증은 자신의 인식 안에서 새로운 대안을 찾을 수 없는 상태의 결과물이다." 제 말로 다시 옮기자면, 우리 자신의 욕구를 깨닫지 못하고, 충족시키지 못하도록 가로막는 것은 결국 우리 자신의 생각이라는 겁니다. 그런 생각에 사로잡혀 아무것도 못하는 거죠.

　　예를 하나 더 들어보도록 하죠. 저는 '양극성 우울증' 혹은 '반응성 우울증'이라고 하는 중증의 우울증을 겪는 사람들과 치유 작업을 합니다. 이분들은 매우 우울한 상태로 자리에 앉아서 "아, 정말 살기 싫다."라고 생각합니다. 제가 비폭력 대화의 공감 언어를 사용해서 "충족되지 않은 욕구에 대해 말씀해 주시겠어요?"라고 물으면, "전 쓰레기만도 못한 실패한 인간이에요."라고 답합니다. 저는 그 사람들의 욕구를 물었는데, 그들은 자신이 어떤 존재인지를 말합니다. 사람들이 "난 정말 형편없는 친구야."라고 말하듯이 말이죠.

우리 자신을 누군가와 비교할 때도 감정에서 헤어 나오지 못합니다. "나보다 두 살이나 어린 여동생은 벌써 직장에서 과장이 되었는데, 나는 이제 겨우 주임이라니!" 하고 비교에 사로잡힙니다. 만일 자신을 누군가와 비교한다면 댄 그린버그의 《자신을 비참하게 만드는 법》을 꼭 한 번 읽어 보십시오. 저자는 우울해지는 법을 모른다면 자신과 타인을 비교하라고 말하면서 구체적인 방법까지 제시합니다. 현대인의 기준에 미남 혹은 미녀라고 불리는 남녀 사진을 싣고 그 옆에 두 사람의 신체 사이즈를 조목조목 적었습니다. 그린버그는 독자 자신의 신체 치수를 화보에 있는 미남이나 미녀의 치수와 비교해서 얼마나 차이가 나는지 보라고 합니다. 처음엔 기분 좋게 시작했지만 치수를 일일이 비교하고 나면 기분이 나빠질 거라고요. 저자는 여기에서 끝내지 않고 기분이 정말로 우울해졌다면 뒷장을 보라고 합니다.

앞장은 단지 준비운동에 불과하다. 미남 미녀라는 외적 기준이 그렇게 중요한 건 아니니까 말이다. 이제 자기 자신에게 중요한 분야의 사람들과 비교해 보라. 그 분야에서 임의로 뽑은 사람을 인터뷰한다고 생각하고 그 사람이 이룬 업적을 정리해 보고 자신이 그 사람과 같은 나이에 한 일들과 비교해 보라.

저자가 임의로 찾았다는 사람은 모차르트였습니다. 사실 저자는 전화번호부에서 찾았다고 하는데, 역사에 대해서 잘 모르지만 모차르트 시대에 전화가 있을 것 같지는 않아서 좀 실망스럽긴 합니다. 아무튼 모차르트는 수백 년에 걸쳐 대작이라 불릴 만한 곡들을 작곡했습니다.

참가자 R 다섯 살 때부터요.

마셜 다섯 살 때부터요. 자 그럼 모차르트가 다섯 살 때 이룬 업적과 비교해서 여러분은 그 나이에 뭘 했는지 비교해 보십시오. 다른 사람과 비교해서 좋을 게 없는데도 우리는 죽을 때까지 비교하기에서 벗어나지 못할 수도 있어요. 학교에서도 이렇게 가르치고, 항우울제 약품 회사가 이를 부추깁니다. 이렇게 생각하면 생각할수록 관련된 사업은 더 좋아질 수밖에 없으니까요.

치유의 3단계 : 과거 욕구를 인식하기

앞서 다룬 단계를 되짚어 보죠. 1단계, 여동생은 오빠 역할을 한 저를 통해 공감을 받았습니다. 2단계, 오빠로서 저는 사과한 것이 아니라 제 자신을 애도하였습니다. 충족되지 못한 제 욕구를 인식하고 그 욕구와 연결된 느낌도 같이 표현했습니다. 치유 과정의 3단계는 오빠가 자신의 욕구대로 했을 때 어떤 마음이었는지를 동생에게 알려 주는 겁니다. 오빠 역할을 하면서 저는 참가자에게 이렇게 말했습니다.

"그렇게 할 당시에 오빠 맘은 어땠는지 말하고 싶구나. 머리에서 너를 도와야 한다고 말하는데, 마치 그 말이 누군가 나한테 하는 말처럼 들리더구나. 아니, 그 말을 네가 했다는 게 아니라 내 안에서 들려오는 그 말이 강요처럼 들렸다는 거야. 너를 돕고 싶은 마음이 드는 한편 '~해야 한다'는 소리가 안팎으로 들리면서 자율성의 욕구가 위협받았지."

치유의 4단계 : 상대편 공감하기(Reverse Empathy)

4단계는 상대편을 공감하기입니다. 치유 과정의 마지막 단계로서 자신을 힘들게 했던 상대방을 공감하는 건데, 반드시 고통을 겪은 사람이 공감할 준비가 되었을 때만 시도해야 합니다. 극심한 고통을 받는 사람들은 대개 주변에서 이런 얘기들을 듣는다고 합니다.

"상대방 입장을 공감해 봐라. 그러면 네 기분도 한결 나아질 거다."

맞는 말입니다. 나를 성폭행했거나 위협을 가했던 사람의 내면이 어땠는지를 공감하게 될 때 더 깊은 치유가 일어나니까요. 그러나 고통을 겪는 사람에게 필요한 공감이 충분히 이뤄지지 않은 상태에서 상대방을 공감해 주라는 것은 더 큰 폭력을 행사하는 거나 마찬가지입니다.

앞서 다뤘던 알제리 여성에 대해 더 이야기해 봅시다. 치유 과정에서 상대방 역할을 했던 저는 그 여성에게 끔찍한 폭행을 가했을 때 제(남자) 마음이 어땠는지 표현하고자 했습니다. 여성은 제게 두 번이나 울부짖었습니다.

"어떻게 나한테 그런 짓을 할 수 있어?"

우리 내면엔 상황을 이해하고자 하는 강렬한 열망이 있기 때문에 이 여성 또한 '어떻게?'라고 묻는 겁니다. 하지만 어떻게 그럴 수 있냐고 울부짖을 때마다 제 말을 듣고 공감하기에는 너무 고통스러웠습니다. 저는 치유 과정에서 이 마지막 두 단계로 넘어가기 전까지 충분한 시간을 갖습니다. 우선 상처를 받은 사람에게 필요한 공감이 충분히 이뤄졌는지를 살핍니다. 이 때문에 저는 그 여성에게 "어떻게, 왜 그랬는지 말해 줄게요. 그런데 그 전에 본인이 원하는 만큼 이해와 공감을 충분히 받았는지가 확실해야 해요."라고 말했습니다. 그 작업이 끝난 후에야 비로소 그 여성은 저를 공감해 줄 힘이 생겼습니다. 자신에게 상처를 준 사람을 공감할 경우 그 누구라도 마찬가지입니다.

참가자 S 언젠가 비폭력 대화를 공부한 사람과 함께 연습을 해본
적이 있어요. 그런데 공감하기를 연습하면서 상대방이
제가 하는 말에 "아, 그런데 느낌을 말하지 않았어요."
라든가 그건 비폭력 대화가 아니라고 피드백을 하는데
짜증이 나더라고요. 물론 비폭력 대화를 처음 연습할 때
는 형식에 딱딱 맞춰서 해야겠지만, 한 단계 정도 건너
뛰고 편하게 진행해도 되지 않습니까? 예를 들어서 공
감한 다음에 애도를 하신다고 하셨잖아요. 만일 제가 그
형식에 얽매이면 애도하고 싶지 않더라도 반드시 순서
에 맞춰서 해야 하니까 애도하는 시늉이라도 하겠지요.
그런데 그렇게 저를 속이면 자신의 진짜 내면을 만나라
고 하시는 말씀에 반하지 않습니까? 형식을 따라 연습하
는 것도 큰 도움이 되지만, 그 순간 제 감정에 진실하지
않으면 제대로 치유 작업이 이루어질 리가 없으니까요.

마셜 아주 좋은 말씀을 해주셨습니다. 스위스 취리히에서도
한 여성이 비슷한 얘기를 했었죠. 아주 오랫동안 갈등을
겪고 있던 부부가 제 워크숍에서 서로 공감을 주고받으
며 소통을 경험하는 순간 어떤 변화가 일어나는지 그 여
성은 지켜보았습니다. 서로 적대시하지 않고 상대방이
하는 말을 경청하면서 부부의 얼굴에 생기가 도는 모습

이 정말 아름답다고 느꼈답니다. 그 부부는 15년 가까이 지속된 갈등으로 서로 너무나 힘들어하고 있었거든요. 1년 후에 그 스위스 여성이 다시 찾아와 그러더군요.

"마셜 선생님, 1년 전 워크숍에 참석하고 나서 이런저런 상황을 겪을 때마다 그때 그 부부가 공감하며 소통했을 때의 그 환한 얼굴을 의식적으로 떠올리곤 해요. 그러고 나면 제 말투는 공격적이거나 날카로워도 비폭력 대화를 유지하더라고요."

참가자 분이 방금 하신 말씀처럼 이 여성도 그렇게 한 겁니다. 형식은 우리가 특정한 방식으로 소통하게끔 도울 수는 있지만, 형식에 너무 얽매이면 그 자체가 목적이 되어서 과정을 놓치게 됩니다.

사실 이 형식은 비폭력 대화 훈련에서 가장 어려운 부분이기도 합니다. 구체적인 방법을 제시해 주니까 형식에 맞춰 훈련할 수 있는 점이 NVC의 장점으로 꼽힙니다. 하지만 이렇게 구체적인 형식이 맞다 틀리다의 평가 기준이 될 수도 있는 점은 단점이라 하겠습니다.

참가자 R 저는 현재에 더 집중하는 삶을 살고 싶어서 저 자신뿐
아니라 인간관계에서나 일상생활에서 속도를 늦추고 천
천히 가려고 굉장히 노력하고 있습니다. 선생님도 이렇
게 현재에 집중하는 삶을 사시는 것 같은데, 늘 여유를
갖지는 못한다는 말씀이 맞는지, 그렇다면 어떤 식으로
시간을 갖는지 유용한 방법들을 알려주시면 감사하겠습
니다.

마셜 참가자 S분이 하신 말씀과도 관련이 있을 것 같군요. 숨
가쁘게 돌아가는 경쟁 사회에 살면서 지난 40년간 저 자신에게 가
장 많이 했던 말이 바로 '여유를 갖자'입니다. 이 말에는 사회 시스
템에 수동적으로 따르지 않고 스스로 선택한다는 강력한 정신적
힘이 실립니다.

　저의 명상 자료 중에 여유를 갖는데 아주 강력한 힘을
주는 이미지 한 컷이 있습니다. 저의 한 이스라엘 친구
가 팔레스타인 분쟁 지구에서 자녀를 잃은 사람들과 함
께 고통을 벗어나기 위해 다양한 활동을 벌이고 있습니
다. 죽은 자녀를 추모하는 책을 쓰는 일이 그중 한 가지
였죠. 심적 고통에 시달리며 소모되는 에너지를 다른 데
로 돌린 겁니다. 친구는 제본한 책을 한 권 건네주었습
니다. 히브리어로 쓰여 있어 읽지는 못했지만, 책을 펼

치는 순간 친구가 한 일에 정말 기뻤습니다. 제일 첫 장에 레바논 전쟁에서 전사하기 직전에 찍은 아들의 사진이 실렸고, 아들이 입은 티셔츠에는 "여유를 가져라."라는 로고가 새겨져 있었습니다. 저는 그 말을 기억하고 싶어서, 저자이자 아버지인 친구에게 더 큰 사진이 있는지 물었습니다. 그리고 그 말이 왜 저에게 중요한 의미가 있는지 말했습니다.

"그렇다면 마셜, 이 얘기를 듣는다면 '여유를 가져라'는 말이 훨씬 더 크게 다가오겠군. 아들의 지휘관을 찾아가서 물었지. '도대체 왜 우리 아이를 보냈습니까? 그 명령을 따르는 순간 누구라도 죽을 거라는 사실을 몰랐습니까?' 지휘관이 그러더군. '그런 생각을 할 시간적 여유가 없었습니다.'라고. 그래서 그 사진을 붙여 놓은 걸세."

수동적으로 움직이지 않고 스스로 선택한 에너지를 통해 천천히 여유를 갖는 일은 매우 중요합니다. 그러고는 이스라엘 친구가 한마디 더 하더군요.

"마셜, 이 시를 받게. 자네와 똑같이 이 사진을 보고 영감을 얻은 시인이 쓴 시일세."

그 시의 첫 행은 '여유를 가져라. 어차피 그대의 시간 아닌가!'라고 시작합니다. 그런데도 그 말을 잊고 질주할 때가 있기에 끊임없이 상기하려 애씁니다. 곁에서 친구들이 짚어줄 때도 많습니다.

6. 상처 주는 사람을 공감해주기

참가자 R 아이들에게 자신을 때리려는 사람을 공감하면 폭행을 피할 수 있다고 말씀하시는 걸 들은 적이 있어요. 어른들에게도 똑같이 적용할 수 있을 것 같은데, 그 상황을 재빨리 모면할 수 있는 말이나 행동 같은 게 있을까요?

마셜 네, 아이들에게 제일 먼저 가르치는 말은, 화난 아빠 얼굴에 대고 절대 '그런데' 하고 토를 달지 말라고 합니다. "도대체 왜 이따위 짓을 하는 거냐?"라고 아빠가 물어도 절대 "아니, 그런데요, 아빠……"라고 답하거나 설명하려 들지 말라고 합니다.

대신에 최대한 빨리 아빠가 느끼는 감정과 욕구에 집중하라고 합니다. 의식적으로 나 때문에 화난 게 아니라고, 내가 아빠를 화나게 만든 게 아니라고 생각하면서 아빠가 무엇 때문에 화를 내는지 충족되지 못한 아빠의 욕구를 들으라고 했습니다.

아이들과 이 부분을 가지고 연습, 연습, 또 연습했습니다. 누군가 나를 때리려고 할 때, 이론적으로 말하는 것과 실제로 그 사람의 내면을 공감하며 소통하는 일은 다르니까요. 경찰관들에게도 이 방법을 통해 위험한 상황에 대처할 수 있도록 교육했습니다. 연구 결과에 따르면 폭력범과 관련된 사건을 다룰 때 총보다 공감으로 접근

한 경찰들의 생존 확률이 더 높다고 합니다.

그런데 아이들이 하기에는 어려워서 연습을 굉장히 많이 시킵니다. 만일 여러분 가운데 자신이 옳고 그름에 민감하고, 잘못하면 벌을 받아야 한다고 생각하는 부모라 생각하는 사람이 있다면 자녀를 체벌할 경향이 높습니다. 저희는 함께 사는 부모를 교육시킬 수 있을 때까지 그 아이가 자신을 방어할 수 있는 최선의 방법을 가르칩니다. 바로 '공감으로 소통하기'죠.

7. 분노 행위 다루기

참가자 S 선생님은 분노가 치밀어 오르거나 울컥 화가 나면 어떻게 다스립니까? 가령 어떤 사람이랑 대화를 나누는데 스멀스멀 짜증이 올라오다 어느 순간 열이 확 받는다든가, 공항에 가는 길이 꽉 막혀서 차들이 꼼짝도 안 한다든가 말이죠.

마셜 여기서 워크숍을 마치고 저와 산타바바라까지 동행하시면 말씀하신 경우를 스무 번은 넘게 볼 겁니다. 아내가 잘 시간이 아니라면 바로 확인이 가능하죠

참가자 S 그럼 선생님은 어떤 상황에서도 늘 침착하게 해결하십니까?

마셜	네. 30초 정도, 잠깐 화가 나긴 하죠. 예전 같으면 세 시간은 족히 그랬을 겁니다. 저도 울컥할 때가 있습니다. "느려 터진 인간들!"이라고 불평하는 폭력적이고 악한 사람들이 도처에 있으니까요. 매표소에 줄이 길게 늘어서 있으면 저는 그냥 느긋하게 기다리고 싶은데, 지구상에 악당들은 다 그 자리에 모인 것처럼 한바탕 제 속을 뒤집어 놓습니다. 마치 세계 곳곳에 몰래카메라를 숨겨 놓고 비폭력 대화와 관련해 제 인내심을 시험해 보는 것 같아요.
참가자 S	그럴 경우에 유용한 비결이나 장치가 있습니까? 숫자 열을 센다든가 말이죠.
마셜	아니오, 분노는 소중한 겁니다. 진정한 축복이기도 하고요. 저는 화가 나면 화를 내려는 속도를 늦추고 제 자신에게 하는 말에 집중합니다. 그렇게 화나게 만든 저의 판단을 내면의 욕구와 연결되도록 잘 읽고 옮겨야죠.
참가자 S	상황에 따라 분노를 정당화시킬 수 있다고 보시는 군요?
마셜	분노를 삶을 소외시키는 생각, 폭력을 야기하는 생각의 결과물로 보는 관점에서는 항상 정당화시킬 수 있지요. 분노 자체는 문제가 안 됩니다. 화가 날 때 우리의 내면에서 일어나는 생각이 문제인 거죠.
참가자 S	그렇다면 분노를 다루는 과정에 대해 말씀해 주시겠어요?

마셜 시간을 가지고 천천히 제 머릿속을 오가는 판단의 쇼를 들여다봅니다. 그럴 때 제 자신에게 '그렇게 판단으로 생각하면 안 돼!'라고 말하지 않습니다. 그러면 오히려 그 생각에 붙잡히게 만들거든요. 옳지 않다고, 잘못한 거라고 말하지 않습니다. "대화를 가르친다고 전 세계를 돌아다니면서?"라고도요. 제가 판단의 말로 소리를 지르니까 아들 녀석이 했던 말입니다. "정당한 이유가 없는 것 같은데."라는 말도 하지 않습니다. 있는 그대로 지켜보고, 분노 너머에 있는 저 욕구와 연결하여 제 자신을 공감해 줍니다. 도덕적 사고 뒤에 숨은 욕구를 듣는 거죠.

가령 내가 서 있는 줄이 빨리빨리 줄지 않아서 슬슬 짜증이 납니다. 그런데 10분이 지나도 그 줄이 그대로 라면 내 심장에 더 이상의 스트레스를 주지 않기로 하는 거죠(다른 얘기지만, 의료 연구에 따르면 도덕적/비판적 사고와 심장병 사이에는 높은 상관관계가 있다고 합니다). 앞에서 어떤 작자가 매표소 직원과 실랑이를 벌이느라 10분째 뒤에 서 있다면, 부글부글 속을 끓이기보다는 그 스트레스로 가파르게 뛰는 심박수를 늦추기로 선택합니다. "아니, 저 사람은 뒤에서 기다리는 사람들은 안중에도 없나?"라며 스트레스가 내 심장을 갉아 먹게 할지, 분노를 다른 식으로 바꾸든지 그건 제 선택인 거죠. 여유를 갖는다면 10분 동안 뭘 할 수 있었을까 자신에게 묻습니다. 읽을 거리를 챙겼을 수도 있으니까요.

참가자 S   도덕적 판단과 분노로 삶이 흔들리지 않는 게 최종 목표입니까? 궁극적으로 선생님이 머물고자 하는 곳 말입니다.

마셜   루미(Rumi) 시인이 말했던 "옳고 그름 너머의 세상"에서 인생의 많은 시간을 보내고 싶은 게 궁극적인 제 목표입니다.

8. 대하기 어려운 사람과 잘 지내는 법 배우기

참가자 S   옳고 그름을 떠나서, 사람들을 만나다 보면 자신이 자라온 환경이나 성향에 따라 금방 마음을 열고 공감대를 형성하는 사람이 있는가 하면 그렇지 않은 사람이 있습니다. 정말 저와 다른 사람들과는 어떻게 마음을 열고 지내야 할지 모르겠어요. 아, 인종차별적 얘기가 아니라 성향이나 기질, 문제 해결 방식이 다를 경우 얼마나 진심으로 포용해야 하는지 모르겠어요. 특히 편견 없는 공정 사회를 강조하며 관용을 베풀어야 한다고 말하는 이 사회에선 더 어렵습니다.

마셜   우선, '~해야 한다'는 말부터 빼죠. 무엇을 '해야 한다'고 생각하는 한 아무리 그 일을 원해도 저항이 올라오게 됩니다. '해야 한다'는 말을 듣는 순간 그 일을 하는 기쁨은 사라져 버립니다. 저는 '해야 한다'는 일은 절대 하지 않습니다. 대신 조셉 캠벨의 제안을 따르죠. 43년간 비교종교학과 신화학(mythology)을 연구하고 나서 캠벨은 이렇게 말했지요.

"그동안 전 세계의 종교를 연구한 결과 놀랍게도 한목소리로 하는 말이 있습니다. 즐겁지 않다면 어떤 일이라도 하지 마라." 놀이가 아닌 일은 하지 마라. 같은 뜻으로 "내면의 기쁨을 따라가라."라고 말하기도 했습니다. 바로 이 에너지가 재미있고 배울 만한 세상을 만듭니다.

'포용'에 대해 잠시 이야기를 나눠 볼까요? 제 주변에도 함께 지내기 어려운 사람이 많지만, 그분들은 저의 가장 훌륭한 스승이기도 합니다. 대체 내 안에 무엇이 저들의 신성한 에너지를 못 보게 하는지 알려주니까요. 그 에너지와 연결되지 못하도록 막는 게 무엇인지 찾고자 합니다. 다행히 제가 인내하기 어려운 사람들이 많아서, 그만큼 찾고 배울 기회도 많습니다. 그럴 때면 제 자신에게 '대체 이 사람의 어떤 행동이 나로 하여금 판단하도록 자극했는가?'라고 묻습니다. 우선, 이 사람이 한 행동부터 잘 정리합니다. 그러고 나서 이 사람을 어떻게 판단했기에 화가 났는지 의식적으로 되짚어 봅니다. 셋째, 판단 너머에 이 사람과 연결된 저의 충족되지 못한 욕구를 보면서 자기 공감을 합니다. 넷째, "이 사람은 내가 싫어하는 행동을 하면서 어떤 욕구를 충족하고 싶었을까?"라고 저 자신에게 묻습니다. 그런 행동을 할 때 그 사람의 내면이 어땠을지 공감합니다. 이렇게 연습하다 보면 이들은 비폭력 대화를 가르쳐 주는 가장 훌륭한 스승이 됩니다.

9. 어머니를 향한 분노

참가자 S   어머니에 대해 가지고 있는 제 상처를 치유하고 싶은데 도와주시겠습니까? 이번 추수감사절에 뵈러 가거든요.

마셜   한번 해보죠. 제가 어머니 역할을 할 테니 본인 역할을 하십시오.

마셜(어머니 역)   아들아, 엄마가 지금은 공감의 귀를 썼으니 하고 싶은 얘기 마음껏 하렴. 엄마로 인해 조금이라도 즐겁지 않은 일이 있다면 다 얘기해 보려므나.

참가자 S   무슨 얘기부터 할까요?

마셜(어머니 역)   그래, 할 얘기가 정말 많구나.

참가자 S   어머니의 그 부정적인 시각, 세상뿐 아니라 저에 대해, 삶에 대해, 정부에 대해 늘 비판적으로 바라보는 모습에 이젠 정말 진절머리가 나고, 절망스럽고 비참해져요. 세상을 끔찍한 곳으로 색칠해 버리고는 저나 동생들도 그렇게 바라보게 하신 어머니에게 너무 화가 나요.

마셜(어머니 역) 놓치고 싶은 않은 중요한 메시지를 들어서 엄마가 제대로 들었는지 확인할게. 먼저, 삶을 너무 고통스러워하는 엄마 곁에서 지내는 일이 네게 얼마나 고통스러웠는지, 그리고 어떻게든 엄마의 고통을 덜어 주려고 애쓰는 일이 얼마나 부담스러웠는지 이해받고 싶구나.

참가자 S 맞아요.

마셜(어머니 역) 두 번째는 이런 고통 속에 너무 오랫동안 노출되어 있어서 더 이상은 그런 시각으로 세상을 보고 싶지 않은 마음을 이해받고 싶은 거지.

참가자 S 그런 부분도 있고요. 제가 스스로 선택하고 원하는 방식으로 세상을 보려고 내면과 씨름할 때면 정말 화가 나요.

마셜(어머니 역) 엄마가 칠해 놓은 세상과 다른 세상에서 살기 위해 그렇게 발버둥칠 필요가 없다면 얼마나 좋을까 싶겠구나.

참가자 S 네.

마셜(어머니 역) 그래, 얼마나 다른 세상에 살고 싶은지, 엄마가 만들어 놓은 세상과 부딪히며 쏟아내는 에너지로 얼마나 슬프겠니.

참가자 S 네, 엄마를 원망하는 말처럼 들리겠지만, 지금 제 심정은 그래요.

마셜(어머니 역) 아니야, 아들아, 원망으로 들리지 않아. NVC 귀를 쓰고 있어서 네가 하는 말은 모두 소중하단다.

참가자 S 엄마가 그렇게 힘들어하시는 자체도 너무 화가 나요. 게다가 "엄마는 너무 힘들지만 너까지 엄마처럼 힘들어할 필요는 없다."라고 말씀하시지도 않잖아요. 세상을 달리 볼 선택권을 주신 적도 없고, 다른 쪽으로 말하려고 하면 큰일이라도 날 것처럼 제 생각을 깎아내리고 무시하셨고요."

마셜(어머니 역) 이 상황을 네가 어떻게 하면 견딜 수 있을지 엄마가 네 말을 되짚으면서 살펴볼게. "엄마는 세상을 이렇게 볼 수 있지만, 너까지 엄마처럼 보라고 하지 않아."라고 해주면 좋았을 텐데, 마치 엄마가 보는 세상이 전부인 것처럼 보여 주니까 아이였던 너는 그대로 받을 수밖에 없었지. 그러고 나서 이제 엄마가 그려준 세상이 아닌 네 스스로 선택한 세상에서 살려니 너무 힘든 거구나.

참가자 S 네, 게다가 지금도 엄마와 함께 있으면 다시 어린 시절로 돌아갈 때가 많아요. "그래, 우리 엄마가 그렇지 뭐."라고 하면서 거리 두기를 해야 하는데 그러지를 못해요. 엄마가 쏟아내는 감정에 휩쓸려서 제 자율성이 침범당하는 것 같아요.

마셜(어머니 역) 그래, 그 감정들에 휩쓸리면 네가 머무는 세상과는 단절되고 엄마가 그려준 세상으로 다시 들어오는구나.

참가자 S 네. 그래서 추수감사절에 어머니를 뵈러 갈 일이 벌써부터 두려워요. 예전처럼 속으로는 화가 나지만 겉으로는 고개를 끄덕끄덕하면서 듣는 척할 수도 있겠지요. 제 감정을 솔직하게 드러내기엔 아직도 겁이 나니까요. 그래서 이번에도 듣는 척할까 봐 염려돼요. 솔직한 속마음을 드러냈을 때 돌아올 비난이 두렵거든요.

마셜(어머니 역) 속마음을 감추느냐, 아니면 상황이 복잡해져도 솔직하게 털어놓느냐, 이 두 가지 선택밖에 없다는 사실이 끔찍하구나. 엄마와 소통할 수 있는 다른 방법을 찾고 싶은데 말이지.

참가자 S 맞아요. 한편으론 이 문제로 인한 상처가 너무 커서 엄마가 잘못을 뉘우치고 수치심에 몸부림치게 하고 싶은 마음도 있어요.

마셜(어머니 역) 네가 겪은 고통이 얼마나 큰지, 그 고통에 대한 대가가 얼마나 컸는지 정말 절실하게 이해받고 싶은 거구나.

참가자 S 네, 맞아요. 솔직하게 드러내서 문제를 복잡하게 할까 봐 두렵기도 하지만, 그건 그동안 제가 받은 훈련으로 해결할 수 있어요. 그보다는 시도도 하기 전에 얼어붙어서 아무것도 못할까 봐 저 자신한테 짜증이 나요. 지금

까지 그랬듯이 저를 돌보지 못하고 말 한마디 못할까 봐
서요.

마설(어머니 역) 네 목소리를 내고 상황을 정리할 생각만으로도 불안
하고 겁나는구나. 그런데 너 자신을 계속 속이고 감정을
표현하지 않는 게 더 나쁜 게 아닐까?

참가자 S 저한테 "너무 예민해.", "과민 반응이야."라고 낙인찍
는 말이 얼마나 힘든지 아세요? 제 느낌대로 말하면 엄
마는 감정이 격해져서 그렇게 저를 낙인찍으셨잖아요.

마설(어머니 역) 그래, 그래, 알겠다. 아무런 비난 없이 엄마의 고통이
나 네 힘든 상황을 두고 대화하고 싶은데 그러기엔 정말
긴장되는구나.

참가자 S 네.

마설(어머니 역) 엄마가 답하기 전에 더 들어 줬으면 하는 말 있니?

참가자 S 제 속에 담긴 고통이 너무 커서 엄마가 자신이 한 일을
진심으로 뉘우치고, 부끄러워하게 만들고 싶어요. 그러
다 폭력까지 행사할까 두려울 정도라고요.

마설(어머니 역) 그래, 네 안에 있는 고통이 너무 커서 밖으로 내보내
야 하는데, 유일한 방법이 우리 사이를 더 멀어지게 할
뿐이라고 엄마가 오해할까 봐 두렵구나. 우리 사이가 멀
어지기를 바라는 건 아니지만 어떡해서든 고통을 다루
고 싶은 마음이 큰데 말이지.

참가자 S 네, 머리로 따질까 봐 걱정이에요. 마음 같아선 입 다물고 소리나 질러대고 발길질이나 실컷 하고 싶어요. 그렇게 몸으로 말하고 싶지 머리 싸매고 고민하는 건 질색이라고요.

마셜(어머니 역) 그래, 말로 한다면 삶을 소외시키는 말이 아닌 삶을 풍요롭게 하는 말을 쓰고 싶은데, 지금은 어떤 말도 삶을 풍요롭게 하기는 어렵다고 보는 거지. 소리를 지르거나 발길질처럼 몸으로 표현해야 고통이 떨쳐질 것 같단 말이구나.

참가자 S 솔직히 집에 와서 어릴 적에 받지 못했던 가족의 보살핌을 받고 싶은 마음도 있어요. 현실적으로 이 집에서 그런 욕구를 충족시키기란 불가능해 보이지만요.

마셜(어머니 역) 그래, 단지 고통을 해소하는 게 끝이 아니라 가족들이 서로를 보살피고 소중하게 여기면서 모이는 즐거움을 누리고 싶구나. 그런 모습까지 갖기엔 너무 멀게만 보이지만 말이다. 네가 겪은 모든 고통을 해소하더라도 서로 진심으로 보살피는 단계까지 가는 일은 상상조차 안 되니까.

참가자 S 그렇죠. 솔직히 엄마는 늘 자기 고통에 빠져서 우리를 제대로 돌봐 준 적이 없잖아요.

마셜(어머니 역) 그래, 상상조차 힘들겠지. 엄마가 답하기 전에 더 들어줬으면 하는 말 있니?

참가자 S   혹시라도 대통령이 별로라든지 뭐 그따위 얘기 꺼낼 거면 하지도 마세요. 설령 엄마 말이 맞더라도 듣고 싶지 않으니까. 한 대 치는 한이 있더라도 말이죠.

마셜(어머니 역)   그러니까 정치 얘기는 뭐든 엄마가 힘들어하면 자동적으로 네 맘도 힘들어지는구나.

참가자 S   논리적으로는 이유를 모르겠지만, 엄마가 이 사람 저 사람 지적할 때마다 화가 치밀어서 미치겠어요. 방청객처럼 엄마 얘기에 일일이 반응하기 싫어요. 엄마 자신의 고통을 드러내서 공감받기 원한다면 그건 다른 얘기지만…….

마셜(어머니 역)   어쨌든 엄마가 겪는 고통을 치유해 주고는 싶은데 방법은 모르겠고, 그래서 마음만 무거운 이 상황이 질렸구나. 다른 사람과의 관계에서도 더 이상 그런 역할을 하기 싫겠지. 엄마 얘기를 들으면서 어떻게든 기분을 살려 주려고 애쓰는 일에 지쳐서 말이다.

참가자 S   네. 엄마든 친구든 판단에 흔들리지 않고 제 자신이 즐길 수 있는 방법을 찾았으면 좋겠어요. 엄마와 저는 서로 상처 주기를 즐기는 것 같아요. 그러면서도 제 안에서 다 내 책임이라고 자책하는 소리가 들리기도 하고요.

마셜(어머니 역)   자신에게 엄마 문제를 해결해야 한다고 말하는구나.

그러면서 엄마 스스로 이런 문제를 일으키는 말과 행동을 똑바로 봤으면 하는 마음도 있고 말이다.

참가자 S   "아들아, 엄마가 힘든 일이 있는데 말로 풀고 싶구나. 좀 들어줄래?"라고 묻는다면 정말 좋겠어요. 허락을 구하는 거니까. 그러면 존중받고 싶은 제 욕구도 충족되고요.

마셜(어머니 역)   그래, 이제 엄마가 답하고 싶은데, 들어줄 수 있겠니? 아니면 하고 싶은 말이 더 있니?

참가자 S   하고 싶은 얘기야 많지만 이젠 엄마 말을 들을 수 있겠어요.

마셜(어머니 역)   그래, 엄마와의 관계를 포기하지 않고 회복하려고 애써서 마음이 놓인단다. 사실 포기하려는 마음도 컸겠지. 그렇게 힘든 시간을 보내면서도 여전히 희망의 끈을 놓지 않고 서로 성장하기를 바라는 마음이 내게 얼마나 소중하게 다가오는지 모른다.

참가자 S   그런 희망의 끈을 쥐고 있는지는 모르겠지만, 엄마와의 관계가 나아지면 이성 관계에도 도움이 될 테니까요.

마셜(어머니 역)   설령 엄마의 보살핌을 받지 못한다 해도 이성 교제에서는 서로 돌봄을 통해 성장하기를 바라는구나. 그래, 엄마가 네 얘기를 들으면서 깨달은 점이 바로 그 부분이란다. 엄마 인생을 살면서 널 잘 돌보고 싶은 욕구가 가장 컸는데, 그 욕구가 충족되지 못했다는 사실이 너무 마음이 아프구나. 마음껏 널 보살피는 대신에 고통만 안겨 줬다는 사실에 가슴이 찢어진다. 엄마 혼자서만 겪어도 될 고통 때문에 너의 삶까지 힘들게 했으니 말할 수 없이 슬프단다. 엄마가 하는 말이 어떻게 들리는지 궁금하구나.

참가자 S   그냥 멍해요. 절 보호하고 싶은가 봐요.

마셜(어머니 역)   엄마가 염려한 것도 그 부분인데, 아직도 너는 엄마가 힘들어하면 뭐라도 해야 한다고 부담을 느끼는 거야. NVC 귀를 쓴 지금 엄마가 바라는 건 딱 한 가지 공감이야. 다른 건 없어. 공감할 수 없다고 말해도 거절로 듣거나 고통스럽다고 여기지 않아.

지금 멍한 상태라는 건, 엄마의 말을 들어주고 싶은 마음이 드는 한편, 다시 예전처럼 뭐라도 해야 할 것 같은 상황에 빠질까 봐 두려운 마음도 든다는 얘기로 들리는구나. 이제 그동안 엄마 마음이 어땠는지 말하고 싶구나. 엄마 마음이 어떤지 알고 싶었다고 네가 얘기하는 순간 눈물을 왈칵 쏟을 뻔했단다. '대체 뭣 때문에 속마음을 제대로 털어놓지 못한 거지?'라고 생각하니 울고 싶더구나. 엄마는 자기실현적 예언을 하고 있었던 거야. 아무도 내 마음 따위는 신경조차 쓰지 않을 거라고 말이야. 그래서 "이봐요, 나 좀 봐줘요, 나 힘들다고."라는 말밖에는 할 줄 몰랐다는 사실에 깊은 슬픔이 올라오는구나.

　엄마는 네가 내 고통을 떠안기를 원치 않아. 그저 엄마 맘을 알아봐 주기만을 바랐던 거야. 행동 자체는 마치 어린아이가 심술부리듯 해서 오히려 사람들로 하여금 등돌리게 만들고 말이지. 내 욕구가 누군가에게 중요하다고 느낀 적이 단 한 번도 없어. 그래서 다른 사람이 내 욕구를 기분 좋게 들을 수 있다는 것 자체가 불가능하다고 여긴 거야. 좌절하고 절망스러운 마음에 그렇게밖에 말할 줄 몰랐던 거지. 그렇게 절망스럽게 말하니까 사람들이 봐 주는 것 같고, 그러니 더 좌절스럽고 절망스럽게 말하게 되었단다. 엄마 말이 어떻게 들리니?

참가자 S　슬프기도 하고 그렇게 표현할 수밖에 없었던 속마음을 들으니까 마음이 한결 편안해졌어요. 마음이 연결되니 속이 시원해지는 느낌이에요.

마셜(어머니 역)　이렇게 속을 다 드러내고 나니까 약해진 것 같고, 위축되기도 하는구나. 우리가 나눈 얘기에 대한 피드백을 여기 계신 분들한테 부탁하는 건 어떨까?

참가자 S　좋아요.

마셜(자신　자, 저희가 나눈 대화에 피드백이나 느낌을 나누실 분 계십니까?

9.1 역할극에 대한 피드백

참가자 R   이렇게 두 사람이 서로 연민의 감정을 나누며 대화하는 모습에 저절로 미소가 지어졌어요. 참 새로운 경험이었습니다.

마셜   [농담조로] 남자 둘이 아닌 엄마와 아들 두 사람으로요.

참가자 R   두 분이 나눈 대화 방식은 우리가 가야 할 새로운 길을 보여 줬습니다. 정말 감사드려요.

참가자 T   저도 감사의 인사를 드립니다. 저 역시 어머니와 비슷한 문제로 갈등을 겪고 있어서 두 분을 지켜보면서 마음이 뭉클했습니다. 어머니와의 갈등을 어떻게 풀어야 할지 몰라 무기력한 상태로 지냈거든요. 마셜 선생님이 어머니 역할을 하면서 아들이 행복하기를 바라는 마음이 얼마나 컸는지 애도하는 모습을 보면서 제 마음이 치유되는 걸 느꼈습니다. 제 어머니도 제가 힘들게 사는 걸 원치는 않으실 테니까요. 어머니가 겪으셨을 심적 고통이 두 분 대화를 통해 보이면서 저도 치유를 받았습니다. 감사합니다.

참가자 U   저는 오늘 말 뒤에 숨겨진 인간성을 느끼는 특별한 경험을 했습니다.
'전율'이라는 말을 들어보셨을 텐데, 어느 순간 여기 계신 분들과 저 사이에 어떤 막이 사라지면서 하나로 연결되는 걸 느꼈습니다. 한편으론 저를 포함해 모두가 행복하길 바랐는데 대화를 들으며 좀 슬프기도 했습니다. 마셜 선생님이 어머니 역할을 하면서 말씀을 하실 때는 여기 각 사람에게 막이 처지는 듯한 느낌이 들더군요. 그러다가 두 사람이 서로 마음을 여는 순간 막이 사라지고 문제가 해결되는 모습을 보면서 깜짝 놀랐습니다. 여기엔 기술도 작용했겠지만 가슴으로 소통하는 선생님의 능력과 현재에 집중하기 때문이라고 생각합니다. 신을 믿는다는 게 바로 이런 느낌 아닐까 싶습니다. 정말 감사합니다.

참가자 S 제 안에서 올라오는 감정은 슬픔입니다. 방금 하신 말씀에 저를 비춰 보니 어머니와의 관계 회복을 제가 포기하고 있었더라구요. 어머니와 문제를 해결하지 않고 어떻게 이성 문제를 풀려고 했는지……. 설령 문제를 풀어야 한다고, 풀 수 있다고 해도 어떤 식으로 어머니에게 다가가야 할지 몰랐습니다. 어머니가 이런 반응을 보일 거라고는 생각조차 하지 않았으니까요.

마셜 오늘 대화를 녹음해서 어머니께 들려 드리면 어떻게 반응하실 것 같습니까?

참가자 S 모르겠습니다. 저한테 치유가 됐듯이 어머니에게도 그렇지 않을까 싶습니다.

마셜 한 번 해보십시오. 문제가 잘 해결됐다면 제게 전화를

주시고, 오히려 엉망이 되었다면 저희 직원한테 전화주
세요. [웃음]

참가자 R　말씀을 듣고 나니 저도 희망이 생기는 느낌입니다. 대화
내내 느낌과 욕구에 집중하지는 못했지만 희망을 느꼈
어요. 제대로 되지 않더라도 일단 오빠에게 시도해 볼 에
너지와 희망이 생겼어요. 감사합니다.

10. 마셜이 어머니에게 받은 선물

마셜　제가 받았던 선물을 여러분과 나눌까 합니다. 저 또한 어
머니와의 관계에서 비슷한 어려움을 겪었기에 여러분이
하는 말이 다 제 말 같았습니다. 그 고통에서 벗어나는
대수술을 받은 적이 있는데, 실은 제가 아니고 제 워크숍
에 참가한 어머니가 받으셨습니다. 워크숍에 참석한 여
성들은 여자로서 자신의 욕구를 직접적으로 표현하는
일이 얼마나 어려운지, 그리고 제대로 표현하지 못해서
오히려 관계를 망치는 일이 얼마나 많은지를 토로하였
습니다. 자신들이 아는 유일한 방법은 원하는 방향과 정
반대로 말하는 거였죠. 그리고 나면 마음은 마음대로 상
하고 관계는 더 나빠졌습니다.

한 명씩 차례로 돌아가면서 자신의 욕구를 표현하는
일이 얼마나 어려운지 말하는데 어머니께서 자리에서

일어나 화장실로 가셨습니다. 한참이 지났는데도 돌아오시지 않아서 저는 슬슬 걱정이 되기 시작했습니다. 어머니가 다시 자리로 돌아오시는데 안색이 굉장히 안 좋았습니다.

"어머니, 괜찮으세요?"

"이제는 괜찮다. 사람들 얘기를 듣다가 속이 상해져서 그랬어. 자신의 욕구를 표현하는 일이 너무 어렵다는 얘기를 듣다 보니 나도 문득 생각나는 일이 있어서 말이다."

"괜찮으시면 그 얘기를 나눠 주시겠어요?" 어머니는 이야기를 해주셨습니다.

"내가 열네 살 때, 동생 미니가 맹장 수술을 받았지. 그랬더니 앨리스 이모가 작은 동전 지갑을 선물로 사다 주었지 뭐냐. 그 지갑이 얼마나 탐나던지 말이다. 그런데 나도 사달라고 조르지 못했어. 우리 집은 절대로 뭐가 필요하다거나 갖고 싶다고 말할 수 있는 분위기가 아니었거든. 그랬다간 언니나 오빠한테 '우리 집이 얼마나 가난한데 사달라고 조르니?'라고 핀잔 들을 게 뻔했지. 그런데 그 지갑이 너무 갖고 싶었던 나는 자꾸 옆구리가 아프다고 징징댔지. 부모님은 날 데리고 병원을 두 군데나 갔는데도 원인을 찾지 못했지. 세 번째 의사를 찾아가니 수술을 하자고 하더구나."

어머니는 결국 맹장 수술을 받았습니다. 그리고 어머

니의 바람이 이루어져서 앨리스 이모는 어머니가 그토록 갖고 싶었지만 차마 말하지 못했던 동전 지갑을 사다 주셨습니다. 여기가 끝이 아닙니다. 어머니는 이야기를 이어갔습니다.

"병원 침대에 누워 아파서 끙끙거리면서도 정말 행복했단다. 간호사 한 명이 들어와 입에 체온계를 물리고는 나가더구나. 그리고 나서 다른 간호사가 또 들어왔지. 나는 지갑을 보여 주면서 자랑하고 싶은데 체온계를 입에 물고 있어서 '음, 음, 음' 소리만 했지. 그러자 간호사가 '나 가지라고? 고마워.'라고 하면서 지갑을 가져가 버렸단다. 그런데 돌려달라고 말하지 못했어."

그 이야기는 어머니가 자신의 욕구를 표현하는 일이 얼마나 어려운 일인지를 제게 보여 주는 선물이었습니다. 어머니를 보면서 정말 싫어했던 행동들의 이유를 알았으니까요. 왜 그렇게 좌절만 불러일으키는 요구를 하셨는지 말이죠. 솔직하게 원하는 걸 말하지 못하는 이유를 알고 나니 그동안 어머니에 대한 감정들이 흔들리면서 벗어날 수 있었습니다. 정말 좋았습니다.

참가자 T ： 참가자 S께서 기꺼이 보여 주신 자신의 연약함과 분노, 상처와 고통에 감사드립니다. 어머님도 얼마나 그렇게 솔직하게 털어놓고 싶으셨는지 보면 놀랄 겁니다. 저도 녹음본을 사서 아들에게 줄 생각입니다.

참가자 S가 마셜에게 저희가 나눈 대화를 마무리해 주시겠습니까? 어머니를 뵈러 갈 때 오늘 나눈 대화를 가져가서 틀어 드리려고 하는데 두려움이 앞서네요. 역할극을 하면서 어머니께 너무 심한 말을 했나 마음에 걸립니다. 어머니와의 관계가 좋아지리라 기대하지는 않지만 중간에 안 듣겠다고 뿌리치실까 봐요.

마셜 그건 좀 걱정이군요. 하지만 계속 듣다 보면 그 말 뒤에 숨은 선한 의도를 어머님도 아실 겁니다. 덕분에 비폭력 대화도 알게 되시고요.

참가자 S 방금 생각한 건데, 녹음을 틀기 전에 어머님께 미리 말씀드리는 게 좋겠네요. 대화 도중에 격한 말들도 있는데 그건 그 순간에 올라온 감정을 더 격하게 표현하느라 그런 거라고요. 그 정도는 어머니도 이해하실 겁니다. 그렇게 가르쳤으니까요.

마셜 그러고 나서 어머님께 이렇게 말씀하세요. "어머니, 마셜 선생님이 어머니 역할을 어떻게 다루는지 잘 들어보시고 어떤 마음이 드는지 말씀해 주세요. 제가 어머님께 심한 말을 할 때 선생님이 어떻게 반응하시는지도요."라고요.

참가자 S 선생님이 아들이었으면 좋겠다고 하시겠는걸요.

참가자 R 전 선생님이 엄마였으면 좋겠습니다.

11. 요약

특별한 관계에서 치유와 회복을 찾는 사람들 사이에 공감의 다리를 놓는 기초적인 네 단계가 있다.

1단계 : 공감으로 소통하기

1. 현재에 머물기

상처받거나 분노나 두려움에 휩싸인 사람의 내면에 오롯이 함께하면서, 어떠한 판단이나 진단 또는 조언 없이 공감해 준다.

2. 현재의 느낌과 욕구에 연결되었는지 확인하기

말로 되짚으며 확인할 필요가 있는 경우,

- 상대방을 정확하게 이해했는지, 제대로 소통하고 있는지 확인하고자 할 때
- 상대방이 자신의 느낌과 욕구를 표현하면서 스스로 위축될 경우, 듣는 사람이 다시 한번 말로 공감해 주면 위안을 받는다. 과거의 사건이나 이야기보다는(과거에 있었던 일의 결과로 나타나는) 현재 상대방의 내면에 초점을 맞춘다.

3. 공감에 머무르기

상대방이 끝났다는 신호(해방감이나 말수가 줄어듦)를 보낼 때까지 함

께 머물러 준다.

4. 확인하기

"더 하고 싶은 얘기 있습니까?"라고 묻는다.

5. 공감 후 부탁받기

이 순간 상대방이 나에게 바라는 점이 무엇인가? (정보? 조언? 상대
방의 얘기를 들은 소감?)

공감과 동감의 차이를 잘 구분한다. 공감은 상대방이 자신의 감
정을 느끼는 동안 그 상대방과 온전히 함께하는 것을 의미한다. 동
감은 내 안에서 느끼는 나 자신의 감정이다.

2단계 : 애도하기

NVC로 애도하기는 과거에 자신이 선택한 결과로 충족되지 못한
현재의 욕구를 의식하는 데 있다. 예컨대, 오빠와 여동생의 역할극
을 하면서 오빠는 "동생아, 내가 한 행동들이 오히려 널 힘들게 했
다니 마음이 너무 아프구나. 너를 잘 보살피고 도와주고 싶은 욕구
가 있었는데 그러지 못했단다."라고 했다. 오빠는 자신을 애도하
면서／자신의 충족되지 못한 욕구(여동생을 잘 보살피고 도와주고 싶었던)
때문에 올라오는 감정(슬픔)을 연결하였다.

NVC로 애도하기는 사과와는 다르다. '사과'는 잘못을 인정하는
도덕적 판단을 바탕으로 하며, 그로 인해 받는 고통은 '잘못을 바로

잡을 것'이라는 의미를 갖는다. 그러나 NVC로 '애도하기'는 자신의 행동이 자신의 욕구를 충족했는지를 스스로 묻는 것이다. 충족하지 못했다면 어떤 욕구가 충족되지 않았는지, 그래서 어떻게 느끼는지 자신에게 묻는다.

3단계 : (그렇게 행동한) **과거의 욕구 인식하기**

공감으로 소통하기와 애도하기 단계를 거친 후에는 자신에게 진심으로 묻는다. "대체 왜 그랬는가?" 3단계로 오기 전에 상대방이 충분히 공감을 받았는지부터 확실히 해야 한다. 그러고 나서 자신이 그렇게 행동했을 때 충족시키고자 했던 욕구가 무엇인지 질문을 던진다.

예를 들어, 어머니와 아들의 역할극에서 어머니는 아들에게 공감해 주고, 자신을 애도하고 나서야 자신이 가족들에게 그렇게 행동한 이유를 깨달았다. "내 욕구가 누군가에게 중요하다고 느낀 적이 단 한 번도 없었단다. 좌절하고 절망스러운 마음에 그렇게밖에 말할 줄 몰랐던 거지. 그렇게 절망스럽게 말하니까 사람들이 봐주는 것 같고, 그러니 더 좌절스럽고 절망스럽게 말하게 되었단다. 그래서 "이봐요, 나 좀 봐줘요, 나 힘들다고."라는 말밖에는 할 줄 몰랐다는 사실에 깊은 슬픔이 올라오는구나."

애도하기와 사과하기가 다르듯이 어머니가 자신이 과거 느낌(좌절, 고통)과 욕구(보살핌과 가치 있는 존재)를 바탕으로 하는 연민의 자기 용서는 합리화나 책임 회피와는 다르다.

4단계 : 역으로 공감하기

　자신의 고통을 충분히 공감 받은 상대방은 나의 애도를 듣고, 그렇게 행동함으로써 충족하고자 한 나의 행동을 이해하게 되면 자연스럽게 나를 공감해 주고자 한다. 여기까지 이루어지면 화해의 최종 단계를 이룬 것이다. 다만, 이 단계를 위해선 반드시 상대방이 마음을 움직여 나를 공감해야 한다. 상대방에게 부담을 주거나 성급한 시도는 오히려 상대방을 더 고통스럽게 할 뿐이다.

4

분노의 놀라운 목적

분노 조절 그 너머 - 보물찾기

4

분노의 놀라운 목적

분노 조절 그 너머 - 보물찾기

이 장에서는 '분노'가 우리 삶에 끼칠 수 있는 역할에 대한 견해를 나누고자 한다. 분노를 억압해야 할 대상으로 보는 생각에서 벗어나야 한다고 나는 말하고 싶다. 분노는 우리에게 그 분노를 유발한 원인인 충족되지 않은 자신의 욕구와 대면하게 하는 하나의 선물이다. 분노와 관련해 흔히 생기는 오해들은 무엇이며, 우리 마음의 분노는 어째서 생각의 산물인지 밝혀 보기로 한다. 분노에 관한 논의가 비폭력 대화를 보다 잘 이해하는 데 분명히 도움이 되는 까닭은, 그 과정에서 NVC의 주요소들이 매우 풍부하게 다뤄지기 때문이다. '진심을 담아 살기, 판단하지 않고 관찰하기, 내 느낌과 욕구를 분명히 파악하기, 명확하게 요청하기, 그리고 삶을 풍요롭게 하는 관계들을 소중히 여기기' 등은 모두 분노에 대응하는 태도와 연관이 있다.

1. 분노와 비폭력 대화

비폭력 대화는 분노 조절과 관련하여 분노를 하나의 경고로 사용하는 방법을 보여 준다. 분노가 우리에게 말하고 있는 것은 우리 사고가 욕구 충족과는 무관해 보이는 방향으로 가고 있으며, 그러한 사고는 누구에게도 그다지 이득이 되지 않을 상호작용 속으로 우리 자신을 밀어 넣을 가능성이 크다는 점이다. 비폭력 대화 훈련이 강조하는 점은 분노를 하나의 억누를 대상 또는 부정적인 감정으로 보는 태도가 위험하다는 것이다. 분노를 우리에게 어떤 문제가 있을 때 생겨나는 감정으로 간주할 경우, 우리는 이를 억누르려는 입장이 될 뿐 적절히 대처하려 하지 않는다. 분노를 억누르고 부정할 대상으로 다룰 때, 우리는 결국 우리 자신과 남들에게 큰 위험이 될 수 있는 방식으로 그 분노를 터뜨리고 만다.

신문지상에서 연쇄 살인범에 대한 기사를 얼마나 자주 읽었으며, 주변 사람들은 그를 어떻게 묘사했던가 떠올려 보라. 흔히 듣게 되는 말들은 이러하다. "그 친구 언제 봐도 정말 착한 사람이었어요. 목소리 한 번 높이는 걸 못 봤죠. 누구한테도 화를 안 내는 것 같았어요." 비폭력 대화의 관심사는 분노라는 감정을 통해 그 감정의 근원에 자리 잡은 우리들 내면의 충족되지 않은 욕구가 무엇인지 알아내도록 하는 데 있다.

세계 각지에서 나와 함께한 많은 집단들은 분노를 억제의 대상으로 가르칠 경우 어떤 결과가 발생하는지를 눈으로 보아 왔다. 즉,

화를 내서는 안 된다는 교육을 받을 경우 사람들은 어떤 일이 생겨도 참고 받아들이도록 자신을 억압하게 될 수 있다는 것이다. 그러나 나는 그 점을 우려한 일부 연구자들이 주장해온 것처럼 분노의 원인도 모르고 다른 모양으로 변화시키지도 않은 채 분노를 키우고 '터뜨리는' 것에 대해서도 역시 회의적이다. 일각의 연구 결과가 보여 주듯, 예를 들어 베개를 때리는 등의 방법을 통해 실험 참가자가 단순히 화를 터뜨릴 수 있도록 도와주는 분노 조절 프로그램들을 보자. 이런 프로그램은 분노를 표층 가까이까지 밀어 올리는 것에 그침으로써 사실상 그 후 어느 시점에 실험 참가자가 자신과 타인 모두에게 위험한 방법으로 화를 분출하게 될 가능성을 높일 수 있다.

분노를 조절할 목적으로 비폭력 대화를 이용할 때 우리가 추구하는 바는, 분노의 심층부로 들어가 화가 났을 때 우리 내면에서 벌어지는 상황을 확인하고, 분노라는 감정의 뿌리가 되는 우리 욕구를 파악해 충족시키는 것이다. 나는 때때로 이해를 돕기 위해 분노를 자동차 계기판의 경고등과 유사한 것으로 설명하곤 하는데, 이는 차의 경고등이 이 순간 엔진에 무엇이 필요한가에 대해 중요한 정보를 제공하기 때문이다. 당신은 경고등을 가려 두거나, 그 접속을 끊거나, 그것이 나타내는 바를 무시하고 싶지 않을 것이다. 도리어 차의 속도를 낮추고, 그 불빛이 당신에게 무엇을 말하려 하는지 알아내고자 할 것이다.

1.1 대화의 어느 한 편만 활용하는 경우에도 힘을 발휘하는 NVC

경험에 비추어 볼 때 나 한 사람이라도 분노라는 감정이 보내는 경고에 주의를 집중할 수 있다면, 상대방의 표현 방식이 어떻든 우리는 서로 연결된 상태를 유지할 수 있다. 달리 말해 NVC는 대화의 한쪽 당사자만 이를 활용할 경우에도 힘을 발휘한다.

이와 같이 분노에 초점을 맞추는 것은 그다지 어려운 일이 아니다. 그러나 두려운 일이 될 수는 있다. 자신의 심리 상태와 원하는 바를 있는 그대로 드러내 보여야 하는 우리 쪽이 반드시 취약한 위치에 놓이기 때문이다. 대화의 쌍방이 NVC 훈련을 받았다면 이 과정은 상당히 부드럽게 진행될 수 있지만, 나와 함께 일하는 분들 거의 모두가 이 소통 과정을 정립하고자 노력 중인 상대는 결코 NVC 워크숍에는 올 것 같지 않은 사람들이다. 그러므로 이런 식의 소통 훈련을 받은 경험 유무와 상관 없이 누구에게든 이 과정이 유효하다는 사실은 대단히 중요하다.

집중 훈련에서 우리가 강조하는 부분은 상대방이 어떻게 소통하는가와 무관하게 이 과정을 유지하는 방법이다. 어떤 의미에서 분노는, 당신이 이 과정을 난생처음 접한다 하더라도, 당신을 NVC의 심층으로 뛰어들게 할 흥미로운 방법이다. 당신이 화가 나는 순간, 비폭력 대화의 많은 측면들이 뚜렷하게 다가오며, NVC와 기타 의사소통 형태들 사이의 차이점을 발견할 수 있게 할 것이다.

비폭력 대화에서 분노를 다루는 방식에는 몇 단계 절차가 포함된다. 내가 스웨덴의 교도소에서 만났던 한 청년의 사례를 통해 그 단계들을 살펴보기로 한다. 나는 NVC를 이용해 분노를 조절하는 방법을 가르치는 수감자 교육에서 그 청년을 만나고 있었다.

제1단계

비폭력 대화에서 분노를 다루는 제1단계는 분노의 자극물 또는 촉발 요인이 분노의 원인이 아니라는 사실을 깨닫는 것이다. 그러니까, 우리를 화나게 하는 원인은 단순히 사람들의 어떤 행위에 있지 않고, 사실상 그 행위에 대응해 일어나는 우리 내면의 어떤 반응에 있다. 이것이 바로 분노의 원인이다. 이 단계에서 원인과 촉발 요인을 서로 떼어 놓고 볼 수 있어야 한다.

위 수감자의 경우, 우리가 분노에 관해 집중적으로 이야기하던 날, 마침 교도소 당국에 대해 몹시 화가 나 있었다. 그래서 우리가 그곳을 방문해 자신이 마음을 가라앉힐 수 있도록 도와주는 것을 매우 반겼다.

나는 그의 분노를 자극한 교도소 당국의 행위가 무엇인지 물었다. 그는 이렇게 대답했다.

"내가 3주 전에 요청한 일이 있어요. 그런데 그 사람들이 아직도 답을 하지 않고 있어요."

그는 내 질문에 대해 내가 원하는 식으로 대답하였다. 단지 사람들이 한 행동에 대해서만 말한 것이었다. 그의 대답에는 어떤 평가도 섞여 있지 않았는데, 이것이 비폭력 대화의 분노 조절 제1단계에 해당한다. 다시 말해, 분노를 유발한 자극을 명확히 찾고, 그 위에 어떤 판단이나 평가도 더하지 않는 것이다. 여기까지만 하더라도 중요한 성취를 이룬 셈이다. 내가 그런 질문을 할 때 흔히 듣는 대답은 "그 사람들 분별이 없었어요." 같은 말인데, 이는 그들이 '어떠하다.'라는 도덕적 판단일 뿐, 실제로 그들이 한 행동이 무엇인지를 알려 주지는 않는다.

제2단계

제2단계에서는 분노의 자극물이 결코 분노의 원인이 아님을 알게 된다. 즉, 우리를 화나게 하는 것이 단순히 어떤 사람들의 행동일 수는 없다. 우리가 화를 내는 원인은 일어난 일에 대한 우리의 평가에 있다. 그것은 하나의 특별한 평가다. NVC는 우리에게 벌어지는 일을 삶과 분리된 방식으로 판단하는 데서 분노가 비롯된다고 전제한다. 이는 우리 욕구와 주변 사람의 욕구에 연결될 수 없다. 오히려 분노는 타인들의 행위에 대해 잘못이라거나 악한 일이라고 은연중에 평가하는 사고방식에 기초한 것이다.

| 분노 촉발 요인에 대한 평가 |

우리 삶에서 일어나는 모든 분노 촉발 요인들을 평가하는 데는 네 가지 방식이 있다. 한 수감자의 요청에 교도관들이 3주간 응답하지 않았던 경우, 수감된 청년은 그 상황을 자기 개인에 대한 거절로 받아들일 수 있었다. 그랬다면 그는 화가 나지 않았을 것이다. 마음의 상처를 입거나 의기소침해졌을 수 있지만, 화가 나지는 않았을 것이다.

두 번째 가능성으로, 그가 자기 내면을 들여다봄으로써 자신의 욕구가 무엇인지 발견하게 되었을 수도 있다. 욕구에 초점을 맞추고 대면하는 사고방식에 의하면, 그 욕구가 충족될 가능성은 매우 높아진다. 다음에 보게 될 테지만, 만약 그가 바로 자신의 욕구에 집중했다면 화를 내지는 않았을 것이다. 그보다 두려움을 느꼈을 수 있다.

세 번째로 생각할 수 있는 것은 수감된 청년이 교도관들의 행위를 통해 그들의 욕구가 무엇일지 헤아리며 상황을 바라보았을 경우다. 이런 식으로 다른 사람들의 욕구를 이해할 때 우리는 분노를 느끼지 않는다. 사실 우리가 진정으로 남들의 욕구에 직접 연결될 때 그들의 욕구를 이해할 때 우리들 자신의 감정에는 그다지 신경을 쓰지 않게 된다. 우리의 관심이 온통 다른 사람들의 욕구에 가 있기 때문이다.

상황을 이해하는 네 번째 방식은 언제나 분노의 근간에 자리 잡고 있다는 사실을 알게 될 텐데, 교도관들이 그렇게 행동한 것이 잘못이라는 관점에서 생각하는 것이다. 비폭력 대화에서는 우리가 분노를 느낄 때마다 스스로에게 이렇게 말한다. "내가 지금 화가 난 까닭은 내가 나에게 _____ 라고 말하고 있기 때문이다." 그런 다음 우리 머릿속에 남아 있는 삶을 소외시키는 종류의 생각,

우리를 화나게 한 그 생각을 찾아본다.

　위 수감자의 경우, 그가 내게 자신이 화가 나 있고 자신의 분노를 촉발한 것은 교도관들이 자신의 요청에 3주 동안 답하지 않았다는 점이라고 말했을 때, 나는 그에게 자신의 내면을 들여다보고 분노의 원인이 무엇이었는지 말해달라고 부탁했다. 그는 혼란스러운 듯 이렇게 말했다. "내가 화가 난 이유에 대해서는 방금 말했어요. 나는 3주 전에 한 가지 요청을 했고, 교도관들은 아직도 그에 대해 답을 하지 않았다고요."

　내가 말했다. "당신이 내게 말한 것은 당신의 분노를 촉발한 요인입니다. 지난 시간들 동안 나는 분노의 원인이 분노의 단순한 촉발 요인과는 다르다는 점을 명확히 설명하고자 노력했지요. 지금 우리가 알아내려는 것은 분노의 원인입니다. 그러니까 당신이 교도관들의 행위를 어떻게 해석하고 있는지, 당신이 그것을 어떻게 보고 있는지 말해 주기 바랍니다. 당신을 화나게 한 원인이 거기 있으니까요."

　그는 이 부분에서 무척 혼란스러워했다. 우리들 다수와 마찬가지로 그 역시 자신이 화가 났을 때 자신의 내면에서 무슨 일이 일어나고 있는지 알 수 있도록 훈련을 받은 적이 없었다. 그래서 나는 일단 멈춘다는 것과 그의 머릿속을 흐르고 있을지 모르는 생각, 또 언제나 분노의 중심에 자리 잡고 있는 생각들에 귀를 기울인다는 내 말의 의미를 이해시키기 위해 그를 약간 도와주어야 했다.

　잠시 후 그가 말했다.

　"좋아요, 무슨 말을 하시는 건지 알겠어요. 내가 화가 난 까닭은 내가 나 자신에게 이건 공정하지 않다고, 이건 인간을 대하는 제대로 된 경우가 아니라고 말하고 있기 때문이에요. 그들은 마치 자기들이 대단한 존재라도 되는 듯, 또 나는 아무것도 아니라는 것처럼 행동하고 있어요."

그의 머릿속에는 그와 같은 판단들이 그밖에도 몇 가지 더 빠르게 떠다니고 있었다.

처음에 그가 자신을 화나게 하는 것은 바로 그들의 행동일 뿐이라고 말했던 점에 주목하라. 그러나 실상 그의 내면에 자리한 생각들, 그중 어느 것이라도 분노를 낳았을 법한 이 모든 생각이 그를 화나게 한 진정한 원인이었다. "그들은 공정하지 않아. 나를 온당히 대하지 않고 있어." 이와 같은 일련의 판단들을 품은 채 그는 분노할 준비를 해온 것이다. 그런 모든 판단이 분노의 원인이다.

이런 사실을 확인하게 되자, 그가 말했다.

"그런데 그렇게 생각하는 게 왜 잘못이죠?"

내가 대답했다.

"그렇게 생각하는 게 잘못이라는 이야기는 결코 아니에요. 다만, 그런 생각이 바로 당신을 화나게 하는 원인이라는 사실을 알기 바랍니다. 우리는 사람들의 분노 촉발 요인 행위와 분노의 원인을 뒤섞지 않으려고 하죠."

| 촉발 요인 vs 원인 |

분노의 촉발 요인 또는 자극물을 분노의 원인과 구별해 명확히 정리하는 것은 매우 어려운 일일 수도 있다. 이것이 쉽지 않은 까닭은 우리들 가운데 많은 수가 죄의식을 동기 유발의 주요 수단으로 사용하는 사람들로부터 교육을 받았기 때문이다. 죄의식을 이용해 사람들을 조종하려면 우선 그들이 감정의 촉발 요인을 감정의 생성 원인과 혼동하도록 할 필요가 있다. 다시 말해 누군가에게 죄의식을 느끼게 하려면 당신은 당신의 고통이 오로지 그 타인의 행위에서 비롯되고 있음을 시사하는 표현 방식을 취해야 하는 것이다. 즉, 타인의 행위가 당신의 감정을 유발한 자극물일 뿐 아니라 그 감정을 빚은 원인이기도 하다는 의미가 된다.

만약 당신이 죄의식을 유발하는 부모라면, 당신은 자녀에게 이렇게 말할지 모른다. "네가 네 방 청소를 하지 않으면 내 마음이 정말 아프단다." 또 당신이 죄의식을 유발하는 배우자라면, 당신은 상대방에게 이렇게 말할 수도 있다. "당신이 일주일 내내 밤마다 외출하면 화가 나." 이 두 가지 예에서 공통적으로 화자는 다음과 같은 표현들을 통해 감정 유발 요인을 감정의 원인으로 내비치고 있는 점에 유의하기 바란다.

"당신은 내게 _____ 감정이 들게 해요."
"그 일 때문에 나는 _____ 느낌이야."
"나는 기분이 _____, 왜냐하면 네가 _____."

비폭력 대화 원칙에 따라 분노를 조절하기 위해서는 핵심이 되는 다음의 차이점에 대해 반드시 알고 있어야 한다. 나는 이러한 기분이 드는데, 그 까닭은 은연중에 나 자신에게 다른 사람의 행동이 잘못이라고 말하고 있기 때문이다. 이런 생각은 다음 예들에서 볼 수 있듯 판단의 형태를 띤다.

"나는 그들이 이기적이라고 생각해. 내 생각에 그 사람은 무례하거나, 게으르거나, 교활해. 그런데 그들이 그렇게 행동해서는 안 되는 거야."

남들에 대한 이런 판단은 그대로 판단의 형태를 취하기도 하지만 다음과 같이 우회적으로 표현되기도 한다.

"그들은 자기들한테만 할 말이 있다고 생각하는 것 같아."

이 표현에서는 내가 다른 사람의 행동이 옳지 않다고 생각하는 사실이 은연중에 드러나고 있다. 그러나 그 사실이 중요한 까닭은, 그 사람들이 내게 이런 감정을 느끼게 한다고 생각할 경우, 내 머릿속에서 그들을 처벌해야 한다는 생각을 없애기는 어려울 것이기 때문이다. 비폭력 대화는 분노의 원인이 결코 다른 사람의 행위에 있지 않으며 도리어 그것을 보는 우리 자신의 눈과 해석 방식에 있다는 점을 보여 준다. 사람들이 내가 하는 일에 함께할 수 있다면 이 부분에서 매우 의미 있는 배움을 얻게 될 것이다.

나는 르완다에서 오래 일을 했는데, 그러는 동안 살해당한 가족이 있는 사람들과 자주 함께하게 되었다. 어떤 이들은 너무나 분노에 차 오직 앙갚음을 기다리는 일밖에 아무것도 할 수 없었다. 그들은 격분해 있었다. 그런데 그 방에는 가족을 잃고도 성내지 않는 이들이 있었다. 그들의 감정 또한 격했지만, 그것은 분노가 아니었다. 그들의 감정은 그들로 하여금 다른 사람들에게 다시는 살인이 일어나지 않기를 바라도록 이끌었을 뿐, 상대편을 처벌하려는 쪽으로 이끌지 않았다. 우리는 NVC를 통해 모든 사람이 분노의 자극물 그 자체가 아니라 상황을 바라보는 자신의 시각에서 분노가 생겨난다는 사실을 알게 되기 바란다.

내가 비폭력 대화 훈련을 통해 사람들이 알게 되도록 노력하는 부분은, 화가 날 때 우리의 의식이 우리 모두가 배운 언어의 방식, 말하자면 상대편은 어떻든 사악하다는 데 영향받고 있다는 사실이다. 이런 사고방식은 분노의 근원이 된다. 이런 생각을 접할 때 나는 사람들에게 이 같은 생각을 밀어내거나 화난 감정을 부정하라고 말하지 않는다. 그러기보다 이를 생명의 언어로 변환하도록, 즉 그들 자신과 그들의 분노를 촉발하도록 행동한 사람들 사이에 평화를 만들어낼 가능성이 훨씬 큰 언어로 변환할 수 있도록 돕는다.

이를 위해 우선 당신이 화를 내도록 만들고 있는 내면화된 사고를 자각할 수 있는 방법을 이야기해 보자. 그리고 상대편의 행동으로 인해 충족되지 못한 당신의 욕구로 변환할 방법에 관해 이야기하자. 그런 다음 그 자각으로부터 나아가 당신과 상대편 사이에 다시 평화를 만들 수 있는 길을 살펴보자.

비폭력 대화의 테두리 안에서 당신의 분노를 표현하는 첫 단계는 그 분노의 자극물을 당신 자신의 평가와 혼동하지 않고 찾아내는 것이다. 두 번째 단계는 당신의 분노를 자아내는 것은 사람들에 대한 당신의 평가가 그릇됨을 암시하는 판단의 형태를 띤다는 점을 자각하는 것이다.

| 실례로 본 분노의 자극물과 원인 |

범죄자를 위한 교화 교육 기관에서 일한 경험은, 분노를 불러일으키는 것이 결코 분노의 자극물이 아니라는 교훈을 얻는 데 큰 도움이 되었다. 분노 촉발 요인과 분노 사이에는 항상 어떠한 사고 과정이 일어난다.

나는 이틀에 걸쳐 놀라울 만큼 유사한 것을 경험하였다. 그런데 그 일에 대한 반응으로 나는 첫 날과 둘째 날 각각 매우 다른 감정을 느꼈다. 두 경우 모두 나는 코를 얻어맞았는데 내가 이틀 연속으로 학생들의 다툼을 말리는 데 개입했기 때문이었다. 두 번 다 몸싸움을 뜯어말리는 과정에서 팔꿈치로 코를 얻어맞았다.

첫째 날에는 화가 치밀었다. 둘째 날 얻어맞은 코는 전날보다 훨씬 더 욱신거렸지만 나는 화가 나지 않았다. 왜 나는 첫째 날의 자극물에 대해 화를 내고, 다음 날에는 화를 내지 않았을까?

첫 날 내가 코를 맞은 직후에 당신이 내게 화가 난 까닭을 물었다면, 나는 나를 화나게 만드는 생각이 무엇인지 찾지 못해 쩔쩔맸을 것이다. 그리고 아마도 이렇게 말했을 것이다. "글쎄요, 그 애가 내 코를 때려서 화가 난 게 분명합니다." 하지만 그것은 분노의 원인이 아니었다. 나중에 그 상황을 돌이켜 보니, 나는 이 사건이 일어나기 전부터 팔꿈치로 내 코를 친 그 아이에 대해 매우 비판적으로 생각을 해오고 있었던 게 틀림없었다. 머릿속에서 나는 그 아이를 못돼먹은 자식으로 판단한 것이다. 그래서 그 녀석의 팔꿈치가 내 코를 치자 화가 났다. 팔꿈치로 치는 바로 그 순간 화가 난 것 같았지만, 그 자극물과 분노 사이에 이 아이가 못돼먹은 자식이라는 인상이 불현듯 스쳐간 것이다. 모든 일이 매우 빠르게 일어났지만, 나를 화나게 한 것은 바로 '못돼먹은 자식'이라는 인상이었던 것이다.

둘째 날, 나는 내 코를 친 아이에 대해 매우 다른 인상을 가지고 있었다. 이번에는 아이를 못돼먹은 자식이라기보다 딱한 녀석으로 보았고, 그 때문에 팔꿈치에 코를 다쳤을 때도 화가 나지 않았다. 이번에도 통증을 느낀 것이 확실하지만 화가 나지 않았던 까닭은 머릿속으로 다른 인상이 스쳐갔기 때문이다. '못돼먹은 자식'이라는 비판적 인상이 아니라 절실히 도움이 필요한 어린아이라는 인상이었다.

이런 이미지들은 매우 순식간에 나타나고 쉽사리 우리를 속여 분노의 자극물을 분노의 원인으로 오인하게 한다.

제3단계

NVC에서 화를 다루는 제3단계의 과제는 화의 근원인 욕구를 찾아내는 것이다. 이 단계는 분노의 원인이 욕구 충족의 실패에 있으며, 문제는 우리가 우리 자신의 욕구와 연결되지 못하는 데 있음을 전제로 한다. 우리는 자신의 욕구에 바로 연결되지 못한 채 머릿속으로 생각하며, 충족되지 않은 우리 욕구의 원인을 다른 사람들의 잘못에서 찾기 시작한다. 다른 사람들에 대해 내리는 판단들, 우리 분노의 원인이야말로 충족되지 않은 욕구를 희미하게 드러내는 것이다.

| 판단 |

몇 년간의 경험을 통해서 나는, 이같이 우리의 분노를 자아내는 타인에 대한 판단들이 우리 자신의 욕구를 희미하게 보여 주는 표현임을 알게 되었다. 그뿐 아니라 때때로 내게는 이 같은 판단들이 우리 욕구의 자멸적·비극적 표현으로 여겨지기도 한다. 우리는 충족되지 않고 있는 우리 가슴속 욕구를 찾아내 연결하기보다, 욕구 충족의 걸림돌로서 다른 사람들의 잘못을 판단하는 데 주의를 기울인다. 이때 몇 가지 결과가 예상된다.

먼저, 우리 욕구가 충족될 가능성이 희박해진다. 우리가 말로써 다른 사람을 판단해 어떤 잘못을 지적할 때, 그 결과로 나타나는 것은 대부분 깨달음이나 연결보다는 방어적 태도이기 때문이다. 적어도 상대방의 협조만큼은 기대할 수 없게 된다. 어떤 사람에게 나쁘다거나, 게으르다거나 혹은 무책임하다고 비판한 다음이라면, 비록 그들이 우리가 원하는 행동을 한다 하더라도 그 행동은 결국 우리가 대가를 치르게 될 에너지로부터 나오게 될 것이다. 우리가 다른 사람들에 대한 판단으로 화가 났을 때 그 판단을 말로, 또는 말이 아닌 행동으로 드러낼 때, 사람들은 결국 우리가 그들을 어떤 의미로든 나쁘게 생각하고 있다는 사실을 알아차린다. 그런 다음, 설사 그들이 우리가 원하는 행동을 할 경우라도 그것은 우리의 욕구에 연결된 연민에서 우러나왔다기보다, 처벌이나 비판에 대한 두려움, 혹은 죄책감이나 수치심으로 말미암은 행동일 가능성이 크다.

그러나 비폭력 대화에서 우리가 항시 잊지 않는 부분은 사람들이 우리가 원하는 행동을 하는 이유 또한, 그 행동을 한다는 사실만큼이나 중요하다는 점이다. 우리는 누구나 자신이 원하는 행동을 다른 사람들이 기꺼운 마음으로 해주기를 바랄 뿐, 하지 않을 경우에 받게 될 처벌, 비난, 죄책감 혹은 수치심으로 인해 하는 것은 원치 않는다.

| 욕구 표현의 어휘 늘리기 |

NVC 과정에는 욕구 표현 어휘를 늘리고 욕구 파악 능력을 키우는 훈련이 포함된다. 자신의 욕구를 표현할 수 있는 어휘가 늘면 분노의 원인이 되는 판단의 이면에 자리한 욕구에 좀 더 쉽게 다가설 수 있다. 우리가 바라는 바가 무엇이든 다른 사람이 그에 대해 연민으로 응답할 가능성이 훨씬 더 커지려면 우리는 자신의 욕구를 명확히 표현할 수 있어야 한다.

스웨덴인 수감자의 경우로 되돌아가 보자. 분노의 원인이 되고 있던 그의 판단이 무엇인지 함께 찾아낸 다음, 나는 그에게 그런 판단의 이면을 들여다보고 자신의 충족되지 않은 욕구를 찾아보도록 했다. 이 충족되지 않은 욕구는 사실 교도관들에 대한 그의 판단을 통해 표현되고 있었다.

그에게 이것은 쉽지 않은 과제였다. 다른 사람의 잘못이라는 관점에서 사고하도록 훈련된 사람들이 정작 자신의 욕구는 깨닫지 못하는 일이 자주 있다. 그들은 종종 욕구 표현 어휘를 떠올리는 일에 실패한다. 관심의 초점을 외부에 대한 판단에서 내면으로 돌려 자신의 욕구가 무엇인지 들여다보아야 하기 때문이다. 하지만 그는 어느 정도 도움을 받더니 마침내 욕구에 연결할 수 있었고 이렇게 말했다.

"그러니까 제 욕구는 출소하면 직업을 구해 자립하는 겁니다. 그래서 그 욕구를 충족하려고 교도관들한테 훈련을 신청한 거예요. 훈련을 받지 못하면 교도소에서 나가도 경제적으로 독립할 수가 없으니 결국 또 이리 돌아오고 말겠죠."

그때 내가 말했다.

"자신의 욕구와 연결하고 나니, 기분이 어떤가요?" 그는 대답했다. "두려워요."

우리는 우리 자신의 욕구에 직면할 때, 더 이상 화를 내지 않게 된다. 이때 분노의 감정은 억눌린 것이 아니다. 분노가 욕구에 부응하는 감정으로 변환된 것이다.

감정의 기본 기능은 우리의 욕구에 이바지하는 것이다. 정서(emotion)라는 단어는 기본적으로 이끌어 낸다는 의미를 지니며, 우리 욕구를 충족시키기 위해 우리 자신을 움직이게 만드는 것을 뜻한다. 우리 몸에 음식물이 필요할 때 우리는 배고픔이라고 부르는 느낌을 경험하고, 그 감각은 우리를 이리저리 움직여 다니도록 자극해 음식물에 대한 우리 자신의 욕구를 보살피도록 한다. 만약 음식물을 섭취하고자 하는 욕구가 있을 때에도 여전히 편안한 느낌만 있다면, 그 욕구의 충족을 위해 우리 자신을 동원할 수 없어 우리는 굶어 죽게 될 수도 있다.

감정의 본래 기능은 우리의 욕구를 충족시킬 수 있도록 우리를 자극하는 것이다. 그러나 분노라는 감정은 또 다른 경로를 따라 활성화된다. 원래는 욕구로 충족시키기 위해 유발되었을 분노라는 감정이, 우리를 우리의 욕구에 연결되지 못하게 한다. 분노는 다른 사람들의 잘못을 생각하는 데서 생겨나는데, 그 과정에서 욕구 충족의 길을 도모하는 에너지가 타인을 비난/처벌하기 위해 설계된 에너지로 전환하는 것이다.

내가 그 수감자 청년에게, 자신의 욕구에 연결하는 것과 지금의 그 감정을 품는 것의 차이를 설명한 뒤, 그는 자신의 두려움을 인식하게 되었다. 마음속 분노는 다른 사람의 잘못을 생각하는 과정에서 온 것임을 알 수 있었다. 그때 내가 물었다.

"교도관과 이야기하러 간다면, 당신의 욕구가 충족될 가능성은 당신이 당신의 욕구와 마음속 두려움에 연결한 상태일 때 더 클까요, 아니면 머릿속으로 그들을 판단하며 화가 난 상태일 때 더 클까요?"

그는 자신의 욕구와는 분리된 채 다른 사람의 잘못 쪽에 생각을 두고 의사소통할 경우에 비해 욕구에 연결된 상태로 소통한다면 욕구 충족의 가능성이 훨씬 더 커진다는 사실을 아주 확실하게 알 수 있었다. 다른 사람들을 판단하는 것과는 반대로 언제나 자신의 욕구에 연결돼 있을 수 있다면 얼마나 특별한 세상에서 살 수 있을까 하는 통찰에 이른 순간, 그는 바닥으로 시선을 떨어뜨리고 내가 그때까지 본 것 중 가장 슬픈 표정을 지었다.

"왜 그래요?"

그가 말했다. "지금 당장은 얘기할 수 없어요." 몇 시간 후, 나는 그의 설명을 들었다. 그는 내게 오더니 이렇게 말했다. "마셜 선생님, 선생님이 분노에 대해 오늘 아침에 가르쳐 주신 걸, 2년 전에 제게 알려 주실 수 있었더라면 좋았을 거예요. 그럼 저는 가장 친한 친구를 죽이지 않아도 됐을 거예요."

비극적인 일이었다. 2년 전, 이 청년의 가장 친한 친구가 어떤 일을 저질렀고, 친구가 한 일에 대한 그의 판단은 그를 엄청난 분노로 몰아넣었다. 그런데 그 분노 뒤에 가려진 자신의 욕구가 무엇인지 깨닫지 못한 그는, 자신을 격분하게 만든 것이 다름 아닌 자신의 친구라고 생각해 하나의 참극을 벌였고, 결국 그렇게 친구를 죽이고 말았다.

화가 날 때마다 우리가 누군가를 해치거나 죽게 만든다고 말하려는 것이 아니다. 화가 날 때마다 우리가 우리 자신의 욕구와 단절된다는 이야기를 하려는 것이다. 우리는 머리로 생각하며 우리 자신의 욕구를 충족시키기 매우 어려운 방식으로 상황을 해석한다.

바로 위에서 요약한 단계는 아주 중요하다. 우리의 분노를 생성하는 사고에 대해 자각해야 하는 것이다. 앞서 말한 바와 같이 교도소 청년은 자신의 분노를 자아내고 있는 자기 내면의 그 모든 생각을 처음에는 전혀 의식하지 못했다. 이 같은 생각들은 순식간에 전개되기 때문이다. 그중 많은 부분이 아주 빠르게 머릿속을 스쳐가는 탓에 우리는 그 생각들의 존재조차 알지 못한다. 그보다는, 분노를 촉발한 자극물을 마치 우리 분노의 원인인 것처럼 생각하게 된다.

> NVC를 활용해 분노를 조절하는 세 단계는 다음과 같이 요약될 수 있다 :
>
> 1. 화를 유발하고 있는 자극물을 찾아내되, 자신의 평가는 더하지 않는다.
> 2. 화의 근원이 되고 있는 자기 안의 이미지 또는 판단을 찾아낸다.
> 3. 이 판단적 이미지를 이것이 표현하는 자신의 욕구로 변환한다. 즉, 판단 이면에 있는 자신의 욕구에 온전히 주의를 집중한다.

이 세 단계는 소리 내어 말하는 부분은 없이 내면적으로 진행된다. 그저 내 분노의 원인이 타인의 행위에 있을 수 없다는 것, 나 자신의 판단 결과라는 사실을 알게 될 뿐이다. 그럼 이제는 그 판단 뒤에 자리 잡은 나의 욕구를 찾아볼 순서다.

제4단계

분노를 다루는 네 번째 단계에서는 판단 뒤에 자리 잡은 욕구에 연결하는 과정을 통해, 화가 나서 상대방에게 말하는 내용이 다른 감정으로 변환된다.

이 단계에서는 상대방에게 네 가지 정보를 말로 전달하게 된다. 첫째, 분노를 유발한 자극물, 즉, 나의 욕구가 실현되는 것을 방해한 상대방의 행동에 대해 밝힌다. 다음으로, 내가 느끼는 감정을 표현한다. 주목할 부분은 화를 억누르고 있는 것이 아니라는 점이다. 여기서 화는 억눌린 것이 아니라 슬프다, 기분이 상했다, 두렵다, 혹은 좌절감을 느낀다 등 다른 감정으로 변환된 것이다. 나의 감정을 표현한 것에 이어서, 이제 충족되지 않고 있는 나의 욕구가 무엇인지 알린다.

위 세 가지 정보에 더할 것은, 내 감정과 충족되지 않은 나의 욕구를 고려해 상대방이 내게 해주기를 바라는 행동을 명확하고 실제 해야 하는 요청이다. 교도소의 청년이 처했던 상황에서라면 그가 네 번째 단계로 해야 할 일은 교도관들을 찾아가 이렇게 말하는 것이다.

"제가 3주 전에 요청한 것이 있습니다. 그런데 아직도 답을 듣지 못했어요. 저한테는 이 교도소에서 나가 제 힘으로 생활비를 벌고 싶은 욕구가 있기 때문에 두려운 마음이 듭니다. 요청했던 훈련을 받지 못한다면 저로서는 아마도 생계를 꾸리기가 아주 어려울 거예요. 그러니 무슨 이유로 제 요청에 답을 할 수 없는지 말씀해 주셨으면 합니다."

청년이 이런 방식으로 의사소통을 하는 데는 많은 과제가 따른다는 점에 주목하자. 그는 먼저 자신의 내면에서 벌어지는 일들을 자각할 수 있어야 한다. 자신의 욕구에 연결하는 데 있어 어떤 도움이 필요할 수도 있다. 그의 경우에는 내가 곁에서 그를 도왔다. 하지만 NVC 훈련에서는 참가자들에게 이 모든 일을 혼자 할 수 있는 방법을 보여 준다.

다른 사람으로 인해 자극을 받고 화가 나기 시작하는 것을 느낄 때, 그 화를 조절하는 것은 중요한 일이다. 판단 뒤에 자리 잡은 욕구에 연결하는 훈련을 충분히 받은 상태에서는, 숨을 깊게 한 번 들이쉰 다음, 내가 교도소의 청년을 도와 밟아가게 했던 단계들을 매우 빠른 속도로 통과해 갈 수 있다. 그러니 화가 치밀어 오르는 느낌을 알아차리자마자, 우선 심호흡을 하고 정지해 자신을 들여다본 다음 마음속으로 이렇게 물어보자. "내가 지금 나한테 무슨 말을 해서 이토록 화가 나게 만들고 있는 거지?" 이와 같이 함으로써 그 판단의 이면에 있는 욕구에 재빨리 다가설 수 있다. 욕구와 연결되면 분노에서 벗어나 다른 종류의 감정들을 느끼는 변화를 경험하게 될 것이다. 그 시점에 이르면 입을 열어 상대방에게 당신이 보고 있는 것과 느끼는 것, 그리고 당신의 욕구를 말할 수 있으며, 이어서 당신의 요청이 무엇인지 전달할 수 있다.

이것은 연습이 필요한 과정이다. 그러나 충분히 연습하면 단숨에 통과할 수 있는 과정이기도 하다. 아마도 여러분 주변에는 여러분 자신의 내면에서 일어나는 일들을 의식할 수 있도록 도와줄 친구들이 있을 것이다. 하지만 그렇지 않거나 아직 훈련이 부족한 상황이라면 언제라도 의사소통을 잠시 중단할 수 있다. 그냥 이렇게 말하면 된다. "잠시 중단합니다. 지금 당장 나 자신한테 해야 할 일이 있어요. 그 일을 하지 않으면 내 입에서 나오는 말이 당신과 나, 모두의 욕구 충족에 방해가 될 것 같아 두려우니까요." 이 시점에서는 분노의 원인인 '자신의 판단' 뒤에 가려진 욕구에 연결하기 위해 혼자 다른 장소로 갈 수도 있다. 그런 다음 상황이 벌어진 곳으로 되돌아간다.

일단 자신의 분노를 다룰 수 있게 되면, 다른 사람이 그렇게 행동하도록 만든 그들 내면의 상태를 어느 정도 공감하는 것이 유익할 때가 많다. 자신의 내면을 이야기하기 전에, 상대방의 내면에 먼저 연결한다면, 그 유익은 더 커질 수 있다.

이와 같은 방법으로 분노를 조절하고자 할 때 가장 중요한 요소는 분노의 원인이 되고 있는 자신의 판단이 무엇인지 찾아내고, 이것을 판단 뒤에 자리한 욕구의 형태로 바꿔 주는 능력이다. 그러므로 판단을 확인하고 욕구로 변환하는 수련을 통해 우리는 실제 상황에서도 신속하게 분노를 다루는 힘을 키울 수 있다. 나는 이 수련의 한 가지 방법으로, 자신이 화가 났을 때 속으로 떠올리게 될 것 같은 판단 어휘 목록을 작성해 보라고 권한다. 가능하다면 최근 화가 났던 때를 떠올리고, 당신의 분노를 자아내던 당신 자신의 마음속 말이 무엇이었는지 적어 보라. 각각 다른 여러 가지 상황에서 분노의 원인이 되는 자신의 마음속 말들을 목록으로 작성한 다음 다시 훑어 보고 스스로에게 이렇게 물어보라. "그 판단을 통해 표현되고 있던 나의 욕구는 무엇인가?" 판단을 욕구로 옮기는 연습에 더 많은 시간을 할애할수록, 당신은 실생활에서 분노를 표현하는 데 드는 시간을 줄일 수 있게 될 것이다.

3. 처벌과 분노

분노에 관한 논의에 더해 이제 처벌의 개념을 다루고자 한다. 우리를 분노로 이끄는 사고방식이 은연중에 내비치고 있는 생각은 사람들이 어떤 행동의 대가로 고통을 받는 것은 당연하다는 것이다. 다시 말하자면 이것은 타인의 행위에 대해 그릇되거나, 무책임하거나, 부적절하다는 의미를 부여하는 도덕주의적 판단이다. 이 모든 판단의 뿌리에는 그 같은 행위를 하지 말았어야 한다는 생각과, 그 행위의 대가로 어떤 형태의 비난이나 처벌을 받는 것이 필요하다는 생각이 존재한다.

그러나 다음 두 가지 질문에 답해 본다면 처벌을 통해서는 결코 건설적인 방법으로 욕구를 충족할 수 없다는 것을 깨닫게 될 것이다. 첫 번째 질문은 "다른 사람이 지금 하고 있는 행동이 아닌 다른 어떤 행동을 하기를 원하는가."이다. 오직 이 질문만으로 본다면 처벌이 효과가 있는 것으로 보일 수 있다. 우리는 누이동생을 때리는 어린아이에게 벌을 줌으로써 그 행동을 멈추게 할 수도 있기 때문이다. 여기서 효과가 있는 것으로 보일 수 있다는 표현에 주목하기 바란다. 이렇게 말하는 까닭은 누군가가 하는 행동에 대해 벌을 주는 바로 그 행위가 실제로는 적대감을 자극함으로써 억울함이나 분노에서 그 행동을 계속하도록 만들 수 있기 때문이다. 처벌하지 않았을 경우에 비해 더 오랫동안 그 행동을 계속할 수도 있다.

하지만 두 번째 질문이 무엇인지 알고 나면 확신하건대 욕구를 충족하는 데 있어 처벌은 결코 유효하지 않다는 사실을 이해하게 될 것이다. 처벌이 '적어도 나중에 후회하게 되지 않을 것'이라는 효과를 얻기는 불가능하다는 것이다. 두 번째 질문은 "다른 사람이 우리가 바라는 행동을 하는 이유가 무엇이기를 바라는가."이다.

나는 다른 사람이 오직 처벌이 두려워 어떤 행동을 해주는 것을 결코 바라지 않는다는 점에서 우리 모두가 동일한 입장이 될 수 있다고 생각한다. 우리는 의무나 책임, 죄의식이나 수치심에서, 혹은 우리의 애정을 사기 위해 다른 사람이 어떤 행동을 하는 것을 원치 않는다. 사람들이 자신의 행동으로 삶을 얼마나 풍성하게 할 수 있는지 확신함으로써 기꺼운 마음으로 행동하는 것이 바로 우리 모두가 원하는 바임을 나는 확실히 믿는다. 그 밖의 다른 이유들은 모두, 사람들이 서로에 대한 연민으로 행동하는 것을 더 어렵게 할 것이라고 생각한다.

4. 살인은 피상적이다

내 목적은 NVC 과정이 어떻게 당신의 분노를 온전히 표현할 수 있도록 돕는지 보여 주는 데 있기도 하다. 나와 함께하는 많은 집단에게 이 점을 명확히 하는 것은 매우 중요한 일이다. 다른 나라로

초청을 받아 가는 경우 내가 하는 일은 대개 심한 억압을 받았거나 차별을 당해 왔다고 느끼는 집단들, 그리고 그런 상황을 바꾸기 위해 힘을 키우고자 하는 집단들과 함께하는 것이다. 그들은 비폭력 대화라는 표현을 듣고 조금 걱정을 한다. 그들은 지금까지 어떤 상황도 조용히 받아들이도록 가르치는 종교 또는 훈련에 매우 빈번히 노출됨으로써 자신들의 분노를 억눌러 와야 했기 때문이다. 그 결과, 자신들의 분노를 잘못된 것, 없애야 할 대상으로 말하는 것은 무엇이든 우려하는 경향이 있다. 내가 다루는 과정이 결코 자신들의 화를 억누르거나, 참거나, 억지로 삼키도록 하지 않는다는 믿음을 확실히 가지게 되면 그들은 큰 위안을 받는다. NVC는 분노를 억누르는 것이 아니라 분노를 온전히 표출하는 방법이다.

나는 자주 마음속으로 살인이 너무 피상적이라고 생각해 왔다. 어떤 식으로든 다른 사람을 죽이고, 비난하고, 처벌하거나 다치게 하는 행동은 분노를 매우 피상적으로 표현하는 길이다. 우리는 사람들을 신체적, 혹은 정신적으로 죽이거나 다치게 하는 것보다 훨씬 더 강력한 것을 원한다. 그것은 너무 약한 행위이다. 우리는 우리들 자신을 온전히 표현하기 위해 그보다 더욱더 강력한 수단을 원한다. NVC 방식을 전적으로 활용해 우리의 분노를 표출하기 위한 첫 번째 단계는 우리 자신의 분노에 대한 책임에서 다른 사람을 완전히 분리하는 것이다. 이는 앞서 말한 바와 같이 그들이 저지른 행동이 우리를 화나게 했다는 생각을 추호도 남김없이 우리의 의식에서 제거하는 것을 뜻한다. 다른 사람의 행동이 나를 화나게 한다고 생각할 때 우리는 매우 위태로울 수 있고, 우리의 분노를 온전히 표출할 가능성은 희박하게 되며, 오히려 남들을 비난하거나 처벌하는 피상적 수단을 통해 이를 표출할 가능성이 커진다.

나는 다른 사람의 행위를 처벌하기 원하는 교도소 수감자에게 복수는 공감에 대한 왜곡된 갈망이라는 사실을 깨닫게 하였다. 다른 사람을 해치고 싶어 하는 우리의 진정한 욕구는 우리가 얼마나 상처를 입었는지, 또 그들의 행동으로 인해 우리가 얼마나 큰 고통을 받았는지를 바로 다른 사람들이 깨닫게 되는 것이다. 나와 함께했던 수감자 대부분은 그들에게 악을 행한 사람들로부터 전혀 이런 종류의 공감을 받지 못했다. 그러므로 그 사람들에게 고통을 주는 것이야말로 그들 자신의 고통을 덜기 위해서 하기로 마음먹을 수 있는 최선의 행동이었다.

나는 언제인가 가해자를 죽이고 싶다고 말하는 한 죄수에게 이를 설명하고 있었다.

나는 이렇게 말했다. "나는 틀림없이 당신에게 복수보다 좋은 어떤 것을 알려 줄 수 있습니다."

그 죄수는 말했다. "여보시오, 그럴 리가. 지난 두 해 동안 이 감옥에서 나를 살아 있게 한 건 오직 여기서 나가 나한테 그런 짓을 한 그놈을 잡고 말겠다는 생각 하나뿐이었소. 내가 원하는 일은 딱 한 가지, 그것밖에 없소. 그럼 나를 다시 여기다 잡아넣겠지만 상관없다 이거요. 내가 하고 싶은 일은 나가서 그놈을 정말로 죽여 놓는 것밖엔 없소."

내가 말했다. "나는 그보다 더 감미로운 것을 한 가지 알려줄 수 있어요."

"그럴 리는 없소."

"저한테 시간을 좀 주실 수 있겠습니까?"

(나는 이 사람의 유머 감각을 좋아했다. 그가 말했다. "이 양반아, 난 가진 게 시간밖에 없어요." 그리고 그는 한동안 거기 있을 것이었다. 수감자들과 일하는 건 그래서 좋다. 그들은 약속이 있다며 달아나지 않는다.)

어쨌든 나는 말했다. "제가 보여 드리고 싶은 건 사람들을 해치는 게 아닌 또 다른 선택입니다. 상대방 역할 좀 맡아 주세요."

마셜   오늘은 출소 첫날이다. 난 너를 찾아낸다. 내가 제일 먼저 해야 할 일은 너를 붙잡는 거다.

수감자(자기 자신) 좋은 출발이군.

마셜   나는 당신을 의자에 앉힙니다. 그러곤 말합니다. "내가 말을 할 테니, 들은 대로 나한테 다시 말해. 알겠나?"

수감자(다른 사람 역할) 난 설명할 수 있어!

마셜(수감자 역할) 입 다물어. 내가 하는 말 들었지? 내 말을 들은 그대로 옮겨 말하라고.

수감자(다른 사람 역할을 하며) 오케이.

마셜(수감자 역할) 나는 너를 우리 집까지 데려가서 형제처럼 대접했어. 8개월 동안 모든 걸 다 줬지. 그런데 넌 내게 그런 짓을 했어. 난 너무 고통스러워서 버텨 내기가 힘들었어.

[나는 그가 이런 이야기를 하는 것을 몇 번 들은 적이 있었으므로 그의 역할을 하기가 어렵지 않았다.]

수감자(다른 사람 역할) 내가 설명을 한 번 해보지!

마셜(수감자 역할) 닥치라고. 들은 대로 말해 봐.

수감자(다른 사람 역할) 결국은 나한테 하고 싶은 대로 했잖아. 그러고는 몹시 아파했지. 넌 그런 거 말고 뭔가 다른 방법이 있기를 원했어.

마셜(수감자 역할) 그런데 그 후 2년 동안 네놈을 죽여 놓을 생각 말곤 아무것도 날 만족시키지 못할 만큼 밤낮으로 분노에 휩싸여 산다는 게 뭔지 알아?

수감자(다른 사람 역할) 그러니까 그게 정말 네 인생을 통째로 망쳐 버려서, 네가 할 수 있는 거라곤 분노에 불타며 2년을 보내는 것밖에 없었단 말이지?

우리가 이 대화를 몇 분 더 계속했을 때, 이 남자는 매우 감정적인 상태가 되었다. 그가 말했다. "그만, 그만, 당신 말이 맞아. 그게 내가 원하는 거요."

약 한 달 뒤 그 교도소를 다시 방문했을 때, 내가 문을 열고 들어서자 달라진 한 사람이 나를 기다리고 있었다. 그는 서성거리며 내게 말했다.

"이봐요 마셜, 지난번에 나한테 말한 거 기억하오? 사람을 해치기를 즐기거나 누군가를 해치고 싶은 생각이 들 때, 우리의 진정한 욕구는 자신이 얼마나 고통을 당했는지 이해받고 싶은 거라던 그 이야기 말이오."

"그럼요, 기억하죠."

"오늘 그 부분 한 번 정말 천천히 다시 해줄 수 있겠소? 3일 후면 출옥인데, 내가 이 부분을 확실히 이해해 두지 않으면 누군가가 다치게 되거든."

누구든 다른 사람을 다치게 하기를 즐기는 사람은 그 자신이 상당한 폭력 심리적 또는 다른 면에 노출돼 있고, 자신이 느끼는 엄청난 고통에 대해 공감받기를 원한다.

5. 워크숍에서 상호 작용하기

다시 한 번 언급하지만 우리의 욕구로 가기 위한 첫 단계는 다른 사람의 행동이 결코 우리 감정의 원인이 될 수 없음을 깨닫는 것이다. 우리의 감정은 어디서 생겨날까? 어떤 순간 우리가 느끼는 감정은 다른 사람의 행동을 우리가 어떻게 해석하는가에 따라 결정된다고 나는 믿는다. 내가 당신에게 6시까지 차로 마중 나와 주기를 부탁했는데 당신이 6시 30분에 나를 데리러 온다면, 나는 어떻게 느낄까? 그것은 내가 상황을 어떻게 보는가에 따라 달라진다. 당신이 오겠다고 말했던 시간보다 30분 늦게 왔다는 사실 그 자체는 내게 어떤 감정도 불러일으키지 못한다. 핵심은 내가 그 사실을 어떻게 보는가에 있다. 만약 판단하는 귀를 연다면 누가 옳고, 그르며, 누구에게 잘못이 있는지 가려내는 게임에는 완벽한 상태가 된다. 판단하는 귀를 쓴 나는 누군가의 잘못을 찾아내고 말 것이다. 이와 같이 우리들의 감정은 어떤 행동을 해석하는 방식과 그 행동에 부여하는 의미에 따라 달라진다.

이제 감정과 이어진 두 갈래 길 중 나머지 한쪽을 살펴보자. 내가 NVC의 귀를 쓴다면, 내 사고는 누가 잘못했는가를 따지지 않는다. 머리를 써서 나 아니면 당신, 두 사람 중 한쪽의 잘못을 분석해 내는 일을 하지 않는다.

NVC의 귀는 우리를 살아 움직이게 하는 우리 내면에 가 닿을 수 있도록 도와준다. 그리고 내가 이 내면의 삶을 가장 확실하게 바라보고 이해할 수 있는 방법은 자신의 욕구를 살펴보는 것이다. 그러므로 자신에게 이렇게 물어 보라. "지금 이 상황에서 나의 욕구는 무엇인가?" 당신이 자신의 욕구와 연결된다면 강렬한 감정에 휩싸일 수도 있지만, 결코 분노를 느낄 리는 없다.

분노는 삶과 분리된 사고, 또는 욕구와 연결되지 않은 사고에서 생겨난다. 분노라는 감정은 당신이 머리를 쓰고 있고, 상대방의 잘못을 분석하려고 하며, 당신 자신의 욕구에 닿아 있지 않다는 사실을 알려 준다. 그런데 당신의 욕구야말로 분명 그 상황을 유발한 원인인 것이다. 당신이 느끼는 그 분노를 야기한 자극인 것이다. 당신은 자신의 욕구가 무엇인지 의식하지 못하고 있다. 당신의 의식은 당신의 욕구가 충족되지 않도록 한 상대방의 잘못이 무엇인가에 집중돼 있다. 하지만 상대방의 욕구와 연결된다면 당신은 결코 분노를 느끼지 않을 것이다. 화를 억누르고 있다는 뜻이 아니다. 당신은 그저 화를 내지 않게 될 것이다.

매 순간 우리가 느끼는 감정을 다음 네 가지 선택 사항 중 어떤 것을 택한 결과이다.

머릿속으로 생각하며 상대방을 판단하고자 하는가?
머릿속으로 생각하며 우리 자신을 판단하고자 하는가?
혹은 상대방의 욕구에 공감적으로 연결하려고 하는가?
우리 자신의 욕구에 공감적으로 연결하려고 하는가?

우리의 선택에 따라 우리의 감정이 결정된다. 이런 까닭에 비폭력 대화에서는 매우 중요한 단어를 '왜냐하면' 다음에 말하도록 한다. 그 단어는 바로 '당신'이 아닌, '나'이다. 예를 들자면, "나는 화가 난다. 왜냐하면 나는 _____"와 같이 말하는 것이다. 여기서 우리는 우리의 감정이 다른 사람의 행동이 아닌 우리 자신의 선택으로 말미암는다는 사실을 떠올리게 된다.

나는 앞에서 모든 분노를 삶과 분리되고, 폭력을 불러일으키는 사고의 결과로 보았다. 나는 분노를 온전히 표현하는 일이, 우리 의식 전체를 충족되지 않고 있는 우리의 욕구에 집중하는 것이라는 의미에서 모든 분노는 옳다고 생각한다. 충족되지 못한 욕구가 있다면, 분노를 표현하는 것은 옳은 것이다. 다시 말해, 충족되지 못한 욕구가 있으므로 우리에게는 그러한 감정을 느낄 권리가 있는 것이다. 우리는 욕구를 충족해야 하고 그러기 위해서는 그 에너지가 우리를 움직이도록 할 필요가 있다. 그러나 나는 한편으로 분노에 의해 왜곡된 에너지가 욕구 실현 대신 처벌하는 행동을 부른다는 점 또한 포함해 이야기하고자 한다. 그런 의미에서 분노는 파괴적인 에너지이다.

6. 철학에서 전략으로, 그리고 실제로

지금 내가 다루는 내용은 철학이기보다는 전략에 가깝다. 전략적이라는 말을 설명하기 위해 앞서 나온 교도소 수감자의 예로 되돌아가 보자. 나는 그에게 철학적 원리가 아닌 전략적 원리 차원에서 NVC 과정을 납득시키기 위해 노력했다.

교도관이 자신의 요청에 아무런 답도 하지 않았다고 말하는 그에게 나는 물었다.

"좋아요, 그래서 무엇 때문에 화가 났죠?"

"말씀드렸습니다. 그 사람들이 내 요청에 답을 하지 않았다구요."

"그만하세요. '내가 화가 난 이유는 그 사람들이 _____' 라고 말하지 말아요. 잠시 멈추고 당신이 자신에게 하고 있던 어떤 말이 당신을 그렇게 화나게 했는지 자각해 보세요."

그는 철학도 심리학도 공부한 적이 없었다. 그는 자신의 내면에서 일어나는 일들을 정리하는 데 익숙하지 않았다. 그래서 내가 말했다.

"멈추세요. 마음을 느긋하게 해보세요. 그저 귀를 기울이세요. 당신의 내면에서 무엇이 살아 움직이고 있습니까?"

그러자 그는 말하기 시작했다.

"나는 나 자신에게 그들은 인간을 존중하지 않는다고 말합니다. 그들은 몰인정하고 하나같이 똑같은 관료 패거리들이에요."

계속 이야기하려는 그에게 내가 말했다.

"그만하세요. 이제 됐습니다. 그걸로 충분해요. 그게 바로 당신이 화를 내는 이유입니다."

그리고 이렇게 덧붙였다.

"당신의 그런 사고가 당신을 크게 분노하도록 만드는 겁니다. 그러니까 이제 당신의 욕구에 집중해 보세요. 이 상황에서 당신의 욕구는 무엇입니까?"

그는 한동안 생각에 잠기더니 이렇게 말했다.

"마셜 선생님, 저는 제가 요청한 훈련을 받아야만 합니다. 만약 그 훈련을 받지 못하면 이 교도소에서 나간 다음 결국 다시 이리로 돌아오게 될 것이 뻔합니다."

참가자 U   선생님 말씀에 일리는 있다고 생각해요. 한데 그렇게 하려면 제가 정말 초인적이어야 할 것 같네요. 화는 정말 순식간에 일어나는 것 같은데, 실제로 이 단계들을 하나 하나 생각해서 밟아 나가려면 제가 지금의 저보다 훨씬 더 큰 사람이어야 할 것 같아요.

마셜   잠자코 입만 다물고 있으면 되는 겁니다. 뭐 그렇게 슈퍼 영웅 같은 일은 아니에요. 그냥 입만 다물고 있으면 되죠. 상대방을 비난할 의도로 무슨 말을 해서도 안 되고, 상대방을 벌하기 위해서 어떤 행동을 취해서도 안 됩니다. 그저 정지한 채 오로지 호흡만 하며 이 단계들을 밟아갑니다. 제일 먼저 그리고 가장 중요한 걸음으로 입을 다무세요.

참가자 U   조금 전에 예로 들었던 상황, 그러니까 차로 마중 나올 사람을 30분 동안 기다리셨던 때 말인데요. 그런 경우, 저 같으면 그가 오기 전부터 벌써 속을 끓이며 생각에 빠져 있거든요. 날 데리러 나오지 않았다니 이거 정말 믿을 수가 없어. 아니 그 친구 내 말을 기억이라도 하는 거야? 뭐 이런 식으로 끝도 없이요.

마셜   저는 지금 그 시간 동안 당신이 불쾌감을 덜기 위해서 하고 있을 만한 일이 있다는 것과, 그 일 덕분에 당신의 욕구를 충족할 가능성까지 커질 수 있다는 이야기를 하고 있습니다. 우리가 이야기하는 이 단계들을 실행에 옮긴다면 여러분은 그가 도착했을 때 할 말이 생길 것이고, 그 말을 통해 그가 다음번에 제시간에 오게 될 가능성은 더욱 커질 것입니다. 이런 일이 초인적인 것으로 보이지 않도록 제가 명확하게 설명할 수 있기를 바랍니다. 분노를 억압하고 내리누르려는 것이야말로 초인적인 일입니다. 우리의 진정한 목표는 매 순간 우리가 삶에 연결돼 있도록 하는 것입니다. 우리는 우리 내면의 생동하는 삶과 바로 이 순간의 욕구에 연결되기를 원하고, 다른 사람들의 내면에서 살아 움직이는 생명에 집중하기를 원합니다.

6.1 화가 난 여성의 사례

참가자 V 제가 어떤 사람과 대화 중이었는데 제3의 인물이 끼어들더니 저를 빼놓은 채 둘이서만 이야기를 하는 겁니다. 그러다가 지역 주민이 백인이면 좋겠다는 발언을 했어요. 저는 화가 치밀었습니다. 상대방과 하던 이야기를 계속하고 싶은 제 욕구를 충족하지 못하고 있었기 때문이죠.

마셜 자, 잠시 멈춰 주세요. 제 생각으로는 그게 당신이 화난 이유는 아닌 것 같군요. 보세요. 저는 우리의 욕구가 충족되지 않고 있어서 우리가 화를 내게 된다고는 생각하지 않습니다. 저는 분명히 당신이 그 순간에 그 제3의 인물에 대해 어떤 생각을 가지고 있었기 때문에 화가 난 것이라고 생각합니다. 그러니 당신이 자신에게 마음속으로 무슨 말을 함으로써 그 사람에 대해 화가 나게 되었는지 바로 지금 자각할 수 있기를 바랍니다.

자, 여기 이렇게 말하는 사람이 있습니다. 난 여기 백인들만 살았으면 좋겠어. 그런데 이 사람은 당신이 아닌 다른 사람에게 말을 겁니다. 그때 당신은 화가 났습니다. 왜죠? 당신이 자신에게 뭐라고 말했기 때문이죠?

참가자 V 글쎄요, 저는 이렇게 물었어요. "내 대화를 가로채 가다니, 이 사람 뭐하는 거야?"

마셜 "이 사람 뭐하는 거야?"라는 질문의 이면을 생각해 보세요. 그렇게 하는 사람에 대해 당신은 무슨 생각을 합니까?

참가자 V 글쎄, 좋은 생각은 아니에요.

마셜 하지만 질문 뒤에 그 생각이 있는 것 같긴 합니다. 저는 지금 당신에게 어떤 생각을 하도록 하려는 게 아닙니다. 다만, 제 추측으로는 거기 자리 잡고 있는 생각에 대해 당신이 자각할 수 있게 하고 싶은 겁니다. 아마도 아주 빠르게 지나갔을 거예요.

참가자 V 즉시 소외당한 기분이 들었어요.

마셜 자, 가까워지고 있습니다. 그러니까 당신은 그 사람이 당신을 소외시키는 것으로 해석했습니다. '소외당함' 은 감정이 아니라는 점에 주목하세요. 그건 해석입니다. '버림받음' 같은 거죠. 버림받은 기분이다. '주목받지'

못하는 기분이다. 그러니까 그건 정말 어떤 인상에 가까운 겁니다. 당신은 머릿속에 이렇게 소외당한다는 인상을 가졌던 것입니다. 거기서는 또 어떤 일이 일어나고 있었나요?

참가자 V   저는 그게 인상 이상이었다고 생각해요. 그 사람은 상대방과 눈을 맞추면서 이야기했고 그렇게 시선을 주고받는 동안 저한테는 말도 하지 않았거든요.

마셜   하지만 저는 그런 상황을 바라보는 시선이 스무 가지는 된다고 생각합니다. 그중 한 가지가 소외당했다고 생각하며 보는 거죠. 그 밖에도 여러 가지 다른 해석이 가능합니다. 그런데 그 각각의 해석에 따라 보는 사람의 감정은 크게 달라집니다. 그러니까 다시 한 번 천천히 살펴봅시다. 그 순간 당신의 내면에서 일어나 당신의 분노를 부른 또 다른 생각들은 무엇입니까?

참가자 V   글쎄요, 백인이라는 말을 사용하는 어떤 사람과 관련된 생각들이 있었어요.

마셜   네, 이제 좀 더 가까워지고 있는 것 같군요. 그러니까 누군가가 백인이라는 단어를 그런 식으로 쓸 때 당신이 받는 인상은 어떤 것입니까? 특히 그 사람이 당신은 보지 않고 다른 사람들만 보고 있다면요?

참가자 V   저는 마음속으로 그들이 백인이라고 말할 때 가리키는 건 제가 아니라고 생각했습니다.

마셜　그러니까 그들은 일종의 따돌림을 하고 있는 겁니다.

참가자 V　그리고 실제로 그들의 행동거지며 보디랭귀지며 그 모든 것이 제게 그런 메시지를 전하고 있었어요.

마셜　그러니까 그들이 인종 때문에 당신을 따돌리고 있었다고 믿으시는 거죠? 그렇게 하는 사람들에 대해 당신이 가진 생각이 있다면 뭘까요?

참가자 V　네, 많죠, 그러니까…….

마셜　그게 제가 지금 찾아내려는 것입니다. 저는 바로 그런 생각이 그 순간, 그 행동에 의해 자극을 받아 당신을 화나게 한 것이라고 생각합니다.

참가자 V　그렇게 생각해요. 선생님 말씀에 동의합니다. 그런 생각과 실제로 제가 따돌림을 당한 사실, 그 두 가지가 모두 분노의 원인이었다고 생각돼요.

마셜　아닙니다. 당신은 실제로 따돌림을 당하고 있었던 게 아니에요. 당신이 따돌림을 당하고 있다는 것은 당신 해석이었어요. 사실은 그 사람이 다른 사람과 눈을 맞추었다는 것, 그리고 그 사람이 말한 내용을 저는 사실로 규정합니다. 그것이 바로 사실입니다. 당신이 그것을 따돌림으로 보는지 아닌지, 당신이 그것을 인종차별주의적인 것으로 보는지 아닌지, 당신이 그것을 그 사람이 당신을 두려워하고 있는 것으로 보는지 아닌지, 이런 모든 것은 해석에 해당합니다. 사실은, 그가 당신을 쳐다보지 않았다는 것입니다. 사실은, 그가 백인에 관해 무엇인가 이야기했다는 것입니다. 그런 것들이 사실입니다. 그런데 당신이 그것을 따돌림으로 해석한다면 당신은 이미 어떤 종류의 감정을 자신의 내면에 불러일으키고 있는 것입니다. 그것을 다른 생각으로 바라볼 경우에는 다른 감정이 일어날 수도 있지요.

참가자 U   그렇다면 저 여자분은 그 상황을 어떻게 다루어야 했습니까? 몸짓으로도 따돌리고, 대화로도 따돌리는 상황이었는데요. 제가 궁금한 건 그러니까, 자신의 욕구에 어떻게 하면 다가갈 수 있느냐 하는 겁니다.

마셜   목표가 자신의 분노를 온전하게 표현하는 것이라고 한다면, 지금 우리가 고심하고 있는 이 부분, 즉 저분이 자기 자신에게 건넴으로써 분노의 원인이 되고 있는 그 말이 어떤 것인지를 자각해야 한다고 말씀드리겠습니다. 그러니까 이 경우에는 자신이 인종 문제로 따돌림당하고 있다는 해석을 즉각적으로 내리면서 화가 나게 된 것으로 보입니다. 그런 다음, '저건 옳지 않아, 인종에 따라 사람을 따돌려서는 안 돼.'라는 생각이 분분히 저분 내면에 끓어오르게 된 것입니다. 좀 깊숙한 곳에 그런 생각이 있었나요?

참가자 V 그런 생각은 조금 있다가 들었던 것 같아요. 네, 제가 처음부터 바로 경험한 것은 투명인간 같다는 느낌, 어리둥절함, 또 당황스러운 기분이었어요. 왜 그런 일이 벌어지고 있는지 이해가 되지 않았죠.

마셜 네, 그러니까 이 일에 대한 당신의 즉각적인 반응은 다른 사람을 판단하는 것이 아니었습니다. 당신이 즉각적으로 경험한 것은 어리둥절하고 당황스러운 기분이었습니다. 당신은 이해하고 싶다는 욕구가 있었습니다. 이게 대체 어떻게 된 영문이지? 그다음에 생각들이 터져 나오기 시작했어요.

참가자 V 그렇게 된 건 화가 나기 시작했을 때예요.

마셜 그러고는 화가 나기 시작했죠. 왜 그런 일이 벌어지고 있는지 추측하기 시작했기 때문입니다. 당신은 다음과 같은 해석에서 생겨난 분노를 온전히 표현하고 싶었습니다. "이런, 잠깐만, 이 사람들 인종 때문에 나를 따돌리고 있는 것 같은데. 난 그런 거 못 봐. 이건 인종차별적 행위야. 이건 정당한 일이 아니지. 사람이 피부색 때문에 따돌림 당해야 한다는 건 말이 안 돼." 이와 같은 생각들 말입니다.

참가자 V 네.

마셜 됐습니다. 자, 그게 바로 제2단계입니다. 제1단계에서는 침묵하며 우리를 화나게 하는 생각들을 찾아냅니다. 다음으로는 그 생각들 뒤에 자리 잡은 욕구에 연결합니다. 그래서 당신이 당신 자신에게, "사람이 피부색 때문에 따돌림당해야 한다는 건 말이 안 돼. 이건 부당한 일이야. 인종차별적이야." 하고 말할 때, 저는 모든 판단, 그 한 가지 좋은 예가 인종차별이라는 말입니다. 이 충족되지 않은 욕구의 비극적 표현이라고 이야기합니다.

그렇다면 인종차별이라는 판단 뒤에 자리 잡은 욕구는 무엇일까요? 내가 어떤 사람을 인종차별주의자라고 판단한다면 나의 욕구는 무엇일까요? 속하고 싶은 겁니다. 동등하고 싶은 것입니다. 다른 어떤 사람과도 차별되지 않는 존중과 배려를 받고 싶다는 것입니다.

나의 분노를 온전히 표현하기 위해서 나는 입을 열어 그 모든 것을 이야기합니다. 이제 그 분노는 나의 욕구로, 또 욕구에 연결된 감정으로 변환되었기 때문입니다. 하지만 욕구에 연결된 감정을 표현하는 것은 분노를 표현하기보다 두려운 일입니다.

그건 인종차별적 행동이었어. 이렇게 말하는 것은 전혀 어렵지 않습니다. 저는 그런 말을 하는 것을 약간은 좋아합니다. 그런데 그 감정에 가려진 부분까지 파헤쳐 들어가는 것은 정말 두려운 일입니다. 왜냐하면, 감정은 인종차별주의와 매우 깊이 연결돼 있기 때문입니다. 그러나 그렇게 하는 것이야말로 분노를 온전히 표현하는 길입니다. 그래서 이제 나는 입을 열어 그 사람에게 말을 할 수도 있습니다.

"당신이 방금 모임 가운데 들어와 다른 사람들에게 말하기 시작하며 제게는 아무 말도 하지 않았을 때, 또 그런 다음 당신이 백인에 관해 하는 이야기를 들었을 때 저는 정말 속이 뒤집히는 것 같았고 아주 두려웠어요. 그 때문에 곧 제 안에서는 동등하게 대접받고 싶은 온갖 욕구들이 일어났죠. 제가 이렇게 말하는 걸 들을 때 어떤 감정을 느끼시는지 이야기해 주셨으면 좋겠어요."

참가자 V 실제로 그 사람과 그와 비슷한 이야기를 하기는 했어요. 그렇지만 그 사람은 제가 겪었던 것 전체를 이해하지는 못했다는 느낌을 가지게 돼요. 아직도 해소되지 않고 남은 좌절감과 분노는 그 문제를 겨우 그 정도까지밖에 다루지 못했다는 거죠.

마셜 만약 제가 당신이 하는 말을 정확하게 듣고 있다면, 당신은 그날 자신의 내면에서 일어나던 모든 일에 상대방이 연결되지 않았고, 그것을 이해하지도 못했다는 점이 유감스러운 것인가요?

참가자 V 맞아요. 그러고 나서 그 이해의 단절과 관련해 '격노'라고 부를 만한 감정이 여러 해 동안 계속 쌓여 왔어요.

| 우리의 느낌과 욕구에 대한 타인의 이해 구하기 |

마셜   우리는 타인에게 이해받고 싶어 합니다. 그래서 분노를 온전히 표현한다는 것은 단지 그 분노 뒤에 자리 잡은 깊은 감정들을 표현한다는 것뿐 아니라 그것을 그 사람이 이해할 수 있도록 내가 돕는 것까지도 의미합니다.

　이를 위해 우리는 어느 정도의 기술을 익힐 필요가 있습니다. 우리가 타인에게 이해를 받고자 할 때, 그것을 받을 수 있는 최선의 길은 먼저 그 사람을 이해해 주는 것이기 때문입니다. 보십시오, 그 사람을 그런 식으로 행동하게 만든 무엇인가에 대해 내가 공감하면 할수록, 나중에 그가 나의 이 모든 경험의 깊은 곳까지 들어주게 될 가능성은 더 커집니다. 그렇게 듣는 것이 그에게는 매우 힘든 일일 것입니다. 그러니 그가 내 이야기를 들어주기 바란다면, 내가 먼저 공감해 줄 필요가 있습니다.

　그렇다면 지금과 같은 상황에서는 어떻게 해야 할지 알려 드리죠. 지난 30년간 저는 인종차별주의와 관련해 많은 경험을 해왔습니다. 제가 인종에 관해 강경한 입장을 지닌 사람들과 함께하면서 NVC를 활용하기 시작했기 때문입니다. 불행히 지금까지도, 제가 일하는 많은 국가에서는 이 문제가 시민들의 가장 큰 걱정거리입니다. 세계 여러 나라에서 스킨헤드(백인 우월주의자들)와 기타 네오파시스트(제2차 세계대전 후 등장한 유사 파시스트 운동가

들) 집단은 사람의 자유로운 이동을 매우 위험하게 만들고 있습니다. 이것은 아주 커다란 쟁점인 만큼, 우리는 그 사람들을 이해시키는 일에 큰 능력을 발휘해야 합니다.

아무튼, 어느 이른 아침, 택시 한 대가 저와 또 한 사람을 태워 공항에서 시내로 데려가는 중이었습니다. 운전사 옆 스피커에서는 "무슨무슨 거리의 회당에서 피시먼 씨를 태우세요."라는 말이 흘러 나왔습니다. 제 옆에 앉은 사람이 말하더군요. "이 유대인 놈들은 온 세상 사람들 돈을 다 우려내려고 꼭두새벽부터 일어나죠." 저는 화가 아주 머리끝까지 치밀어 올랐습니다. 저는 화를 무척 잘 내는 사람이니까요. 오랫동안 저는 이런 경우 즉각적으로 그 사람을 신체적으로 다치게 했습니다. 그래서 저는 약 20초 동안 심호흡을 하며 저 자신의 내면에서 펼쳐지고 있는 그 모든 상처와 두려움, 격분 등에 공감해 주어야 했습니다.

그래서 저는 그것에 귀를 기울였습니다. 나의 분노가 그 사람에게서 오는 것이 아니라는 사실, 즉 그의 말에 의한 것이 아님을 저는 의식하고 있었습니다. 나의 분노 ― 그 깊은 두려움 ― 가 그런 말 한마디로 끓어오를 수는 없었지요. 그것은 훨씬 더 깊은 곳에 자리하고 있었습니다. 그 분노는 옆자리의 남자가 한 말과는 상관이 없다는 사실을 저는 알았습니다. 그의 말은 단지 저를 자극해 화산처럼 폭발하게 한 촉발물일 뿐이었습니다. 그래서 저는 편안히 앉아 제 머릿속에서 펼쳐지는 그 판단의 쇼를 재미있게 바라봤습니다. 그의 머리를 박살내는 상상을 즐겼지요. 그러고 난 뒤 제 입에서 가장 먼저 나온 말은 "지금 당신에게 느낌과 욕구가 있습니까?"였습니다. 저는 그를 공감해 주고 싶었습니다. 그의 고통을 듣기를 원했습니다. 왜일까요? 그가 자신의 고통을 알기를 원했기 때문입니다. 저는 그 자신이 그런 말을 했을 때 저의 내면에서 일어나고 있던 일을 그가 알기를 바랐습니다. 그런데 내 안에서 일어나는 일에 대해 그런 이해를 얻고 싶다 하더라도, 다른 사람들 자신의 내면에서 폭풍이 몰아치고 있다면 그들은 들을 수가 없다는 것입니다. 저는 연결을 원했고, 그가 했던 말 뒤에 있는 그 내면의 삶의 에너지에 존중 어린 공감을 보내고자 한 것입니다. 내가 그렇게 말을 하면 그가 나의 말을 들어줄 수 있을 것이라고 경험으로 알았기 때문이죠. 쉽지는 않겠지만, 그는 할 수 있을 것입니다. 제가 말했습니다.

"유대인들과 관련해서 안 좋은 경험이 있으신가 보군요?." 그러자 그가 저를 보며 말했습니다.

"네. 그자들은 넌더리가 납니다. 돈이라면 무슨 짓이라도 할 거예요."

"불신이 큰 것 같습니다. 그래서 돈 문제로 그 사람들을 대할 때, 자신을 보호하려는 욕구가 있으시군요."

"맞습니다."

그 사람은 자기 이야기를 이어 갔고, 저는 계속해서 그의 느낌과 욕구가 무엇인지 듣고 있었습니다. 아시겠지만, 여러분이 다른 사람의 느낌과 욕구에 관심을 둔다면, 갈등은 없습니다. 그의 느낌과 욕구가 무엇이었습니까? 그가 두려웠고 자신을 보호하고 싶었다는 것을 알았을 때, 저는 이해할 수 있었습니다. 저에게도 그런 욕구가 있습니다. 나 자신을 보호하려는 욕구 말입니다. 저는 두렵다는 것이 어떤 기분인지 압니다. 나의 의식이 다른 한 인간의 느낌과 욕구에 가 있을 때, 우리는 경험의 보편성을 보게 됩니다. 누군가의 머릿속에서 벌어지는 일들이나 그 사람의 사고방식과는 큰 갈등을 겪을 수도 있지만, 사람들의 생각을 듣지 않는다면 인간을 더욱 더 좋아할 수 있다는 사실을 저는 알게 됐습니다. 또 만약 사람들의 가슴속에 무엇이 살아 움직이고 있는지 들을 수 있고, 머릿속에서 나오는 것들에 붙들리지 않을 수 있다면 특히 이런 생각을 가진 사람들과는 삶을 훨씬 더 즐길 수 있다는 사실도 알게 됐습니다.

잠시 후에 그 친구는 자신의 슬픔과 좌절감을 정말 하염없이 쏟아 냈습니다. 어느새 그는 유대인 얘기를 마치고 흑인과 또 다른 집단들 얘기로 넘어갔습니다. 그는 온갖 종류의 일에서 많은 고통을 지니고 있었죠.

아마도 10분 정도는 제가 그냥 듣기만 한 다음, 그가 멈췄습니다. 그는 이해를 받은 느낌이었습니다. 그래서 그때 저는 제 안에서 무슨 일이 일어나고 있었는지 알려 주었습니다.

저는 이렇게 말했죠.

"처음에 당신이 말하기 시작했을 때, 저는 불만과 실망이 컸습니다. 왜냐하면, 저는 유대인들과 관련해 당신과는 상당히 다른 경험들을 해왔으니까요. 그래서 당신이 제가 한 것과 같은 경험들을 훨씬 더 많이 하게 되기를 진심으로 바라고 있었습니다. 제가 말씀드린 것을 들은 대로 이야기해 주시겠어요?"

"이봐요, 그 사람들이 전부 다 그렇다는 말은 아니고……."

"실례지만, 잠깐만, 잠깐만요. 제가 말씀드린 것을 되짚어 말해 주실 수 있겠습니까?"

"무슨 얘깁니까?"

"무슨 얘기인지 다시 말씀드릴게요. 저는 제가 당신 이야기를 들었을 때 느낀 고통을 당신이 듣기를, 진정으로 들어주기를 원합니다. 당신이 그걸 들어주는 것이 제게는 아주 중요합니다. 제가 그야말로 비애를 느꼈다고 말씀드린 것은, 제 경우 유대인에 대해 아주 다른 경험들을 해왔기 때문입니다. 그래서 저는 그저 당신도 과거에 당한 것과는 다른 일들을 경험할 수 있기만 바랐습니다. 제 얘기를 들은 대로 말해 주실 수 있을까요?"

"그러니까 지금 나한테 그런 소리 할 권리가 없다는 말을 하는 거군요." 저는 대답했습니다.

"아닙니다. 당신을 비난하고자 하는 건 정말 아닙니다. 정말이에요. 비난할 마음은 추호도 없어요."

만약 그가 조금이라도 비난하는 소리를 들었다면, 그는 알아내지 못했을 겁니다. 혹시 그의 입에서 '제가 너무 심한 이야기를 했군요, 제가 인종차별적인 발언을 했습니다. 그런 소리는 하지 말았어야 했어요.' 등의 말이 나왔더라도, 역시 알아내지 못할 겁니다. 무엇이든 자신이 잘못했다는 지적을 들었다면, 그는 알아낼 수가 없었을 거에요. 저는 그 사람이 그런 말을 내뱉는 순간 제 마음속에 일었던 아픔을 그가 들어주기를 바랐습니다. 그가 그 말을 했을 때 나의 어떤 욕구가 충족되지 못했는지, 그가 알기를 원했습니다. 그를 비난하고 싶었던 게 아닙니다. 비난은 너무 쉬운 일이죠. 그래서 우리는 그 부분을 위해 '판단하는 사람의 귀를 잡아당겨 주는 일'을 해야 합니다. 그 이유는 바로 판단하는 사람들은 느낌과 욕구를 듣는 데 익숙하지 않기 때문입니다. 그들은 비난을 듣는 데 익숙합니다. 때로는 그 비난에 동의하며 자신들을 증오하기도 하지만, 그렇다고 자신들의 행동 방식을 버리지는 않습니다. 때로는 자신을 인종차별주의자라고 부르는 당신을 증오하는데, 그렇게 함으로써 자신의 행동 방식을 버리게 되는 것 역시 아닙니다.

그래서 그들의 귀를 잡아당기는 사람, 그들을 도울 다른 사람이 필요하다고 말씀드리는 것입니다. 여러분이 잠시 그들의 아픔을 먼저 들어주어야 할는지도 모릅니다.

물론, 제가 그런 사람들의 아픔을 들을 수 있게 되기까지는 여러 해 동안 많은 준비가 필요했습니다. 많은 준비가 말입니다!

참가자 V 그래도 저는 여전히 저 자신을 보호하고 싶습니다. 다시 말해서, 그럴 수만 있다면 저는 그냥 그 사람을 상대하지 않을 겁니다. 하지만 그쪽이 제가 있는 공간으로 들어오는 바람에, 어찌 보면 휘말리게 된 셈이죠. 그래서 저는 선생님이 하시려는 얘기가 뭔지 잘 모르겠어요.

마셜 제가 하려는 얘기는, 만약 그 사람에 대한 분노를 온전히 표현하고 싶은 그런 경우라면, 저는 이 단계들을 밟아갈 거라고 말씀드리는 것입니다. 그런데 제가 언제나 분노를 온전히 표현하고 싶어 한다는 것은 아닙니다. 혼희 저의 욕구는 그 사람을 무시해 버리고 그 일에 대해 다른 누군가에게 가서 말하는 것일 수도 있습니다. 그러나 제가 그에게 저의 분노를 온전히 표현하기를 진정으로 원한다면, 저는 그의 행동으로 인해 제 안에서 일어나는 느낌과 욕구들을 그가 깊이 있게 들을 수 있도록 먼저 그 사람에 대한 공감을 전할 것입니다. 그렇게 하는 것이 저의 분노를 진정하게 온전히 표현하고, 그가 제 내면에서 일어나는 일들을 진정으로 깊이 알 수 있게 할, 최선의 방법이라는 것을 저는 깨닫게 되었습니다. 지적하시는 대로 분노를 그저 쏟아 내기만 하는 것은 충분하지 않습니다. 저는 그가 이해하기를 원합니다. 저는 그가 공감으로 듣기를 원합니다. 그가 반드시 동의해야 한다는 의미는 아닙니다. 심지어 자신의 행동을 바꿀 필요도 없습니다. 저는 단지 제 안에서 일어나는 일을 그가 듣기를 원합니다. 그래서 택시 안에서 그 20초 동안 저는 한 사람의 인생 전체가 제게 흘러들어 오도록 했고, 등을 기대고 앉아 그것을 감상한 것입니다.

6.2 당신 머릿속의 판단 쇼 감상하기

이와 같은 상황에서 제 안에 어떤 일이 일어나는지 보여 드리죠. 그리 오래지 않은 과거에 어떤 사람이 저를 비난이라도 하듯 아주 거칠게 공격해 왔습니다. 그 사람이 어쩌고저쩌고하며 저를 향해 무언가 심하게 비난하는 소리를 하고 있을 때, 저는 이렇게 했습니다.

[마셜은 한동안 말이 없다.]

"그러니까 당신은 지금 엄청나게 짜증이 났고, 사실은 내가 이렇게 저렇게 하기를 원했던 거군요."
다시 그 사람이 말했습니다.

"네, 그런데 어쩌고저쩌고."

저는 이렇게 했습니다.

"그러니까 사실 당신 마음이 좀 불쾌했던 것 같네요. 왜냐하면, 당신은 이렇게 저렇게 하기를 원했으니까요."

"네, 그런데 어쩌고저쩌고."

어쨌든 얘기가 이런 식으로 두세 번 반복된 다음 끝이 났을 때 한 여자분이 제게 말했습니다. "마셜, 저는 당신보다 더 인정 많은 사람을 본 적이 없어요. 만약 방금 당신한테 하던 식으로 누가 제게 말했다면 저는 그냥 두들겨 줬을 거예요. 어떻게 그렇게 할 수 있었죠?"

저는 이렇게 말했습니다.

"제 머릿속에서 일어난 일을 얘기해 드릴게요. 그 사람이 맨 처음에 한 말 생각나시죠?"

"네."

"실은 이렇게 대꾸해줬어요. '그 입 다물지 않으면 당신 머리통을 #@$#에 쑤셔 박을 줄 알아. 사실 그 머리통이야 벌써 거기 처박혔는데, 뭐라도 좀 보려면 셀로판지 배꼽이나 장만하시지!'하고 말이에요. 그런데 그때부터 상황이 악화됐습니다. 그때 진짜 생생하게 떠오르는 장면이 있었는데, 가만히 생각해 보니 그 사람 말들이 어린 시절 언젠가 제가 당했던 조롱과 아주 비슷한 거였어요. 그래서 제가 머릿속으로 그렇게 반응한 것은 어떤 커다란 두려움과 뭐 그런 모든 것이 있다는 사실을 깨달았죠. 저는 그 격한 분노와 그 여자를 쥐어 흔들고 싶은 심정을 지나 그 뒤에 가려진 굴욕감을 의식하는 데까지 갔습니다. 그래서 조용히 멈춘 채 귀를 기울였습니다. 그 굴욕감과, 굴욕당하는 두려움에 이르자 저는 몸으로 해방감을 느꼈습니다. 그런 다음 당신이 들은 것처럼 말할 수 있었죠. 그때 비로소 저의 관심을 그 여자의 느낌과 욕구로 옮겨 놓을 수 있었습니다. 그런데 그 여자가 제게 두 번째로 던진 말 기억하시죠?”

“네.”

“처음엔 이런 반응이 나오더군요.”

저의 머릿속 첫 반응이 어떤 것이었는지 전하자, 그 여자분은 눈이 휘둥그레집니다. 그녀는 이렇게 말합니다. “당신이 그렇게 폭력적인 줄은 정말 몰랐어요.” 그러니까 저는 단지 몇 마디 대화를 나누는 사이에 아주 인정 많은 사람에서 대단히 폭력적인 인간이 된 겁니다.

자, 그 두 가지 면은 모두 제게 있습니다. 제 안에는 문화적 요인과 또 다른 것들에 길들여진 엄청난 폭력성이 있습니다. 그래서 저는 그것을 감상합니다. 그렇게 화가 날 때는 등을 기대고 앉아 제 머릿속에서 펼쳐지는 이 폭력의 쇼를 지켜봅니다. 제가 내뱉고 싶은 그 모든 험한 말을 듣고, 그 사람에게 하고 싶은 모든 행동을 제 눈으로 본 다음, 그 뒤에 가려진 아픔에 귀를 기울입니다. 보이지 않던 아픔에 그렇게 연결될 때면, 저는 언제나 해방감을 느낍니다.

그때 비로소 저는 제 관심을 한 사람의 인간인 상대방에게 둘 수 있습니다. 저는 아무것도 억누르고 있지 않은 겁니다. 그와는 정반대죠. 저는 마음껏 감상하고, 그 쇼, 그 폭력적인 쇼는 제 머릿속에서 계속됩니다. 단지 저는 그것을 행동으로 옮기지는 않습니다. 그렇게 하는 것은 지나치게 피상적이니까요. 남들을 성급하게 비난하기부터 한다면 우리는 결코 그 모든 것의 뒤에 있는 고통에 깊이 파고들 수 없을 것입니다. 내가 나의 욕구를 진정한 의미에서 다른 사람들에게 온전히 표현할 수 없을 것이며, 그들로 하여금 이해하게 할 수도 없을 것입니다. 우리는 고작 싸움이나 하게 될 테고, 저는 그 싸움이 어떻게 끝나는지 알고 있습니다. 비록 내가 승리한다 하더라도 유쾌할 수 없습니다. 그러므로 저는 반드시, 제 안에서 일어나는 일을 온전히 표현하기를 원합니다.

6.3 천천히 하기

참가자 W 선생님은 전에 이 대화를 천천히 이뤄지는 과정이라고 말씀하신 적이 있습니다. 시간이 필요한 일이고, 선생님 자신을 먼저 공감할 시간을 가진다고 이야기하십니다. 그런데 대화를 하려고 노력하면서 그런 시간까지 챙기려면 상대방에게 이렇게 말해야 할 것 같은 생각이 듭니다. "잠시만요. 대답하기 전에 먼저 생각 좀 하고요." 그러니까 적절히 응답하기 위해서 더 천천히 생각하실 수도 있을 것 같아서요.

마셜   네. 앞서 말씀드린 것처럼, 저는 제 친구의 아들 사진 한 장을 가지고 다닙니다. 그 아이는 '천천히 해요.'라고 쓴 티셔츠를 입고 있는데, 그 셔츠를 입은 그 애 사진이 제게는 아주 강력한 상징이 됩니다. 제가 NVC 과정을 배우고, 또 이 과정에 따라 살아가는 법을 배우는 데 있어서 아마도 가장 중요한 부분일 겁니다. 천천히 해요.

때로는 제가 살아오며 훈련받은 무의식적 방식으로 행동하지 않는 것이 어색하게 느껴지기도 합니다. 하지만 저는 제가 자라난 문화에 의해 설정된 행동 방식을 로봇처럼 무의식적으로 따르지 않고, 저 자신이 가치를 두는 것들에 어울리는 삶을 살 수 있도록, 서두르지 않기를 원합니다. 그러니 아무쪼록 여러분도 서두르지 마십시오. 이런 방식이 편치 않게 느껴질 수도 있지만, 저에게는 이것이 바로 삶입니다. 제가 원하는 삶을 살기 위해 저는 비록 어리석게 보일지라도 천천히 나아갈 것입니다.

제 친구, 샘 윌리엄스는 이 과정을 색인 카드 -현재 NVC 센터에서 판매하는 것과 같은, 양식 한 장에 담았습니다(우리는 샘에게서 그 아이디어를 얻었습니다). 그는 직장에서 이것을 커닝 페이퍼로 쓰곤 했습니다. 그의 상사가 그를 판단하며 달려들 때, 그는 여유를 가지곤 했습니다. 그는 정지한 채 손에 쥔 이 카드를 들여다보며 어떻게 대응해야 할지 기억해 내곤 했습니다. 그래서 제가 물었죠. "샘, 손을 들여다보면서 그렇게 시간 끌고 있으면 사람들이 좀 이상하게 여기지 않아?" 그는 이렇게 말했습니다. "실제로 시간이 그렇게 많이 걸리는 건 아니야. 하지만 뭐 그렇다 하더라도 신경 안 써. 난 정말 확실히 내가 원하는 방식으로 응대하고 싶거든."

하지만 집에서는 굳이 감추려고 하지 않았죠. 그는 아이들과 아내에게 자신이 그 카드를 지니고 있는 이유를 설명한 뒤 이렇게 말했습니다. "이상하게 보일 수도 있고 시간이 많이 걸릴 수도 있어. 그런데도 이걸 가지고 다니는 건 그런 이유 때문이란다." 그래서 식구들 사이에 다툼이 생기곤 할 때에도, 그는 서두르지 않았습니다. 그렇게 한 달쯤 지나자 그는 카드를 가지고 다닐 필요가 없을 만큼 편안함을 느꼈습니다.

그러던 어느 날 밤, 그와 네 살 난 아들 스카티는 텔레비전 때문에 갈등을 겪고 있었는데, 일이 잘 풀릴 기미는 보이지 않았습니다. 그러자 스카티가 말했죠. "아빠, 카드 가져와."

상황을 어떻게 보기로 선택하는지는 내가 그 상황을 바꿔낼 힘을 가지는가 아니면 더 악화시키는가에 커다란 영향을 끼치게 될 것이다.

내가 아닌 누군가가 나를 화나게 만들기 위해 할 수 있는 일은 없다. 내 머릿속에 든 것 가운데 '해야 한다.'라는 말을 포함하는 모든 생각은 폭력을 불러올 수 있다. 나는 우리의 욕구가 충족되지 않고 있음으로 인해 우리가 화를 내게 된다고 생각하지 않는다. 우리가 다른 사람을 판단함으로써 화가 나게 된다고 생각한다.

분노는 자연스럽지 않은 사고의 결과로 생겨나는 자연스러운 감정이다. 나는 사람들을 판단하는 것이 잘못이라고 말하지 않는다. 요점은 우리를 화나게 하는 원인이 바로 그 판단이라는 사실을 의식하는 것이다. 당신이 비록 당신의 판단을 입 밖에 내지 않는다 해도, 당신의 눈에는 그 생각이 드러나 있다. "내가 이런 감정을 느끼는 까닭은 내가……"라고 표현함으로써, 당신의 감정은 상대방의 행위에 의하지 않고 당신의 선택에 따른다는 사실을 스스로에게 상기시키라.

우리들의 욕구를 살펴보는 일이야말로 우리 안에 생동하는 삶을 가장 명확하게 이해할 수 있는 길이라고 생각한다. 스스로에게 물어 보라. 지금 이 상황에서 나의 욕구는 무엇인가? 내가 나의 욕구에 연결돼 있을 때, 나의 감정은 강렬하지만 결코 화가 나지 않는다. 나의 견해로 보자면 모든 분노는 삶이 소외된 사고, 폭력적이고 자극적인 사고로부터 생겨난다.

살인은 지나치게 피상적이다. 나는 다른 사람을 죽게 하거나, 비난하고 해치는 모든 행위가 우리들의 분노를 극히 피상적으로 표현하는 것이라고 생각한다. 우리의 목표는 우리들의 관심이 삶, 즉 우리 내면의 살아 움직이는 것과 매 순간 연결돼 있도록 하는 것이다. 이 순간 우리들의 욕구는 무엇이며, 다른 사람들 내면에서 생동하는 것은 무엇인가?

슬픔은 우리들의 욕구를 충족시키기 위해 우리 자신을 움직이게 하는 감정이다. 분노는 다른 사람들을 비난하고 처벌하기 위해 우리를 움직이게 하는 감정이다. 분노를 온전히 표현한다는 것은 그 이면의 깊은 감정들을 드러내는 것일 뿐 아니라, 이를 상대방이 이해할 수 있도록 돕는 것이기도 하다. 분노를 온전히 표현한다는 것은 우리들의 의식 전체를 이 순간 충족되지 않고 있는 욕구에 집중시키는 것이다.

다른 사람들에게 이해받기 위한 최선의 길은 그들을 이해해 주는 것이다. 그들이 나의 느낌과 욕구를 듣기를 원한다면, 나는 무엇보다 그들에게 공감해야 한다. 나는 내가 다른 사람들을 공감할 수 있다면, 그들이 내 이야기를 듣게 하는 일은 그다지 어렵지 않다는 사실을 알게 되었다.

NVC에서 분노는 매우 중요한 감정이다. 그것은 주의를 촉구하는 신호다. 그 신호는 지금 내가 나의 욕구를 충족하지 못하게 될 것이 거의 확실한 방식으로 사고하고 있음을 말해 준다. 왜 그럴

까? 다름 아니라 나의 에너지가 나의 욕구에 연결되지 않았고, 화가 난 나는 나의 욕구가 무엇인지조차 알지 못하기 때문이다.

5

자애로운 자녀로 양육하기

비폭력 대화식 부모 역할

5

자애로운 자녀로 양육하기

비폭력 대화식 부모 역할

    우리는 부모들을 위한 비폭력 대화 교육을 30년 넘게 해오고 있다. 그 가운데 나뿐 아니라 함께 한 부모들에게도 유용했던 내용, 그리고 내가 이해하게 된 점들을 이번 장에서 나눔으로써 부모 역할이라는 경이롭고 매력적인 일에 보탬이 되고자 한다.

    나는 무엇보다도 우리가 '어린이'라는 말을 사용하면서, 어린이를 어린이가 아닌 사람을 대할 때와 다른 수준으로 존중하려는 의도는 매우 위험한 일이라는데 모두가 주목하기를 바란다. 이 말이 무슨 뜻인지 살펴보자.

    내가 수년간 지속해 온 부모 역할 워크숍에서는 처음에 전체를 두 그룹으로 나누는 경우가 많다. 그중 한 그룹을 어느 방에, 다른 한 그룹을 또 다른 방에 있도록 한다. 그런 다음 각 그룹에 커다란 종이 한 장을 주고, 자신과 어떤 사람 사이의 갈등 상황을 대화로 나타내도록 한다. 나는 양쪽 그룹에 갈등의 내용을 전달한다. 여기서 유일하게 다른 점은 갈등의 상대로, 한 그룹에는 자신의 자녀를, 또 다른 그룹에는 자신의 이웃을 상대로 제시한다. 그러고 나면 우리는 다시 원래의 큰 그룹으로 모여, 각 그룹이 작성해 낸 서로 다른 두 개의 대화가 적힌 종이들을 살펴본다. (나는 모두의 상황이 같다고 생각할 수 있도록 각각의 상대편 그룹에 제시된 갈등 상대가 누구인지 알려주지 않는다.)

두 그룹의 대화를 모두 훑어볼 시간을 가진 다음에 나는 참가자들에게 두 개의 대화 사이에 존중과 연민의 정도 측면에서 차이가 있는지 물어본다. 이 활동을 할 때마다 보았던 것은, 이웃을 상대로 대화를 작성한 그룹보다 자녀를 상대로 대화를 작성한 그룹이 존중과 연민의 정도가 더 낮은 의사소통을 한다는 점이었다. 이 활동은 누군가를 우리 아이로 보는 단순한 과정이 한 사람의 인간성을 얼마나 쉽게 파괴하는지를 아플 만큼 잘 드러내 보여준다.

1. 나 자신의 인식

나는 어느 날의 경험을 통해 사람을 단지 아이라고 보는 것의 위험성을 대단히 크게 인식하게 되었다. 내가 길거리 범죄 조직과 경찰이라는 두 집단과 함께 일한 주말 끝에 있었던 일이다. 나는 두 집단 사이의 중재 역할을 맡고 있었다. 상당한 폭력이 오간 후 그들이 내게 중재자로 도와주기를 부탁한 것이었다. 두 집단이 서로에게 가한 폭력을 놓고 그토록 긴 시간을 그들과 함께하고 나니, 나는 완전히 녹초가 되었다. 집을 향해 운전하며 나는 이렇게 혼잣말을 했다. "이제 죽을 때까지 결코 두 번 다시 남들 싸움에 끼어들지 않을 거야."

그러나 집 뒷문을 들어섰을 때 우리 아이들 셋이 싸우고 있었다. 나는 아이들에게 NVC에서 지지하는 방법대로 나의 괴로움을 표현했다. 내 감정은 어떻고, 내 욕구는 무엇이며, 내가 무엇을 요청하고 있는지. 그런데 고함을 지르면서 말이다.

"이렇게 온통 난리법석인 소리를 들으니 신경이 엄청 곤두서는구나! 아빠가 주말 내내 바빴기 때문에 정말 좀 평화롭게 조용히 있고 싶다. 그러니 너희들 모두 아빠한테 그런 시간과 공간을 줄 의향이 있니?"

큰아이가 나를 바라보더니 말했다.

"그 부분에 대해 이야기해 보고 싶으세요?"

바로 그 순간, 나는 머릿속에서 그 아이의 인간다움을 빼앗았다. 어떻게? 속으로 이렇게 말했기 때문이다.

'귀여운 녀석. 이 아홉 살짜리 꼬맹이가 아비를 돕고 싶어 하는군.'

그의 나이 때문에, 그를 어린아이라 치부하며 그 제안을 묵살하고 마는 내 모습을 한 번 자세히 들여다보았다. 다행히도 나는 내 머릿속에서 이런 일이 진행되는 것을 볼 수 있었다. 내가 더 명확하게 볼 수 있었던 것은 아마도 길거리 범죄 조직과 경찰 사이에서 해 왔던 일 덕분일 것이며, 그 일을 통해 사람을 인간이라는 사실 대신 각각의 꼬리표에 따라 평가하는 것이 위험하다는 인식을 얻게 되었기 때문일 것이다.

그 결과 나는 그를 어린아이로 보거나 그에 대해 속으로 '귀여운 녀석'이라고 생각하는 대신, 그에게서 한 인간의 고통에 손 내미는 또 다른 인간을 볼 수 있었다. 그리고 소리 내어 이렇게 말했다. "그래, 이야기해 보고 싶구나."세 명의 아이들은 나를 따라 다른 방으로 왔다. 다른 사람이 인간이라는 사실을 볼 수 있도록 훈련받지 못했다는 이유만으로, 사람들이 서로 해치기를 원하는 지경에 이를 수 있으며, 그것을 보는 일이 얼마나 고통스러운지 내가 마음을 다 열어 이야기하는 동안 그들 셋은 귀를 기울였다. 이렇게 45분 정도 이야기하고 나자 나는 기분이 아주 좋아졌고, 내 기억대로라면 우리는 음악을 틀어 놓은 채 한동안 어릿광대들처럼 춤을 추었다.

2. 부모 역할 교육

나는 우리가 일정 연령대의 사람들에 대해 이야기하고 있음을 손쉽게 알릴 수 있는 방편으로 '어린아이' 등의 단어를 사용해서는 안 된다고 말하는 것이 아니다. 내 이야기는 그런 식의 꼬리표들로 인해 우리가 다른 사람을 한 인간으로 보지 못하게 되는 때, 또 우리들의 문화가 어린아이들에 대해 가르치는 것으로 인해 그들의 인간다움을 빼앗게 되는 때에 관한 것이다. 그 연장선에서, 어린아이라는 꼬리표가 우리를 아주 불행한 방식으로 행동하도록 이끌 수 있다는 사실을 보이고자 한다.

부모의 역할에 대해 교육받아 온 대로 나는 어린아이들을 반듯하게 행동하도록 하는 것이 부모의 역할이라고 생각했다. 내가 교육받고 자라난 문화에서 일단 자신을 권력자(교사 또는 부모)로 규정하게 되면, 자신이 어린아이나 학생이라고 부르는 사람들을 일정한 방식으로 행동하게 만드는 것을 자신의 책임으로 여기게 되지 않든가.

이제 나는 그것이 오히려 문제를 키우는 것임을 안다. 우리가 다른 사람을 어떤 방식으로 행동하게 하려는 목표를 가지게 되면, 사람들은 우리가 무엇을 요구하더라도 반발할 가능성이 있다는 사실을 배웠기 때문이다. 상대방이 두 살이든, 아흔두 살이든 이것은 마찬가지인 것 같다.

다른 사람에게서 우리가 원하는 것을 얻어낸다는, 또는 그들로 하여금 우리가 바라는 일을 하도록 한다는 이 목표는 사람들의 자율성과 스스로 원하는 바를 선택할 권리를 위협한다. 비록 우리 요구의 취지를 이해하고 또 평소라면 하고자 했을 일이라 하더라도, 원하는 것을 스스로 자유롭게 선택할 수 없다고 느낄 때면 사람들은 반발할 수 있다. 자율성을 지키려는 우리의 욕구는 매우 강력해서 만약 누군가가 단지 목적을 이루는 데만 골몰하거나, 우리를 위해 무엇이 최선인지 아는 것처럼 굴며, 우리 자신의 행동을 스스로 선택하도록 맡겨 두지 않는다면 우리의 저항을 불러일으키게 된다.

타인이 내가 원하는 일을 하도록 만들겠다는 목표의 한계를 깨우쳐 준 우리 아이들에게 나는 영원히 감사할 것이다. 내 아이들은 무엇보다도, 그들이 내가 원하는 것을 하게 할 방법은 없다는 사실을 가르쳐 주었다. 나는 그 어떤 일도 그들에게 하도록 만들 수 없었다. 장난감을 다시 장난감 통 안에 집어넣도록 할 수 없었고, 잠자리를 정리하게 할 수 없었으며, 음식을 먹게 할 수도 없었다. 그것은 부모로서 나를 대단히 겸손해지도록 하는 나의 무력함을 배우게 하는 교훈이었다. 왜냐하면, 나는 아이가 바르게 행동하도록 만드는 것은 부모가 할 일이라는 생각을 어디에선가 머릿속에 집어넣어 두고 있었기 때문이다. 그런데 아이들이 나를 겸허하게 만드는 가르침을 준 것이다. 아이들에게 어떤 일도 하도록 만들 수 없다는 교훈. 내가 할 수 있는 일은 다만 그들 스스로가 어떤 일을 하기를 원하게 만드는 것뿐이었다. 그리고 내가 어리석게도 아이들이 어떤 일을 하기를 원하도록 만들려고 할 때마다 아이들은 내게 두 번째 가르침을 주었고, 그 후 몇 해가 지나는 동안 나는 부모 역할과 힘에 대한 그 교훈이 매우 값진 것임을 알게 되었다.

그 교훈은 다름 아니라, 아이들 스스로 어떤 일을 하기를 원하도록 만들려고 할 때마다, 나로 하여금 그런 시도 같은 것은 하지 않았더라면 하고 후회하게 만들곤 한다는 것이었다. 폭력은 폭력을 낳는다. 아이들이 내게 가르쳐준 것은 내가 어떤 식으로든 강압이라는 수단을 사용할 경우, 그들 쪽에서 반드시 저항이 일어나 관계가 적대적 성격을 띠게 될 수 있다는 점이었다. 나는 누구와도 그런 관계에 놓이고 싶지 않고 나와 가장 친밀하며 내가 책임지고 있는 내 자녀들과는 특별히 그러하다. 따라서 처벌이 수반되는 이 강제적인 놀이를 내가 내 아이들과 함께하고 싶어 할 까닭은 결코 없다.

처벌은 대부분의 부모들이 강력히 옹호하는 개념이다. 연구들에 따르면 미국 부모의 약 80퍼센트가 자녀에게 체벌을 가하는 것이 옳다고 굳게 믿고 있다. 이는 범죄자에게 사형을 적용해야 한다고 믿는 인구 비율과 거의 동일한 수치이다. 아이들을 교육하는데 처벌이 정당하고, 또 필요한 부분이라고 생각하는 인구의 비율이 그렇게 높은 것이다. 이런 상황에서 나는 부모들과 이 문제를 여러 해에 걸쳐 숱하게 토론해 왔는데, 사람들이 스스로에게 단지 두 가지 질문을 던지는 것으로도 어떤 처벌에도 한계가 있음을 이해하도록 도울 수 있다는 점을 기쁘게 생각한다.

첫 번째 질문은 "자녀가 특히 무엇을 하기를 바라는가?"이다. 그 질문 하나만 놓고 보자면 처벌이 때로는 확실히 유용한 것처럼 보일 수 있다. 처벌의 위협이나 실제로 처벌하는 행위를 통해 우리는 우리가 바라는 행동을 아이가 하도록 분명히 영향을 끼치기 때문이다.

하지만 여기 또 하나의 질문을 더했을 때, 나의 경험에 따르자면 부모들은 처벌이 전혀 쓸모없는 것임을 알게 된다. 두 번째 질문은 "우리가 원하는 대로 자녀가 행동하는 이유가 무엇이기를 바라는가?"이다. 바로 이 질문 덕분에 우리는 처벌이 단지 유용하지 않을 뿐 아니라, 그 처벌로 인해 우리 아이들이 우리가 원하는 것과는 다른 이유로 행동하게 된다는 사실을 인식할 수 있다.

처벌이 너무 흔히 사용되고 정당화되는 까닭에 부모들이 상상할 수 있는 처벌의 반대 방법이라는 것은 지나치게 단순하다. 아이들이 우리의 가치에 맞지 않게 행동할 때 아무것도 하지 않는 식의 관대함 같은 것뿐이다. 따라서 부모들은 그저 벌을 주지 않는 것은 나 자신의 가치를 포기하는 일이고, 아이로 하여금 그저 제멋대로 하도록 허용하는 것이 되어 버렸다. 그러나 아래에서 다루게 될 것처럼, 자유방임적 태도나 처벌 같은 강압적 전략과는 또 다른 접근 방식들이 존재한다.

나는 이 논의를 빌어, 보상 역시 처벌 만큼이나 강압적이라는 사실도 전하고자 한다. 두 경우에서 모두 우리는 다른 사람들을 지배하는 힘을 사용하고 있으며, 사람들을 우리가 원하는 대로 행동하도록 몰아가는 형태로 주변 여건을 통제한다. 그런 면에서 보상은 처벌과 동일한 사고방식에서 나오는 것이다.

4. 관계의 질

아무것도 하지 않는 것이나 강압적인 전략을 쓰는 것과는 다른 행동 방식이 있다. 그런데 여기서 우리는 서로 다른 목표 사이의 미묘하지만 중요한 차이를 구분해 인식할 필요가 있다. 그중 한 가지 목표는 사람들로 하여금 우리가 원하는 것을 하도록 만드는 것이고, 다른 한 가지 목표는 모두의 욕구가 충족될 수 있을 만큼의 질

높은 관계를 형성하는 것이다.

나의 경험에 비춰 보자면, 의사소통하는 상대방이 어린아이든 어른이든 우리가 이 두 목표 사이의 차이점을 보는 것은 아주 중요하다. 그럴 수만 있다면 우리가 다른 사람을 자신의 의도에 따라 행동하게 하지 않으려고 의식적으로 노력하며, 서로 배려하고 서로 존중하는 관계를 형성하고자 애쓸 수 있다. 이 관계를 통해 의사소통하는 쌍방이 자신들의 욕구를 중요하게 생각하고, 자신들의 욕구와 상대방의 행복이 상호의존 관계에 있음을 의식할 때 결코 해결할 수 없을 것 같아 보이는 갈등들이 놀랄 만큼 쉽게 풀리게 된다.

모든 사람의 욕구가 충족될 수 있는 관계의 특성을 이루는 의사소통은 어린아이들과의 의견 차이를 해소하는 데 동원되는 강압적 형태의 소통과는 사뭇 다르다. 이 같은 소통을 위해서는 아이들을 옳다/그르다, 좋다/나쁘다 등 도덕주의적 언어로 평가하는 데서 벗어나 욕구에 기초한 언어를 사용할 수 있어야 한다. 우리는 아이들에게 그들의 행동이 우리 욕구와 조화될 수 있는지 아니면 갈등을 일으키는지 말할 수 있어야 하는데, 아이들의 죄책감이나 수치심을 자극하지 않는 방식으로 할 수 있어야 한다. 그러므로 "아이에게 동생을 때리는 건 옳지 않아."라고 하는 대신 "네가 동생을 때리는 걸 볼 때면 두려운 마음이 들어. 나는 우리 식구들이 안전하게 지내기를 바라니까." 이렇게 말해야 할 수도 있다. 혹은 "네 방 청소도 하지 않다니 게으르구나."라고 말하는 데서 벗어나 "침대가 흐트러져 있는 걸 보자면 속상해. 나는 집안 정리하는 일에 도움받기를 절실히 원하거든."과 같이 말해야 할 수도 있다.

그런데 교사와 부모에 의해 도덕주의적 판단에 따라 사고하도록 교육된 사람들에게는 이처럼 아이들의 행동을 옳고 그르거나 좋고 나쁜 것으로 분류하는 데서 벗어나 욕구에 근거한 언어로 표현하는 일이 쉽지 않다. 여기서도 역시 우리 자녀들 앞에 현존하는 능력과 그들이 괴로워할 때 공감으로 들어줄 능력이 필요하다. 부모로서 불쑥 끼어들어 충고하거나 문제를 해결해 주려고 노력하고 싶어 하도록 훈련받아 온 우리들에게 이것은 쉬운 일이 아니다. 나는 부모들과 함께 워크숍을 진행할 때, 아이가 "아무도 날 좋아하지 않아." 등의 말을 실제로 할지도 모를 경우들에 대해 살펴본다. 아이들이 그런 말을 하는 것은 그들에게 일종의 공감적 연결에 대한 욕구가 있기 때문이라고 생각한다. 여기서 공감적 연결이란 존중이 깃든 이해를 의미하고, 아이들은 그 이해에 힘입어 우리가 거기 있다는 것과 자신들의 느낌과 욕구가 무엇인지를 진정으로 듣고 있다는 것을 느끼게 된다. 우리는 때로 침묵으로 존중이 깃든 이해를 전할 수 있다. 우리가 그들의 슬픈 감정에 함께하며 친구들과의 특별한 유대를 원하는 그들의 욕구에 공감한다는 것을 오직 눈빛에 담아 보여줄 수 있다. 때로는 소리 내어 말로 "그 말 들으니 너 정말 슬프겠구나. 친구들하고도 별로 재미있게 놀지 못하고."라고 할 수도 있다.

하지만 많은 부모가 자녀들을 항시 행복하게 해주는 것을 자신의 역할로 규정하고 있는 탓에, 자녀가 그런 이야기를 하면 바로 끼어들며 이렇게 말한다.

"그런데 너 혹시 그동안 친구들이 싫어할 만한 일을 한 것이 있는지 생각해 봤니?"

혹은 "글쎄, 그렇지 않아. 지금까지도 친구들이 있었지 않니. 분명히 친구를 더 많이 사귀게 될 거다."라며 자녀의 말에 동의하지 않는다. 또 "만약 네가 친구들한테 말하는 태도를 바꾸면, 아마 친구들도 너를 더 좋아할 걸."이라고 충고하기도 한다.

그들이 깨닫지 못하고 있는 것은 바로 모든 인간은 고통스러울 때 함께 있어 주는 것과 공감을 필요로 한다는 것이다. 충고를 원할 수도 있지만, 그것은 공감적 연결이 이루어진 다음의 일이다. 그 점을 내 아이들은 이렇게 말함으로써 어렵사리 내게 가르쳐 주었다.

"아빠, 우리가 공중인이 서명한 서면 요구를 보낼 때까지 제발 어떤 충고도 자제해 주세요."

5. 보상의 한계

많은 사람이 처벌보다는 보상을 적용하는 쪽이 더 인도적이라고 믿는다. 하지만 나는 양쪽 모두를 타인을 지배하는 힘으로 보며, 비폭력 대화의 기초는 사람들과 함께하는 힘에 있다. 사람들과 함께하는 힘의 세계에서 우리는, 사람들이 우리가 원하는 행동을 하지 않을 때 그들을 고통스럽게 할 방법이나 우리가 원하는 행동을 할 경우에 그에 대해 보상할 수단을 가지고 영향력을 행사하려 하지 않는다. 이 힘은 상호 신뢰와 존중을 근거로 한다. 그리고 그 신뢰와 존중을 통해 사람들은 처벌의 두려움이나 보상에 대한 기대가 아닌 기꺼이 서로의 행복에 이바지하려는 욕구로부터 서로를 듣고 서로에게서 배우며 서로에게 주기를 허락한다.

이런 종류의 힘, 사람들과 함께하는 힘을 가질 수 있는 것은 우리가 어떤 식으로도 다른 사람들을 비판하지 않고 우리의 느낌과 욕구를 자유롭게 주고받을 수 있을 때이다. 그런 일은 먼저 그들에게 우리가 다른 사람에게 바라는 바를 요구나 협박으로 느껴지지 않는 태도로 행함으로써 가능하다. 이때 앞에서 언급한 대로 성급히 끼어들어 충고를 하거나 해결책을 제시하려 들기보다 정확히 이해한다는 것을 보여 주며 상대방이 교감하고자 하는 부분을 진정으로 들어줄 필요가 있다.

많은 부모가 소통한다는 것에 관한 나의 설명이 너무 낯설다며 "글쎄요, 그런 식으로 대화를 한다는 게 정말 자연스러워 보이지 않네요."라고 한다. NVC 개념들을 발전시키고 있던 중, 마침 적절한 때에 나는 간디의 어떤 저작물을 읽게 되었다.

"습관적인 것을 자연스러운 것과 혼동하지 말라. 우리는 아주 흔히 우리 문화 속에서, 상당히 부자연스럽지만 다양한 원인으로 인해 그렇게 하도록 훈련돼 결국 일상적인 것이 된, 그런 방식으로 소통하고 행동하게 되었다."

내가 아이들을 대할 때 취해 온 방식을 볼 때 그 말은 분명 사실로 들렸다. 옳고 그름과 좋고 나쁨으로 판단하고 벌을 가하는 소통 방식은 널리 적용되었을 뿐 아니라 부모인 내게는 아주 쉽게 일상으로 자리 잡았다. 하지만 단지 어떤 것이 늘 하는 일이 되었다고 해서 그것을 자연스럽다고 할 수는 없다.

우리 인간에게는 강제성을 목적으로 처벌과 보상, 또는 비난과 죄의식이라는 수단을 사용하기보다, 사랑과 존중으로 관계 맺고, 기쁨으로 서로를 위해 일하는 것이 훨씬 더 자연스럽다는 것을 나는 깨닫게 되었다. 그리고 그러한 변화에는 비상한 의식과 노력이 분명히 요구된다.

6. 일상의 소통 방식 바꾸기

내가 우리 아이들과 소통하는 방식을 상습적으로 판단하는 기존의 형태에서 지금 내가 지지하는 형태로 바꾸어 가던 때 있었던 일을 나는 지금도 기억한다. 그날 큰아들과 갈등이 있었고, 내가 늘 취하던 방식 대신 새로이 적용하기로 마음먹고 있던 소통 방식을 택하는 데는 상당한 시간이 걸리는 중이었다. 생각나는 거라곤 거의가 그 녀석의 소행을 꾸짖는 강압적인 말들뿐이었다. 그래서 나는 멈춰서야 했고, 숨을 깊이 들이쉬어야 했으며, 나의 욕구에 조금 더 다가갈 방도를, 또 아이의 욕구에 조금 더 다가갈 방도를 고민해야만 했다. 그러느라 얼마간의 시간이 흘렀고 밖에서 친구가 기다리고 있었던 아이가 속이 터지기 시작하자 "아빠, 할 말 생각하는

데 너무 오래 걸리잖아요."라고 말했다. 내가 "얼른 할 수 있는 말로 해주마. '하라는 대로 해. 안 그러면 아주 혼 날 줄 알아.'"라고 대꾸하자 "그냥 천천히 하세요, 아빠. 천천히."라고 대답했다.

그러니 천천히 할 것이다. 실은 나의 가치와 맞지 않는데도 익숙한 대로 습관에 따라 대하기보다, 내 아이들과 대화하기 위해 나 스스로 선택한 에너지에 힘입어 소통할 것이다. 애석하게도 우리는 주변 사람들에 의해 자녀들을 존중하도록 강화되기보다 처벌과 판단으로 대하도록 강화되는 경우가 훨씬 더 많다.

어느 추수감사절 저녁, 막내아들과 대화하며 내가 지지하는 방식으로 소통하고자 최선을 다하던 일, 아이가 나의 한계를 시험하고 있었으므로 그 일이 만만치 않았던 기억은 지금도 떠오른다. 나는 서두르지 않았고, 깊은 숨을 들이마시며 아이의 욕구가 무엇인지 또 나의 욕구는 무엇인지 알아내고 존중으로 표현하기 위해 애쓰고 있었다. 친척 한 명이 아들과 내가 대화하는 것을 지켜보더니, 그 친척은 다른 방식으로 소통하도록 훈련받았으므로, 어느 순간 내 곁에 다가와 "내 자식이 그렇게 말하면 난 그냥 안 두지." 이렇게 속삭였다.

나는 그와 비슷한 경험이 있는 많은 다른 부모, 자녀들과 좀 더 인간적인 방식으로 대화하고자 노력할 때 지지를 얻기보다 비난하게 되는 사람들과 대화를 해왔다. 사람들은 자주 내가 설명하는 것을 방임주의 또는 아이들에게 해야 할 지도를 하지 않는 행위로 잘못 받아들이고, 그것이 다른 수준의 지도라는 사실을 이해하지 못할 수 있다. 하지만 그것은 자신의 지배력을 상대방에게 강제로 행사하는 어느 한 편에 의한 지도가 아니며, 서로 신뢰하는 쌍방 간의 지도이다.

우리가 모두 원하는 것을 얻는 데 목적을 두지 않고 내가 원하는 것을 자녀가 하도록 하는 데 둘 경우, 결국 내가 무슨 요청을 하더라도 자녀들은 그것을 강요로 듣게 될 거라는 점이 가장 불운한 결과에 속하는 문제다. 그리고 강압적 요구를 들을 때마다 사람들은 자신이 부탁받고 있는 일의 가치에 집중하기 어려워진다. 그 까닭은, 앞서 이야기한 것처럼, 그들의 자율성이 위협받기 때문이며 자율성에 대한 필요는 모든 사람들이 공통적으로 가지는 강력한 욕구다. 누구든 무슨 일을 할 때 강요에 의해서가 아니라 스스로 하고자 해서 할 수 있기를 원한다. 강요로 듣는 순간, 상호 간의 욕구를 충족시킬 해결책을 얻어낼 가능성은 훨씬 더 작아질 것이다.

7. 허드렛일 전쟁

예를 들자면, 우리 아이들은 집 안에서 각자 다른 일들을 책임지고 있었다. 당시 열두 살이었던 막내아들 브렛은 환경 미화원이 수거해 갈 수 있도록 일주일에 두 번 쓰레기를 밖에 내놓게 돼 있었다. 그저 주방의 개수대 밑에서 쓰레기를 들어내고 수거해 갈 앞마당으로 가져다 놓기만 하면 되는 일이었다. 그렇게 하는 데는 5분이면 충분했다. 하지만 일주일에 두 번, 쓰레기가 밖으로 나가야 할 때마다 그것 때문에 전쟁이 벌어졌다.

이 전쟁이 시작되는 경위는 이러했다. 대개는 그저 내가 그 애 이름을 입에 올리는 데서 시작됐다. 나는 이렇게 말하곤 했다. "브렛." 하지만 물론 말하는 태도에서부터 자기가 해야 할 일을 하지 않는 것으로 판단한 내가 이미 화가 나 있다는 사실을 아이는 눈치챌 수 있었다. 두 블록이나 떨어진 데서조차 들릴 만큼 자기 이름을 크게 부르고 있었건만, 아이는 무엇을 하느라고 전쟁을 키우고 있다는 말인가? 심지어 바로 옆방에 있으면서도 못 듣는 척한다. 자, 나는 어떻게 할까? 말할 것 없이 더 화가 나, 한층 더 언성을 높인다. 도저히 못 듣는 척할 수 없도록 훨씬 더 큰 소리로 다시 그 이름을 부르면 아이가 답한다.

"왜 그러세요?"
"쓰레기가 아직 안 나갔는데."
"굉장히 잘 아시네요."
"치워."
"치울 거예요. 이따가."
"지난번에도 그렇게 말했다. 그러곤 안 치웠어."
"그렇다고 이번에도 안 한다는 법은 없어요."라고 답한다.

그저 쓰레기를 한 번 내다 놓는 단순한 일에 들어가는 이 어마어마한 에너지를 보라. 우리 두 사람 사이에 그런 긴장이 생긴 까닭은 오직 당시 내 머릿속에 그 일은 그 아이 몫이니, 그 애는 반드시 그 일을 해야 하고, 또 책임감을 배워야 한다는 생각이 있었기 때문이다. 그러니까 달리 말해서 그 일은 하나의 의무로서 그에게 부과되고 있었던 것이다. 어떤 일을 하지 않으면 처벌이나 비난을 받을 것이라고 생각할 때, 사람들은 부탁을 강요로 받아들인다. 그런 생각을 가지고 있으면, 무슨 일을 하더라도 전혀 기쁨이 없다.

내가 그 점을 이해하기 시작하던 어느 날 밤, 나는 브렛과 대화를 나누었다. 내가 정답을 알고 있다는 생각과, 부모로서 내가 해야 할 일은 아이들을 얌전히 굴도록 지도하는 것이라는 생각이 파괴적인 것임을 나는 깨닫기 시작하고 있었다. 쓰레기가 제대로 배출되지 않고 있는 이유에 대해 이야기를 나누며 나는 더 잘 듣는 법과, 내가 부탁한 것을 하지 않는 브렛의 행동 뒤에 있는 느낌과 욕구들에 귀 기울이는 법을 배우기 시작했다. 그리고 아주 분명히 알게 되었다. 아이는 무슨 일을 단지 강요받은 까닭에 하는 것을 원치 않았고, 스스로 선택함으로써 하려는 욕구를 가지고 있었다.

그 점을 깨닫자 나는 그에게 말했다.

"브렛, 우리 이 문제를 어떻게 해결할까? 사실 지금까지는 내가 네게 강요를 해왔다는 걸 알겠구나. 내가 원하는 것을 네가 하지 않을 때 너를 우리 가족 안에서 협조적인 식구가 아닌 걸로 판단하곤 했으니까. 이제 우리 이런 역사를 어떻게 청산하면 좋을까, 그리고 앞으로 어떻게 하면 새로운 에너지로 서로를 위해 행동하며 살 수 있을까?"

그러자 그가 아주 유용한 의견을 제시했다.

"아빠, 만약 부탁인지 강요인지 잘 모르겠으면 내가 아빠한테 '그거 부탁이에요, 아니면 강요예요?'라고 물어보는 건 어떨까요?"

"야, 그거 좋은 생각인데. 그러면 나는 정말로 멈춰 서서 내 생각을 살펴보고, 내가 진짜 어떻게 말하고 있는 것인지 점검할 수밖에 없을 테니까. '애야, 난 네가 이 일을 해주기를 정말 원하고 있단다. 그렇게 하면 나의 욕구가 만족되겠지만, 그렇게 하는 것이 네 욕구와는 맞지 않는다면 그렇다고 말해주기 바란다. 모두의 욕구가 충족되도록 할 수 있는 방법을 생각해 보자.'라고 말이야."

나는 멈춰 서서, 나의 내면에 어떤 추측이 일어나고 있는지 정말로 들여다보라는 그의 제안이 마음에 들었다. 그리고 다음 날 아이가 등교하기 전까지 우리에게는 이 방법을 시험해 볼 기회가 세 차례 있었다. 내가 아침에 그 애에게 세 가지 일을 하도록 했기 때문이다. 그때마다 그는 나를 바라보며 물었다. "아빠, 그거 부탁인가요, 아니면 강요하시는 건가요?" 그가 말할 때마다 나는 나의 내면을 살펴보았고, 내 말은 아직 강요라는 사실을 깨달았다. 여전히 속으로 그 애가 그렇게 해야 한다고 생각하고 있었고, 오직 그렇게 하는 것만이 타당한 일이라고 여겼다. 그가 하지 않을 경우, 나는 점점 더 강압적인 태도를 취할 준비가 돼 있기도 했다. 따라서 그런 부분에 대해 아이가 내게 주의를 환기시켜 준 것은 도움이 되었다. 나는 매번 멈추었고, 나의 욕구와 만났으며, 그의 욕구를 듣기 위해 노력했다. 그런 다음 그에게 말했다. "그래, 고맙다. 도움이 되는구나. 내 말이 강요였어. 그런데 이제는 부탁이다." 그러면 그는 내 내면의 변화를 느낄 수 있었다. 그리고 그 세 번 모두, 그는 아무 이의 없이 내 부탁을 들어주었다.

강요하는 말을 듣는 사람들에게는 우리의 배려와 존중과 사랑이 조건에 의해 좌우되는 것처럼 보인다. 오직 우리가 원하는 것을 할 때에만 우리가 그들을 좋아할 것처럼 보이게 된다.

8. 무조건의 사랑

몇 년 전 언젠가 브렛이 세 살이었을 때 나는 과연 내가 그 애와 나의 다른 자녀들에게 무조건적 수준의 사랑을 전하고 있는 것일까 하고 생각한 적이 있다. 내가 그 문제에 대해 생각하고 있을 때, 마침 내 앞에 나타난 것이 그 애였다. 그가 거실로 들어섰을 때 나는 물었다.

"브렛, 아빠가 너를 왜 사랑할까?"

그는 나를 보더니 곧바로 이렇게 말했다.

"이제는 내가 변기에 응가 하니까?"

그가 그 말을 하는 순간, 나는 무척 마음이 아팠다. 너무도 명백한 말이기 때문이었다. 그 애가 어떻게 달리 생각할 수 있겠는가? 내 아이들이 내가 원하는 대로 할 때, 나는 그 애들이 그렇게 하지 않을 때와 얼마나 다르게 대하고 있나. 그래서 그 애에게 말했다.

"그래, 그렇게 해줘서 진짜 고마워. 그런데 아빠는 응가 때문에 널 사랑하는 게 아냐."

그러자 그가 말했다.

"그럼, 이제는 내가 음식을 바닥에 던지지 않으니까?"

그는 전날 밤 자기가 음식을 바닥에 던질 때 우리 사이에 일어났던 소소한 의견 충돌에 대해 말하고 있는 거였다. 나는 말했다.

"자, 그것도 역시, 네가 음식을 네 접시에 그대로 놔두면 정말 고맙지. 하지만 그래서 널 사랑하는 건 아니란다."

그는 이제 무척 심각해져서 나를 보며 말한다.

"그럼, 왜 나를 사랑해요, 아빠?"

그제야 나는, 내가 왜 세 살짜리 꼬마와 무조건적 사랑에 대한 추상적인 대화를 나누기 시작했을까 생각하고 있었다. 그 또래 아이에게 이를 어떻게 표현할 것인가? 그러다 무심결에 나는 불쑥 이렇게 말했다.

"그러니까 아빠는 그냥 네가 너여서 사랑하는 거야."

바로 그 순간, 내 머리에는 '참 진부하고 모호한 말'이라는 생각이 떠올랐다. 하지만 아이는 말의 의미를 이해했고 알아차렸다. 아이의 얼굴을 보면 알 수 있었다. 얼굴이 밝아지더니 나를 보며 말했다.

"아, 아빠 그냥 내가 나라서 나를 사랑하는구나. 아빠 내가 나라서 날 사랑하는 거야."

그다음 이틀 동안 그는 10분이 멀다 하고 내게 달려오는 것 같았고, 내 옆구리를 파고들어 나를 올려다보며 말했다.

"아빠 그냥 내가 나라서 날 사랑하는 거예요. 아빠 내가 나라서 날 사랑해요."

다른 사람들에게 이런 수준의 무조건적 사랑과 존중 그리고 승인을 전한다는 것이, 그들이 하는 일까지 좋아해야 한다는 의미는 아니다. 우리가 방임주의를 택하고 우리 욕구나 가치까지 포기해야 한다는 의미가 아니다. 우리가 부탁하는 것을 그들이 하지 않을 때에도 그것을 할 때와 동일한 수준으로 존중해야 한다는 것이다. 공감을 통해서, 그리고 그들이 우리가 원하는 것을 하지 않은 이유를 이해할 시간을 통해서, 그런 수준의 존중을 전달한 후에야 우리는 그들 스스로 기꺼이 우리가 청하는 것을 하도록 영향력을 끼칠 방법을 찾을 수 있는 것이다. 만약 어떤 경우, 사람들이 우리의 욕구나 안전을 위협하는 심각한 방식으로 행동하고 있어서 소통을 위한 시간이나 능력이 허락되지 않는다면, 우리는 물론 힘까지도 사용할 수 있다. 하지만 조건 없는 사랑이 되기 위해서는, 사람들이 어떻게 행동한다 하더라도, 자신들이 우리로부터 일정 수준의 이해를 얻게 될 것이라는 믿음을 가질 수 있어야 한다.

9. 우리 자녀들을 준비시키기

물론 우리 자녀들은 이와 같은 무조건적 수용과 존중 그리고 사랑을 받을 수 없는 상황에 자주 놓이게 될 것이다. 아마도 학교에 갈 텐데, 그곳에서 교사들이 사용하는 힘은 우리와 다른, 말하자면 존중과 사랑은 성취의 대상이며, 일정한 방식에 따르지 않는 자가 받아야 할 것은 처벌 아니면 비난이라는 사고방식에 기초한 권력의 형태를 띠고 있다. 그러므로 부모로서 우리가 해야 할 일 중 하나는 비록 우리 자녀들이 강제력을 사용하는 사람들에게 노출된 때라도 인간다운 품성을 유지할 수 있는 길을 가르치는 것이다.

내가 부모로서 가장 행복했던 날들 중 큰아들이 이웃 학교에 들어간 때가 있다. 당시 그 애는 열두 살이었다. 그가 막 6학년을 마친 학교는 내가 교사 연수를 도왔던 곳으로, NVC 원칙에 근거해 가르치는 학교였고, 처벌이나 보상 때문에 무슨 일을 하는 것이 아니라 자신과 다른 사람들의 행복에 이바지하는 것을 보아 행동하도록 기대되는 곳이었으며, 평가 역시 판단이 아닌 욕구와 요청의 관점에서 실시되는 곳이었다. 따라서 그런 학교에서 6년을 보낸 아이에게 말하기 슬프지만, 내가 만족할 만한 방식으로 운영되지 않고 있던 인근의 다른 학교로 가는 것은 상당히 낯선 경험이 될 터였다.

아이가 그 학교로 가기 전에 나는 새 학교의 선생님들이 다른 방식으로 소통하고 행동할 수도 있음을 이해하도록 준비시키려고 애썼다. 나는 그런 상황이 일어났을 때 대처할 수 있는 요령들을 전달하고자 했다. 그리고 등교 첫날 아이가 집에 돌아왔을 때 나는 그가 내게 들은 것들을 활용했다는 사실을 알고 기뻤다.

"릭, 새 학교는 어땠니?"

"오, 괜찮아요, 아빠. 근데 세상에, 어떤 선생님들은 정말 이상했어요."

나는 그가 힘들어한다는 것을 알 수 있었다.

"무슨 일이 있었는데?"

"아빠, 내가 아직 교실 문 안으로 반도 안 들어갔는데 말이죠. 정말 그냥 들어가고 있는 중이었어요. 이 남자 선생님이 나를 보더니

다짜고짜 막 달려와서 이렇게 소리를 지르는 거예요. '어럽쇼, 세상에, 이 꼬맹이 아가씨 좀 보게.'"

그러니까 그 교사가 호들갑을 떤 것은 그 무렵 우리 아들이 어깨까지 내려오는 긴 머리를 하고 있었기 때문이었다. 교사는, 권한을 지닌 사람으로서, 무엇이 옳은지를 자신이 알고 있다고 생각한 것이 분명하다. 머리 스타일에는 그것을 정하는 옳은 방식이 있으며, 사람들이 어떤 일을 할 때 옳은 방식을 따르지 않는다면 그들에게 수치심을 주거나, 죄의식을 느끼게 하거나, 혹은 처벌을 가해 따르게 해야 한다고 생각한 것이 분명했다. 내 자녀가 새 학교에서 처음 받은 인사가 그런 것이었다니 마음이 아팠다. 나는 물었다.

"그래서 넌 어떻게 했니?"

"아빠, 전 아빠가 해준 이 얘기를 기억했어요. 그런 곳에 있을 때는 사람들에게 너를 굴복하게 하거나 저항하게 만들 힘을 내주지 말아라."

나는 그가 그런 순간에 그렇게 추상적인 원칙을 기억할 수 있다는 것에 기뻤다. 그 말을 기억해 줘서 기쁘다는 이야기를 한 다음, 나는 물었다.

"그런데 그 상황을 어떻게 다뤘지?"

"나도 아빠 방식으로 했어요. 사람들이 내게 그런 식으로 말할 때, 그들이 느끼고 원하는 것이 무엇인지 들으려고 노력하고, 그런 행동을 개인적인 것으로 받아들이지 않기. 오직 그들의 느낌과 욕구를 듣기 위해 노력하기."

"와, 그렇게 할 생각을 하다니 고마운데. 그래서 무얼 들었니?"

"아빠, 그건 정말 뻔한 거였어요. 그 선생님은 짜증이 나 있었고, 내가 머리를 자르기를 원한다는 걸 들었어요."

"아, 그래서 어떤 기분이 들었니, 그런 식으로 들려오는 선생님의 메시지를 들으니?"

그러자 그 애가 말했다.

"그 사람이 정말 안됐다고 느꼈어요. 대머리였고 머리카락에 무슨 문제가 있는 것 같았어요."

10. 대장놀이

우리 아이들이 세 살, 네 살, 일곱 살이었을 때 그 애들과 아주 좋은 경험을 한 적이 있다. 그 무렵 나는 교사들을 위해 비폭력 대화 원칙에 알맞은, 교사와 학생의 상호 존중 원칙에 부합하는 학교 만들기 자율성과 상호 의존성의 가치를 함양하는 학교 만들기에 대한 책을 쓰고 있었다. 그와 같은 학교를 세우기 위한 연구의 한 부분으로 나는 아이들에게 믿고 맡길 수 있는 선택의 종류에 대해 더 깊이 알기를 원했고, 그런 결정들을 아이들 자신에게 넘김으로써 그들이 자신의 삶에서 선택하는 능력을 더 잘 키워갈 수 있게 되기를 원했다.

이때 나는 그 부분을 더 알기 위해 우리 아이들과 함께 우리가 대장놀이라고 부르는 놀이를 해보는 것이 도움이 될 수도 있겠다고 생각했다. 나는 매일 아이들 중 한 명을 대장으로 지명하기로 했다. 그들이 대장이 될 때면 나는 평상시에 내가 할 많은 결정을 대장에게 넘겨주는 것이었다. 하지만 그들이 내린 결정이 어떤 것이든 반드시 받아들일 준비가 되지 않은 상태라면 나는 그 임무를 아이들에게 맡기지 않기로 했다. 위에서 말한 것처럼 내가 그 놀이를 하는 목적은 아이들이 선택이라는 일을 어떻게 하는지, 어떤 선택들을 얼마나 빨리 할 수 있는지, 그리고 그들이 쉽게 할 수 있는 선택들은 어떤 것인지 알아보는 데 있었다.

그 놀이가 어떻게 진행되고 내게는 얼마나 좋은 배움의 경험이 되었는지 이런 예들을 통해 알 수 있다. 한번은 아이들을 데리고 세탁물을 찾으러 갔는데, 내가 돈을 지급하자 주인 여자가 아이들에게 줄 사탕 세 개를 내게 건넸다. 곧바로 나는 대장에게 결정을 넘겨줄 수 있는 좋은 기회가 생긴 것을 알았다. 여자가 내게 사탕을 건넬 때 나는 말했다. "어, 그 사탕을 대장에게 주실 수 있겠습니까?" 그녀는 내가 무슨 말을 하고 있는지 알지 못했지만 대장은 알았다. 세 살 난 브렛은 걸어 나가 손을 내밀었고, 그녀는 그의 손에 사탕을 놓아 주었다. 그때 내가 말했다.

"대장님, 이 사탕을 어떻게 할지 결정해 주실 수 있겠습니까?"

그 만만치 않은 결정을 앞에 놓고 선 세 살짜리 대장을 상상해 보시라. 그는 사탕 세 알을 손에 쥔 채 거기 그렇게 서 있는 것이다. 누나가 자기를 바라보고 있고, 형이 자기를 바라보고 있다. 어떤 결정을 내려야 하나? 자, 한동안의 심사숙고가 끝나자 그는 사탕 한 알을 형에게, 또 한 알을 누나에게 준 다음 나머지 한 알을 자기 입에 넣었다.

내가 그 이야기를 맨 처음 어떤 부모 그룹에 전했을 때, 한 사람이 말했다.

"글쎄요, 네, 그런데 선생님이 그 애한테 나눠 먹어야 한다고 가르치신 적이 있어서 그런 거죠."

"아, 그래서 그런 게 아니란 걸 전 알거든요. 왜냐면 그 일주일 전에 그 애는 아주 비슷한 상황에 있었는데, 사탕 세 알을 전부 다 먹어 치웠죠. 그 다음 날 그 애한테 무슨 일이 벌어졌는지 상상이 되세요? 다음 날 그 애가 배운 건, 우리가 다른 사람들의 욕구를 고려하지 않는 한 결코 우리 자신의 욕구를 진짜로 충족시킬 수 없다는 거였어요. 상호 의존성이라는 것을 정말 짧은 시간에 배우게 된 겁니다. 정말 선택해야 할 문제들이 생기니 아이들이 순식간에 터득하는 걸 보며 저는 아주 신이 나더군요. 다른 사람들의 욕구에 대해서도 동등한 관심을 보여주지 않고는 결코 우리 자신을 진정으로 돌볼 수 없다는 사실을 말입니다."

앞서 말한 것처럼, 부모로서는 벌을 준다는 개념을 내려놓기가 쉽지 않다. 처벌이 꼭 필요하다는 생각은 많은 부모의 머릿속에 뿌리 깊이 자리 잡고 있다. 그래서 부모들은 아이들이 그 자신에게나 다른 사람에게 해를 끼칠 수도 있는 방식으로 행동하고 있을 때 처벌이 아닌 다른 어떤 조치도 생각해 낼 수 없는 것이다. 방임한 채 그냥 내버려 두거나 어떤 종류의 처벌적 행동을 취하는 것 외에 부모들은 달리 택할 방법을 찾아 내지 못한다.

　나는 그런 부모들에게 '보호를 위한 힘의 사용'이라는 개념을 알려 주고, 보호를 위한 힘의 사용과 처벌을 위한 힘의 사용이 서로 어떻게 다른지 볼 수 있도록 하는 일이 매우 중요하다는 사실을 깨달았다. 우리는 **때때로 어떤 경우에 우리 자녀들에게 물리적인 힘을 사용해야 할 수도 있을까?**

　이런 형태의 힘이 필요하게 되는 경우는 대화할 시간이 없을 때와 아이들의 행동이 그들 자신 또는 다른 사람들을 다치게 할 수도 있을 때이다. 아니면 누군가가 말을 하지 않으려고 하는 때일 수도 있다. 따라서 만약 사람들이 말하기를 원치 않는다거나, 말할 시간이 없다거나, 어느새 아이들이 우리의 욕구들 중 한 가지와 다른 사람들을 보호하려는 욕구 등과 충돌하는 방식으로 행동하고 있는 경우라면, 우리는 물리적인 힘을 사용해야 할 수도 있다. 이제 물리적인 힘을 보호의 목적으로 사용하는 것과 처벌의 목적으로 사용하는 것 사이의 차이점을 살펴볼 필요가 있다. 이 두 종류의 힘의 사용이 서로 달라지는 지점은 그 물리적 힘을 행사하는 사람의 생각 속에 있다.

　처벌을 목적으로 물리력을 사용할 경우, 그런 힘을 사용하는 사람은 다른 사람들을 도덕주의적으로 판단하였고, 이 판단에는 처벌받아 마땅한 어떤 옳지 않은 점이 있다는 생각이 함축돼 있다. 그 다른 사람들은 그들 자신이 한 일로 인해 고통을 받아 마땅한 것이다. 처벌의 논리는 오직 그 안에 담겨 있다. 그 논리는 인간이 기본적으로 벌을 받아야 할 악한 존재이며, 교정의 과정을 통해 참회하도록 해야 한다는 생각에서 나온다. 우리는 그들에게 자신이 저지른 행동이 얼마나 형편없는 것인지 보도록 해야 하고, 그들을 참회하게 만들기 위해 그들에게 고통을 주는 형태의 처벌을 가해야 하는 것이다. 벌은 때로 엉덩이를 때리는 형태의 신체적 처벌이 될 수도 있고, 죄의식이나 수치심을 느끼게 해 자신을 증오하게 만드는 형태의 심리적 처벌이 될 수도 있다.

보호를 목적으로 물리력을 사용할 경우, 그 배경이 되는 생각은 근본적으로 다른 것이다. 여기에는 다른 사람이 나쁘거나 벌을 받아 마땅하다는 의식이 전혀 존재하지 않는다. 우리의 의식은 전적으로 우리 욕구에 집중돼 있다. 우리는 우리의 욕구들 가운데 어떤 부분이 위험에 처했는지 알고 있을 뿐, 자녀에 대해 나쁘거나 옳지 않다는 생각은 전혀 품지 않고 있다.

이런 사고는 물리력의 보호적 사용과 처벌적 사용 간에 존재하는 의미 깊은 차이를 보여 준다. 아울러 이같은 사고는 또 다른 차이점 한 가지와 긴밀히 관련돼 있다. 바로 의도 상의 차이다. 처벌을 위해 물리력을 사용하는 우리의 의도는 다른 사람에게 아픔과 고통을 주려는 것이며, 자신이 저지른 행동을 후회하게 하려는 것이다. 그러나 보호의 목적으로 물리력을 사용할 때 우리의 의도는 오직 보호에 있다. 우리는 먼저 우리의 욕구를 보호하고, 그다음에 상대방을 교육하기 위해 대화하는 기회를 가질 것이다. 따라서 바로 지금 필요한 것은 물리력을 사용해 보호하는 것이다.

그 한 예가 될 수 있는 것이 우리 아이들이 어리고 우리가 복잡

한 거리에 살고 있을 때의 일이다. 그들은 길 위에서 벌어지는 일들에 사로잡힌 듯했다. 그런데 그 길로 달려 나가기만 하면 일어날 수 있는 위험에 대해서는 아직 알지 못했다. 나는 그 점에 대해 우리가 조금만 여유 있게 이야기할 수 있어도 그들을 교육시킬 수 있을 거라고 확신했지만, 그러는 사이 어쩌면 아이들은 목숨을 잃을 수도 있었다. 이때가 보호를 목적으로 물리력을 사용한 경우였다. 심각한 위험이 발생하기 전에 그것에 대해 대화할 시간이 없었으므로. 그래서 나는 아이들에게 이렇게 말했다. 너희들 찻길로 뛰어 들어가는 거 보이기만 하면, 아빠가 뒷마당에 들어다 놓을 거다. 거기선 너희가 차에 치일 염려가 없으니까. 그 말을 하기가 무섭게, 아이들 중 하나가 잊어버리고 찻길로 뛰어들기 시작했다. 나는 그 녀석을 들고 마당으로 가, 거기다 내려놓았다. 그것은 벌이 아니었다. 마당에서는 할 일이 수없이 많았다. 그네도 있고 미끄럼틀도 있었다. 나는 그 애를 괴롭힐 생각이 없었다. 나는 단지 안전에 대한 나의 욕구를 충족시키기 위해 주변 환경을 통제하기를 원하고 있었다.

많은 부모가 말한다. "글쎄요, 아이가 그것을 벌이라고 생각할 것 같지 않나요?" 글쎄, 과거에 벌로 그렇게 한 적이 있었다면, 그리고 아이에게 물리적 힘을 처벌로 간주할 만한 경험이 많았다면, 그 말이 옳다. 아이는 여전히 그것을 벌로 생각할 수도 있을 것이다. 그렇지만 중요한 것은 우리 부모들이 그 차이를 의식하는 것이다. 그리고 물리적인 힘을 사용하더라도 그것이 보호를 위한 것이고, 벌을 주기 위한 것이 아님을 확실히 하는 것이다.

물리력을 보호 차원에서 사용한다. 목적을 기억할 수 있다. 아이를 통제하는 것과 환경을 통제하는 것 사이의 차이점을 살펴봄으로써 처벌을 할 때 우리는 아이들이 자신이 한 일을 나쁜 것으로 느끼게 함으로써 아이들을 통제하려고 하고, 자신이 한 일에 대해 속으로 수치심, 죄책감 또는 두려움을 가지게 하려고 한다. 그러나 보호를 목적으로 할 때 우리는 아이들을 통제할 생각이 없다. 이때 우리의 의도는 주위 환경을 통제하는 것이며, 아이와 함께 정말 필요한 양질의 대화를 할 수 있는 시간이 올 때까지 우리의 욕구를 보호하는 것이다. 그것은 모기에 물리지 않으려고 집에 모기장을 치는 일과도 어느 정도 유사하다. 그 역시 보호를 위해 물리력을 사용하는 것이다. 우리는 일어나기를 원치 않는 일이 일어나지 않도록 하기 위해 환경을 통제한다.

12. 지지하는 공동체

내가 여기서 지지하고 있는 부모 역할의 방법은 대부분의 사람들이 하고 있는 것과는 상당히 다른 것이다. 처벌이 매우 일반화되고, 처벌과 함께 부모로서 할 수 있는 다른 형태의 강압적 행동들을 하지 않으면 오해를 살 가능성이 있는 세상에서, 근본적으로 다른 선택을 고려한다는 것은 어려운 일일 것이다. 그러므로 내가 말하고 있는 부모 역할의 개념을 이해하거나, 지지해 주지 않을 때가 많은 세상에서 계속 이 길을 갈 수 있도록 지지를 보내는 공동체의 일원이 되면 큰 도움을 얻을 수 있다.

내가 만약 지지하는 공동체로부터 많은 공감을, 때로 부모가 된다는 일이 얼마나 어려울 수 있는지에 대해, 그리고 원래의 방식으로 돌아가고 마는 것이 얼마나 쉬운 일인지에 대해 얻고 있었다면, 지금 내가 이야기하는 이 방식을 훨씬 더 잘 실천할 수 있었으리라는 점을 나는 알고 있다. 내가 하는 방식으로 자녀들과 연결하려고 애쓰는 다른 부모들이 곁에 있을 때, 그들과 이야기를 나눌 수 있다는 것이 그들의 좌절을 듣고, 내가 좌절한 이야기를 그들에게 들려줄 수 있다는 것이 내게는 큰 지지가 되었다. 그리고 그런 공동체의 일원으로 더 많이 나누면 나눌수록, 비록 힘든 상황에서 내 아이들을 대할 때라도 이 과정을 더 잘 적용할 수 있음에 주목하게 되었다.

보람을 느낀 것들 가운데 매우 격려가 되고 마음을 풍요롭게 해준 것으로, 내 딸아이가 아주 어렸을 때 내게 전해준 메시지였다. 어느 일요일 아침, 일주일 중 내가 긴장을 풀고 쉴 수 있는 유일한 때로, 내게는 매우 소중한 시간이었다. 바로 이 일요일 아침에 어떤 부부가 전화를 했고, 혹시 자신들에게 상담 시간을 내줄 수 있을지 조심스럽게 물었다. 그들의 관계는 위기에 처해 있었고, 내가 도움이 돼 주기를 원하고 있었다. 나는 나의 내면을 제대로 들여다보지 못한 채, 그리고 내 자신의 욕구가 무엇이며, 휴식 시간을 침범한 데 대해 얼마나 화가 났는지도 알지 못한 채 그러겠다고 말을 하고 말았다. 그들과 거실에서 상담하고 있을 때, 현관 벨이 울렸고 경찰이 한 젊은 여자를 데려와 내게 보였다. 나는 전에 얼마 동안 그 여자를 상담한 적이 있었고, 경찰은 그 여자가 기찻길 선로에 내려가

앉아 있는 것을 발견했다고 했다. 그것은 그 여자가 나를 찾아오고 싶다는 것을 내게 알리는 방식이었다. 그녀는 너무 수줍음이 심해 전화를 걸어 다음 상담 시간을 청하지도 못했다. 바로 자신이 고통스럽다는 것을 내게 알리는 그 여자의 방식 —철길 선로에 주저앉아 있는 것-이었다. 그녀는 동네 어느 누구보다도 기차 운행 시간을 잘 알고 있었고, 기차가 자신을 덮치기 전에 경찰이 와서 데려갈거라는 사실을 알았다. 경찰은 떠났고, 이 젊은 여자는 주방에서 울고 있었으며, 그 부부는 거실에 앉아 있었다. 나는 이리저리 왔다갔다하며 양쪽 모두를 성실히 상담하려고 애쓰고 있었다.

내가 이 방에서 저 방으로 다니고 시계를 들여다보며, 상담을 마친 후에도 쉴 시간이 아직 얼마쯤은 남아 있기를 바랄 때, 위층의 세 아이들이 싸우기 시작했다. 그래서 나는 껑충거리며 계단을 뛰어 올라갔고, 흥미로운 점을 발견했다(어느 날 내가 이것을 과학 논문으로 쓰게 될지도 몰랐다. 제목은 '광기 어린 행동에 미치는 고도의 영향'). 사람들이 보고 있는 아래층에서 나는 매우 애정 어린 인물이었다. 이 부부에게도 사랑을 주고, 다른 방의 젊은 여자에게도 사랑을 주고, 그러나 계단 한 줄을 뛰어 올라간 나는 한 명의 미치광이였다.

나는 내 아이들에게 말했다.

"너희들 이게 다 무슨 일이야? 아빠가 아래층에서 아픈 사람들 만나고 있는 거 안 보이냐? 자, 전부 자기 방으로 들어가!"

그러자 한 명씩 자기 방으로 들어갔고, 한 명씩 쾅하고 문을 닫았다. '쾅'이라고 입증하기는 어려울, 딱 그 정도의 '쾅'이었다. 첫 번째 '쾅' 소리에 나는 격분했다. 두 번째 '쾅' 소리에 나는 더욱더 격분했다. 하지만 다행히도 세 번째 '쾅' 소리에 나는 왠지 모르게, 그 상황 속의 유머를 볼 수 있었다. 아래층에서 내가 그 사람들을 사랑하는 것은 얼마나 쉬웠는지, 그런데 위층에서 내 가족들에게는 무지막지한 짐승이 되는 데는 얼마나 빨랐는지 말이다. 나는 심호흡을 한 번 하고 큰아들 방으로 들어갔다. 그리고 큰아이에게 말했다. 내 감정들을 쏟아내 마음이 아프다고, 사실 그 감정은 아래층 사람들 때문인 것 같다고. 아이는 이해했다. 그리고 이렇게 말했다.

"됐어요, 아빠. 별일 아니에요."

나는 막내아들 방으로 들어갔다. 그리고 그에게서 매우 비슷한 반응을 얻었다. 내가 딸아이 방에 들어가, 그 애에게 "그런 식으로 이야기한 것 마음이 아팠다."라고 말하자, 그 애는 내게 다가오더니 내 어깨 위에 머리를 누이고 말했다.

"괜찮아요, 아빠. 완벽한 사람은 없어요."

얼마나 귀하게 들리는 메시지인가. 그렇다. 내 아이들은 사랑의 방식으로, 연민의 방식으로, 그리고 공감하는 방식으로 자신들과 연결하려는 나의 노력을 인정한다. 그러나 그들이 나 역시 인간이라는 사실과 때로는 정말로 어려울 수 있는지를 이해할 수 있다니 얼마나 다행인가.

마지막으로 내 딸아이가 내게 준 그 안심되는 충고 한마디를 여러분에게 전한다. 완벽한 사람은 없다. 할 가치가 있는 모든 일은 잘하지 못할 가치가 있음을 기억하기 바란다. 부모 역할 역시, 지극히 해볼 가치가 있는 일이다. 그러나 우리는 때때로 그렇게 잘하지는 못할 것이다. 우리가 완벽한 부모가 아니라고 자신을 향해 포악하게 군다면, 우리 자녀들은 그 때문에 고통스러워 할 것이다.

나는 워크숍에 참가한 부모들에게 자주 말한다. "지옥이란 바로 아이들을 키우며 세상에 좋은 부모라는 것이 있다고 생각하는 것." 이라고 말이다. 우리가 완벽하지 못할 때마다 우리들 자신을 비난하고 또 공격한다면, 우리 자녀들이 그로부터 얻을 수 있는 혜택은 없다. 그러므로 내가 제안할 수 있는 목표는 완벽한 부모가 되지 않는 것이다. 우리는 우리 아이들에게 필요한 만큼 그들을 이해해 줄 수 없다는 것을 배움으로써, 또 자신을 솔직하게 표현할 수 없다는 것을 배움으로써 조금씩 계속해서 덜 멍청한 부모가 되어가는 거다. 나의 경험으로 볼 때, 부모로서 우리 아이들에게 필요한 것을 주기 위해 우리에게 절실히 필요한 정서적 지지를 우리가 받지 못하고 있다.

우리가 사랑의 방식을 진정으로 받아들일 수 있는 정도는 단지 그와 유사한 사랑과 이해를 우리가 얼마나 받을 수 있느냐에 달려 있다. 우리 자신을 위해 지지하는 공동체를 만들 수 있는 방법을 살펴보도록 강력히 권장하는 것은 바로 그 때문이다. 아이들에게도 우리에게도 좋은 방식으로 부모가 되기 위해 우리에겐 이해가 필요하다. 공동체는 그런 이해를 줄 수 있는 우리들의 친구와 다른 사람들로 구성될 수 있다.

내가 여기서 이야기한 무엇인가가 여러분을 여러분이 되고 싶은 부모의 모습 가까이 자랄 수 있도록 하는 데 도움이 되었기를 바란다.

6

실천적 영성

비폭력 대화의 영적 기반에 대하여

6

실천적 영성

비폭력 대화의 영적 기반에 대하여

    내 깊은 신념들 − 영성, 신에 대한 개념, 사랑에 대한 견해 − 에 대해서 말할 때마다 내가 항상 언급하는 두 가지 주제가 있다. 먼저, 인간에게 가장 큰 기쁨이 솟아나는 때는 우리 자신과 다른 사람들의 행복하도록 도움으로써 삶에 연결될 때라는 점이다. 다음으로 영성과 사랑은 우리가 느끼는 것보다 우리가 하는 행동과 더 관련돼 있다는 점이다.

    사람들은 내게 어떻게 그런 입장을 가지게 됐는지, 다른 사람들의 종교적 신념에 대해 어떻게 생각하는지, 그리고 나의 견해가 비폭력 대화의 실천에 어떤 의미를 부여하는지에 대해 자주 묻곤 한다. 다음에 싣는 부분은 영성이다. 신성의 개념, NVC의 영적 기반, 그리고 NVC의 가치를 사회 변화에 적용하는 것과 관련해 워크숍 진행 중에 나온 질문에 대해서, 또 원고 없이 그때그때 매체와의 인터뷰에서 답변한 내용을 발췌한 것이다.

A NVC 훈련에서 비폭력 대화의 기본이 영적이라는 사실을 항상 염두에 두는 것이 중요하다고 생각합니다. 실제로 NVC는 삶 속에서 영적인 것을 구현하는 방법으로 보이고자 한 것입니다. 우리가 굳이 이 점을 언급하지 않아도 NVC의 실천을 통해 이를 자연스럽게 알 수 있습니다. NVC를 기계적으로 쓰기 시작한 사람들이라도 자신과 다른 사람들과의 관계에서 전과는 다른 무엇인가를 경험하게 되면서 점차 영적인 면에 도달하기도 합니다. NVC가 대화의 방법을 넘어 실제로 우리의 영적인 면을 구현하려는 시도라는 것을 알게 됩니다. 저는 형이상학적이고 철학적인 말로 인해 영성의 아름다움을 잃지 않도록 하면서 영성을 NVC에 통합하는 데 노력을 기울였습니다.

제가 살고 싶은 세상을 이루기 위해서는 꽤 중요한 사회적 변화가 필요합니다. 그런데 변화를 가져오기 위해 노력하는 사람들이, 지금 우리가 빠져 있는 궁지로 우리를 몰아넣은 것과는 아주 다른 영적 차원의 노력을 하지 않는 한 제가 말하는 사회적 변화를 이루기는 힘들 것입니다. 따라서 우리가 하는 훈련은 사회의 변화를 위해 노력하는 사람들이 각자 내면화된 조건에 따라 행동하는 것이 아니라 분명히 자신이 선택한 영성에 따라 행동하는 데 도움이 되도록 구성돼 있습니다. 그들이 그러한 영성에서 출발해 사회 변화를 이룰 수 있도록 하는 것입니다.

Q 선생님에게 '신God'은 어떤 의미입니까?

A 제가 신을 생각하는 데 필요한 그 아름다움과 강력한 에너지를 의식하고 표현하는 방식이 있습니다. 제가 신을 부르는 말은 '사랑의 신성한 에너지'입니다. 얼마 동안은 그저 '신성한 에너지'라고 했지만 동양 종교를 알고, 동양의 시들을 읽고, 그들이 어떻게 이 에너지와 개인적인 사랑의 관계를 갖는지 알고 난 뒤에는 제 삶에서 신을 '사랑의 신성한 에너지'라고 부르고 있습니다. 제게 이 사랑의 신성한 에너지란 삶 자체이고, 매일의 생활과 연결돼 있습니다.

Q 사랑의 신성한 에너지를 알기 위해 선호하시는 방법은 무엇인가요?

A 그것은 내가 다른 사람들과 연결하는 방법에 있습니다. 사람들과 어떤 특정한 방법으로 연결될 때 그 안에서 사랑의 신성한 에너지를 봅니다. 그런 관계 안에서는 그 신성한 에너지를 목격할 뿐 아니라 맛보고 느끼며, 나 자신이 신성한

에너지입니다. 사람들과 그런 식으로 연결할 때, 나는 사랑의 신성한 에너지와 연결되는 것입니다. 그러면 나는 신을 생생하게 느낍니다.

Q 어떤 종교적 신념이나 가르침 또는 책이 선생님에게 가장 큰 영향을 끼쳤나요?

A 지금 이 지구상의 여러 종교 가운데 어떤 종교가 제게 가장 큰 영향을 미쳤는지 말하기는 어렵습니다. 그래도 하나를 고르라면 아마 불교일 것입니다. 다른 사람들이 인용하는 그의 말을 아주 좋아합니다. 한 예로 붓다(Buddha)는 '수단/방법, 부탁이나 욕망에 집착하지 마라.'라고 아주 분명히 말합니다. 그런데 그 점은 우리가 하는 훈련에서도 아주 중요한 부분입니다. 바로 인간의 진정한 욕구와 그 욕구를 충족시키기 위해 우리가 교육받은 방식을 혼동하지 않는 것입니다. 수단/방법을 욕구와 혼동하지 말아야 합니다. 예를 들어 우리는 새 자동차가 필요한 것이 아닙니다. 어떤 사람들은 신뢰성에 대한, 또는 마음의 평화에 대한 욕구를 충족하기 위한 수단으로 새 차를 사기로 선택할 수도 있습니다. 여기서 경계해야 할 것은 우리에게 진정으로 필요한 것이 새 차라고 생각하도록 사회가 우리에게 속임수를 쓴다는 것입니다. 저는 수단/방법과 욕구를 구분하는 훈련을 붓다의 가르침과 매

우 상통하는 것으로 이해하고 있습니다.

제가 공부한 신화들 대부분에서도 아주 비슷한 말이 나옵니다. 신화학자, 조지프 캠벨(Joseph Campbell)은 "놀이가 아닌 것은 아무것도 하지 마라."라고 말합니다. 여기서 놀이란 기꺼이 삶에 이바지하는 것을 의미합니다. 처벌을 피하기 위해 무엇인가를 하지 말고, 보상받기 위해 무엇을 하지도 말며, 죄의식이나 수치심에서, 그리고 의무와 책임이라는 잔인한 개념 때문에 행동하지 말라는 것입니다. 우리가 하는 일이 삶을 풍요롭게 한다는 것을 알게 될 때, 우리가 무엇을 하든 그것은 놀이가 될 것입니다. 이러한 메시지는 불교만이 아니라 이슬람교와 기독교, 그리고 유대교를 이해하는 과정에서도 얻게 되었습니다. 저는 이것이 인간 공통의 언어라고 생각합니다. 삶에 이바지하는 일을 하라.

Q 종교나 영성은 사람들에게 '대중의 마약' 효과라는 말에서 보듯 사람들을 수동적이고 소극적으로 변화시키는 영향이 있지 않습니까?

A 저는 세상에 그저 편히 앉아서 "그러나 나는 세상을 돕고 있다. 내게서 나오는 에너지만으로도 사회는 변화될 것이다."라고 말하게 하는 그런 영성에 대해서는 매우 걱정스럽게 생각하고 있습니다. 제가 신뢰하는 영성은 에너지를 내뿜는 아름다운 상징과 함께 그저 앉아만 있는 것이 아니고, 사람들

을 이끌어 세상을 바꾸는 방향으로 나아가도록 하는 영성입니다. 저는 일어나 무엇인가를 이루는 사람들의 행동 속에 반영된 그 에너지를 보기를 원합니다. 우리가 무엇인가를 하는 것, 그것이 실천적 영성입니다.

> **Q** 그러니까 비폭력 대화는 어느 정도, 영적인 기반으로부터 발전한 것인가요?

A 비폭력 대화는 사랑의 신성한 에너지를 의식하고 그와 연결할 방법을 찾고자 했던 저의 시도에서 나왔습니다. 저는 제가 전공한 임상심리학에서 배운 내용에 만족할 수 없었습니다. 그것은 병리학에 기본을 둔 것이고 제게는 그 분야의 언어들이 불편했기 때문입니다. 인간의 아름다운 면을 보여 주지 않았어요. 그래서 학위를 받은 후에는 조금 더 칼 로저스(Carl Rogers)와 에이브러햄 매슬로(Abraham Maslow) 쪽으로 가기로 했습니다.

저 자신에게 두려운 질문을 하기로 했지요. "우리는 누구인가, 우리 삶의 목적은 무엇인가?" 심리학에서는 이런 질문에 대해 별 답을 찾을 수 없다는 걸 발견했습니다. 저는 그래서 이런 문제를 조금 더 다루는 것으로 보이는 비교종교학을 속성 과정으로 공부했습니다. 그런데 여기저기서 사랑이라는 말이 계속 튀어나오는 거예요.

저는 이 사랑이라는 말을 사람들 대부분이 사용하듯 종교적인 의미로, "모든 사람을 사랑해야 한다."라는 말에서처럼 받아들이고 있었습니다. 그리고 이 말에 정말 짜증을 냈었지요. "아, 그러니까, 내가 히틀러를 사랑해야 한다고?" 그러나 여러 종교를 믿는 수많은 사람에게 그렇게 큰 의미가 있어 보이는 사랑이 무엇을 의미하는지 더 잘 이해하기 위해 계속해서 노력했습니다. 사랑이라는 것이 무엇인지, 사랑이라는 것은 어떻게 '하는' 것인지 말입니다.

사실 비폭력 대화는 사랑의 개념과 그것을 구현하는 방법을 이해하려는 저의 시도에서 생겨났습니다. 저는 사랑이란 우리가 느낄 수 있는 어떤 감정일 뿐 아니라, 구현의 대상이고, 우리가 하는 것이자 우리에게 있는 것이라는 결론에 도달했습니다. 그렇다면 사랑을 구현한다는 것은 무엇일까요? 그것은 어떤 방식으로 우리 자신을 내어 주는 것입니다.

Q '우리 자신을 내어 준다'는 말의 의미는 무엇입니까?

A 제게 있어서 '우리 자신을 내어 준다'는 말의 뜻은 지금 이 순간 내 안에 살아 있는 것을 솔직하게 표현하는 것입니다. 무척 신기한 것은 모든 문화권의 사람들이 처음 만났을 때, '안녕하세요?'라는 말로 반긴다는 겁니다. 똑같은 말을 쓰지는 않지만 영어로는 'How are you?(하우 아 유?)', 스페인어

로는 'Cmo ests?(꼬모 에스타스?)', 불어로는 'Comment allez-vous?(꼬망 딸레 부?)', 그리고 독일어로는 'Wie Geht es Dir?(비게트 에스 디어?)'라고 하죠. 우리는 이 말을 거의 사회적인 의례로 사용하지만, 이 질문은 사실 아주 중요한 것입니다. 우리가 평화롭고 조화된 가운데 함께 살기 위해, 그리고 서로의 충만한 삶에 이바지하는 기쁨으로 살기 위해서는 지금 우리 안에 살아 있는 것이 무엇인지를 서로가 알아야 하기 때문입니다. 상대방 안에 지금 무엇이 살아 움직이는지를 언제라도 알 수 있다는 것은 얼마나 큰 선물입니까?

다시 말하지만 자신을 선물로 주는 것이 사랑의 구현입니다. 어떤 순간에라도 지금 내 안에 살아 있는 것이 무엇인지를 솔직하게 그대로 보여 주는 것, 어떤 다른 의도도 없이 자신을 드러내 보일 때 그것은 선물입니다. 비난이나 판단, 또는 처벌을 시도하지 않고 단지 "내가 여기 있어요, 그리고 나는 이것을 원해요." 하며 그 순간 나의 가장 취약한 점을 드러내는 것, 제게는 그것이 바로 사랑을 구현하는 길입니다.

우리 자신을 주는 또 다른 길은 다른 사람의 메시지를 어떻게 받아들이는가에 있습니다. 비판하지 않고, 상대방의 내면에 살아 있는 것과 연결하며 공감으로 듣는 것, 상대방 안에 무엇이 살아 움직이는지, 그가 무엇을 원하고 있는지 그대로 듣는 것입니다.

따라서 비폭력 대화는 제가 사랑이라고 이해하는 것의 구현일 뿐입니다. 또 그런 뜻에서는 유대교와 기독교의 개념인

"네 이웃을 네 자신처럼 사랑하라."와 "심판하지 마라. 네가
네 심판대로 심판받을 것이다."에 가까운 것입니다.

Q   비폭력 대화는 사랑을 구현하고 싶은 선생님의 바람에서 나
    온 것입니까?

A 저는 건강한 인간관계의 특징을 규정한 심리학의 실증적 연
구들에서 도움을 받았을 뿐 아니라, 자신의 삶 속에 사랑을
구현하며 살아간 사람들을 연구하면서도 도움을 받았습니
다. 이런 자료를 바탕으로 저는 제가 사랑이라고 이해하는
방법으로 사람들과 연결하는 데 도움이 될 과정을 만들어 냈
습니다.

그런 다음에는 제가 실제로 사람들과 이렇게 연결할 때
어떤 일이 일어나는지 보게 됐습니다. 그 아름다움과 힘에
의해 저 자신이 제가 사랑의 신성한 에너지라고 부르는 것과
연결되는 것을 경험한 것입니다. 그러니까 비폭력 대화는 내
가 내 안에 있는 이 아름다운 신성한 에너지와 연결해 살아
갈 수 있도록 도와주고, 또 다른 사람들 안에 있는 그 신성한
에너지와도 연결되게 해줍니다. 나와 다른 사람 안에 있는
그 신성한 에너지를 서로 연결할 때 일어나는 일은 틀림없이
신과 연결된다는 것이 무엇인지 아는 것과 가장 가까운 경험
일 것입니다.

비폭력 대화의 핵심 목적은 나를 다른 사람과 연결함, 또 그를 통해 신성한 에너지에 연결됨으로써 서로 연민으로 주고받는 일을 가능하도록 하는 것입니다. 그것은 가슴에서 우러나 기꺼이 주는 것입니다. 그러니까 의무나 책임감에서, 또 처벌에 대한 두려움이나 보상에 대한 기대를 가지고, 또는 죄의식이나 수치심에 의해서가 아니라 바로 내가 생각하는 우리의 본성 – 서로에게 주기를 즐거워하는 마음 – 에서 우러나 서로에게 주는 것입니다. 비폭력 대화에서는 우리의 본성을 드러내는 방식을 통해 서로 연결될 수 있도록 노력합니다.

주는 것을 즐기는 것이 우리의 본성이라고 하면, 어떤 사람들은 제가 약간 순진하거나 이 세상에서 일어나는 그 모든 폭력에 대해 모르고 있는 것이 아닌가 의아해합니다. 세상에서 일어나는 일들을 알면서 어떻게 연민으로 주기를 즐거워하는 것이 우리의 본성이라고 생각할 수 있을까 하면서 말이죠. 불행하게도 저는 폭력을 알고 있습니다. 저는 르완다·이스라엘·팔레스타인·스리랑카 같은 곳에서 일하면서 세상에서 일어나는 모든 폭력을 잘 알고 있습니다. 그러나 그것이 인간의 본성이라고 생각하지 않습니다.

저는 제가 일하는 모든 곳에서 사람들에게 이렇게 물어봅니다. "여러분이 지난 24시간 동안 한 일 중에서 누군가 다른 사람의 삶을 더 근사하게 만드는 데 도움이 된 행동 하나를 생각해 보세요." 다들 무엇인가 떠올리고 나면 저는 이렇게 말합니다. "자, 당신의 그 행동이 누군가의 삶을 더 풍요롭게 하는 데 이바지했다는 것을 의식할 때 어떻게 느끼십니까?" 모든 사람의 얼굴에 미소가 떠오릅니다. 우리에게 삶을 풍요롭게 할 수 있는 힘이 있다는 것을 의식할 때 우리는 기분이 좋아집니다. 삶에 이바지하는 것은 기쁜 일입니다.

그런 다음 저는 이렇게 물어봅니다. "우리의 힘을 이렇게 쓰는 것보다 더 보람 있게 쓰는 것을 생각할 수 있습니까?" 저는 지구상의 많은 장소에서 이 질문을 던져 보았는데 모든 사람의 생각이 같은 것 같습니다. 우리의 힘을 삶에 이바지하고 서로의 행복에 기여하는 데 쓰는 것보다 더 훌륭하고 기쁘고 즐거운 일은 없습니다.

> **Q** 나의 자아가 신과 연결하는 것을 방해하지 않도록 하려면 어떻게 해야 할까요?

A 자아라는 것이 우리 문화가 우리를 특정한 식으로 생각하고 소통하도록 훈련시킨 것과 밀접한 관계에 있다는 점을 알아차려야 합니다. 또 문화는 내가 나의 욕구를 어떤 특정한 방법으로 충족하도록 나를 훈련해 왔고, 내가 나의 욕구와 그 욕구를 충족하기 위한 전략을 혼동하도록 만들어 왔다는 점도 깨달아야 합니다. 그래서 저는 이런 부분들을 항상 의식하기 위해 노력합니다. 문화는 내게 진정으로 도움이 되지

않는 일들을 내가 하도록 프로그램하였고, 신성한 에너지와 연결하기보다 자아로부터 행동하기를 부추깁니다. 저는 문화에 의해 훈련된 사고의 패턴을 항상 의식하도록 저 자신을 훈련시킬 방법들을 찾기 위해 노력했고, 그 결과를 비폭력 대화법에 구체화하였습니다.

Q 그렇다면 우리 문화의 언어가 신성한 에너지를 더 가까이하는데 방해가 된다고 믿으십니까?

A 아, 예. 그렇고 말고요. 제 생각에는 우리가 사용하는 말이 그것을 힘들게 합니다. 특히 우리들 대부분이 거쳐 온 문화적 훈련을 통해 배운 언어가 그렇고, 신이라는 말과 연관해 대부분의 사람들이 떠올리는 내용이 그렇습니다. 오랫동안 비폭력 대화를 가르치면서 본 것은 판단하는 것과 옳고/그름을 따지는 생각의 패턴을 넘어서는 것이 사람들에게 제일 어려운 일이라는 것입니다. 저와 같이 일하는 사람들 대부분은 모두 학교와 교회를 다녔기 때문에, 비폭력 대화를 배우고 좋아하게 되면 이것이 소통하는 '옳은 길'이라고 쉽게 말합니다. 그리고 비폭력 대화를 목표로 생각하기가 매우 쉽습니다.

이 문제를 다루기 위해 불교의 비유를 조금 바꾸어서 말해보겠습니다. 완벽하게 아름답고 신성한 어떤 장소를 상상해 보십시오. 정말 신을 알 수 있는 그런 곳 말이죠. 그런데 그곳과 당신 사이에 강이 있다고 합시다. 그래서 당신은 뗏목을 하나 구했고, 그것은 강을 건너가는 데 정말 유용합니다. 그 아름다운 장소에 가기 위해서는 강을 건너 몇 킬로미터를 더 걸어가야 합니다. 불교의 비유는 "그 뗏목을 등에 진 채 신성한 장소를 향해 걷는 사람은 어리석다."로 끝을 맺습니다.

비폭력 대화는 내가 받은 문화적 훈련이라는 강을 건너 그곳에 다다를 수 있게 해주는 도구입니다. NVC는 목적지가 아닙니다. 만약 그 뗏목에 집착하고 매달리면, 그곳에 닿기가 더 어려워집니다. 비폭력 대화를 처음 배우는 사람들은 목적지에 관해서는 다 잊어버리기도 합니다. 그 뗏목에 너무 묶여 있으면 훈련은 기계적이 됩니다.

NVC는 나와 다른 사람들을 연결해 주는, 제가 아는 가장 강력한 도구이며, 그 연결을 통해 우리가 신성함과 만날 수 있도록 도와줍니다. 그 결과는 사람들이 서로서로를 신성한 에너지로 대하게 되는 것이죠. 그곳이 제가 이르고자 하는 곳입니다.

Q 그 부분이 비폭력 대화의 영적 기반입니까?

A 저에게 영적 기반이란 다른 사람들 안에 있는 신성한 에너지

와 연결하기 위해 노력하는 동시에, 다른 사람들 역시 제 안의 신성과 연결될 수 있도록 제가 노력하는 것입니다. 우리가 서로의 내면에 있는, 그리고 우리 자신 안에 있는 신성과 진정으로 연결되었을 때, 우리는 서로에게 이바지하는 것을 무엇보다도 즐거워한다고 저는 믿기 때문입니다. 따라서 우리는 자신과 다른 사람 안의 신성한 에너지와 연결되었을 때 일어나는 일들에 기뻐할 것이며, 제게는 바로 그것이 NVC의 영적 기반입니다. 그곳에서는 폭력이 불가능합니다.

Q   지금 세상의 폭력은 신성한 에너지와 연결이 부족해 생기는 것인가요?

A 이렇게 말해 보죠. 우리는 원하는 세상을 선택해 만들어 갈 수 있는 선택권을 선물로 받았다고 저는 생각합니다. 즐겁게 서로 돌보는 세상을 이루도록 이 아름답고 풍성한 세계를 받았습니다. 저는 우리가 그 신성한 에너지와 단절될 때 이 세상에 폭력이 일어난다고 생각합니다.

우리는 어떻게 단절되는가 하고 묻는다면, 문화적인 조건화와 교육을 받았기 때문이라고 대답할 것입니다. 특히 신에 관해서도 그렇습니다. 우리는 원래 폭력적인 것이 아니라 폭력적으로 되도록 교육을 받았다고 저는 믿습니다. 신학자 월터 윙크(Walter Wink)에 의하면 약 8,000년 동안 우리는 연민의 본성에서 멀어지고 폭력을 즐기도록 교육을 받았다고 합니다.

왜 우리가 이런 식으로 교육을 받았는가 하면, 그것은 좀 긴 이야기라서, 여기서는 오래전에 시작된 인간의 본성에 대한 신화에 관해서 간단하게 말씀드리겠습니다. 그 신화는 인간의 본성을 근본적으로 사악하고 이기적인 것으로 보았고, 선한 삶이란 악의 세력을 쳐부수는 영웅적인 힘에 있다는 신화가 나오면서 시작되었습니다. 윙크는 지배 체제가 신에 대한 어떤 가르침을 사람들을 억압하고 그 상태를 유지하는 데 어떻게 사용하고 있는지를 책에서 쓰고 있습니다. 그래서 왕과 사제들이 서로 긴밀하게 연계돼 있었습니다. 왕은 처벌과 억압 등을 정당화하는 방식으로 성서를 해석하는 사제가 필요했습니다.

우리는 이렇게 파괴적인 신화 속에서 오랫동안 살아왔는데, 이런 파괴적인 신화는 특정한 말이 필요합니다. 사람을 비인격화시켜서 어떤 사물로 만드는 말이 필요한 것입니다. 그래서 우리는 서로를 판단하는 눈으로 보는 것을 배웠습니다. 우리 머릿속은 옳고, 그르고, 좋고, 나쁘고, 이기적이고, 이기적이 아니고, 혹은 테러리스트, 자유 운동권자와 같은 말로 가득 차게 되었습니다. 또 어떤 나쁜 일을 하면 '당연히' 벌을 받아야 하고, 좋은 일을 하면 상을 받아야 한다는 생각에 기반한 정의 개념을 얻었습니다.

불행하게도 우리는 지난 8,000년 동안 이런 의식에 복종하며 살아왔습니다. 이 지구상의 모든 폭력의 핵심은 잘못된 교육에 있다고 생각합니다. NVC 과정은 우리가 우리 본성에 좀 더 가까이 갈 수 있도록 생각과 말, 그리고 소통하는 방법을 통합한 것입니다. 비폭력 대화는 살아가는 데 가장 즐거운 방법인 서로의 행복에 이바지하면서 살 수 있도록 연결하는 데 도움을 줍니다.

Q 이런 조건화는 어떻게 극복할 수 있습니까?

A 저는 가끔 심한 고통을 겪고 있는 사람들 사이에 있을 때가 있습니다. 한 번은 20여 명의 세르비아 사람들과 거의 같은 숫자의 크로아티아 사람들 사이에서 일한 경험이 있습니다. 그중 어떤 이는 반대편 사람이 자신의 가족을 죽인 경우도 있었습니다. 양쪽 다 몇 세대를 지나면서 상대편에 대한 독설을 머릿속에 가득 채우며 자랐습니다. 처음 3일간은 서로에 대한 분노와 고통을 표현하는 데 보냈습니다. 다행히도 우리는 7일간 함께했습니다.

비폭력 대화의 힘을 이야기하면서 제가 아직 사용하지 않은 말이 하나 있는데 그것은 '필연적'이라는 말입니다. 제가 누누이 강조하는 것은 무슨 일이 있었든 상관없이, 만일 사람들이 NVC에서 말하는 방법으로 서로 연결되면 필연적으로 서로가 즐겁게 주고받는다는 것입니다. 필연적입니다. 우리가 하는 일이 제게는 마치 마술 쇼를 보는 것 같습니다. 너무 아름다워서 말로 표현하기가 힘듭니다.

그러나 때때로 이 신성한 에너지는 제가 원하는 만큼 빨리 일을 하지 않습니다. 예전에 극심한 분노와 고통 가운데 있으면서 "신성한 에너지시여, 이 고통들을 치유할 수 있다면 왜 이렇게 오래 걸리시나요? 이 사람들에게 왜 이렇게 힘든 과정을 거치게 하시나요?" 하고 생각한 적이 있습니다. 그때 저는 "너의 에너지로 네가 할 수 있는 만큼 연결하라. 너 자신이 먼저 연결하고, 다른 사람들의 연결을 도우라. 그리고 나머지는 내게 맡기라." 하는 대답을 들었습니다. 머리 한쪽으로는 이런 생각을 하면서도 우리가 계속해서 자신과 다른 사람 안에 있는 신성한 에너지와 연결을 하면 기쁨이 필연코 오리라는 것을 알고 있었습니다.

그리고 그렇게 되었습니다. 엄청난 아름다움으로 나타났습니다. 마지막 날에는 모든 사람이 기쁨을 이야기하며 "우리가 겪은 고통들 때문에 저는 두 번 다시 이런 기쁨을 느낄 수 없을 거라고 생각했습니다."라고 말했습니다. 모두가 비슷한 이야기를 했어요. 그날 밤, 일주일 전에는 서로 상상할 수 없을 정도로 고통만 느꼈던 사람들이 같이 노래하고, 춤을 추면서 함께 삶의 기쁨을 축하하였습니다.

A 저는 신을 지적으로 생각하는 것과는 거리를 두고 싶습니다. 그런데 만일 '신을 아는 것'이라는 말이 사랑의 신성한 에너지와 깊이 연결됨을 뜻하는 것이라면, 매 순간 천국을 경험할 수 있게 될 겁니다.

신을 앎으로써 필연적으로 얻게 되는 것이 천국이라는 뜻은, 아무리 어려운 일이 일어나고 있더라도 우리가 이런 차원에서 연결할 수 있다면, 우리가 서로의 안에 있는 신성한 에너지와 연결한다면, 우리가 삶에서 주고받는 것을 즐기게 된다는 뜻입니다. 저는 사람들과 일하면서 너무나 험한 일들을 많이 겪었고 또 알고 있기 때문에 더 이상 걱정하지 않습니다. 필연적으로 일어나니까요. 이런 질적인 연결을 이룰 수 있다면, 우리 모두가 원하는 곳에 도달할 수 있습니다.

이런 연결이 얼마나 효과적인지 저는 놀라곤 합니다. 이런 비슷한 예는 이스라엘과 팔레스타인의 정치적 종교적 극단주의자들 사이에서도 있었고, 르완다의 후투족과 투치족, 그리고 나이지리아의 기독교 부족과 무슬림 부족 간에서도 있었습니다. 정말 놀라운 것은 화해와 치유가 믿을 수 없을 정도로 쉽게 일어난다는 것입니다.

다시 한 번 말하면, 우리가 해야 할 일은 양쪽이 다 상대의 욕구와 연결할 수 있게 하는 것뿐입니다. 제가 보기에는 욕구가 신성한 에너지와 연결하는 가장 빠르고 가까운 길입니다. 모든 사람이 같은 욕구를 가지고 있습니다. 욕구는 우리가 살아 있으므로 생기는 것입니다.

Q 구체적으로 어떻게 우리는 그 신성한 에너지와, 또 다른 사람들과 연결할 수 있나요?

A 두 부분이 있는데, 하나는 어떻게 삶의 언어로 우리 자신에 대해 표현하는 것을 배우는가 하는 것입니다. 다른 한 부분은, 어떻게 다른 사람들의 메시지에 대응하는가 하는 것입니다. 비폭력 대화에서 우리는 우리 관심의 초점을 중요한 두 가지 질문에 두는데, "우리 안에 생동하고 있는 것은 무엇인가?" 그리고 "삶을 더 풍요롭게 만들기 위해 우리는 무엇을 할 수 있는가?"입니다.

첫 번째 질문, "내 안에는 무엇이 생동하고 있으며, 당신 안에는 무엇이 생동하고 있는가?"라는 질문은 세상 어느 곳이든 사람들이 만나면 묻는 말입니다. 바로 "안녕하세요?"가 그것입니다.

그런데 애석하게도 모두가 그 말을 묻지만, 그 말에 제대로 대답할 줄 아는 사람은 별로 없습니다. 우리는 삶의 언어로 교육받지 못했기 때문이지요. 우리는 묻기는 하지만, 대답할 줄은 모릅니다. 비폭력 대화에서는 우리 안에 생동하는 것을 어떻게 표현하고 상대에게 보여 줄 수 있는지 그 방법을 제시합니다. 그리고 상대가 자신을 표현하는 말을 모르더라도, 어떻게 그 사람 안에 생동하는 것과 연결할 수 있는지를 보여 줍니다.

<hr>

Q 우리 안에 생동하는 것을 어떻게 표현할 수 있습니까?

A 우리 안에 생동하는 것을 표현하는 데는 세 종류의 어휘가 필요합니다. 우선, "당신 안에 무엇이 생동하고 있습니까?"라는 질문에 어떤 평가도 섞지 않은 채 답할 수 있어야 합니다. 제가 '관찰'이라고 부르는 것입니다. 사람들이 우리가 좋아하거나 싫어하는 어떤 행동을 하고 있나요? 이건 소통에 아주 중요한 정보입니다. 우리 안에 생동하는 것을 전하기 위해서는 상대방이 하는 어떤 행동이 우리 삶에 이바지하는지, 그들의 어떤 행동이 우리 삶에 이바지하지 않는지를 말해 주는 것이 필요합니다. 이 말에 어떠한 평가도 섞지 않으면서 그 사람에게 말하는 것을 배우는 것이 중요합니다. 그래서 관찰은 우리 안에 무엇이 생동하고 있는가를 다른 사람에게 말하려 할 때 첫 단계입니다. 우리가 좋아하거나 싫어하는 자신의 행동에 상대방이 주의를 기울이게 하는 것입니다. 그것을 평가와 뒤섞지 않고 말할 수 있어야 합니다.

우리가 비폭력 대화를 한다면, 상대방 행동을 관찰한 다음 관찰한 것에 대해 솔직해야 합니다. 그런데 여기서 말하는 솔직함은 그 사람이 무엇을 잘못하고 있는지를 말하는 것과는 다른 종류의 솔직함입니다. 가슴에서 나오는 솔직함입니다. 우리 안으로 들어가서 이 사람이 이 행동을 했을 때 우리가 어떠했는지를 말합니다. 그렇게 하기 위해서는 다른 두 종류의 어휘가 필요합니다. 그것은 '느낌 말'과 '욕구 말'입니다. 어떤 순간에도 우리 안에 생동하는 것을 분명히 말하기 위해서는 우리가 어떻게 느끼고 무엇을 원하는지 분명히 알아야 합니다. 그래서 우선 느낌으로 시작해 봅시다.

우리는 어느 순간이든 느낌이 있습니다. 문제는 우리 안에서 생동하는 것을 의식하도록 배우지 못했다는 것입니다. 우리 의식은 밖을 향해 있어서 권위자들이 우리를 어떻게 보고 있는지에 집중해 있습니다. 문화에 따라 느낌을 표현하는 방식에는 차이가 있을 수 있지만, 중요한 것은 상대에 대한 나의 해석을 섞지 않으면서 우리 안에 생동하는 것만을 표현하는 느낌 말을 쓰는 것입니다. 느낌을 표현할 때, "오해받은 느낌이다."와 같은 말은 쓰지 않기를 바라는데, 왜냐하면 이런 말은 진정한 느낌이라기보다는 상대가 나를 이해했는지 못했는지에 대한 나의 분석을 표현하는 말이기 때문입니다. 어떤 사람이 우리를 오해했다고 생각할 때, 화가 날 수도 있고, 좌절스러울 수도 있고, 다른 여러 가지 느낌일 수 있습니다. 같은 맥락에서, "조롱당한 느낌이다.", "비난받은 느낌이다." 같은 말을 쓰지 않기 바랍니다. 우리가 하는 훈련에서 이런 말은 느낌 말로 여기지 않습니다. 슬프게도 사람들 대부분은 풍부한 느낌 어휘를 사용하지 못하고 있고, 저는 그 대가를 항상 보고 있습니다.

당신이 표현하는 느낌이 진정으로 당신 안에 살아 움직이는 것의 표현인지, 상대를 진단하는 생각은 아닌지를 분명히 하십시오. 상대가 그 행동을 했을 때 당신이 어떻게 느끼는지 가슴 안으로 들어가세요.

Q 단지 우리가 어떻게 느끼고 있는지를 다른 사람들에게 말하기만 하면 된다는 말씀인가요?

A 아닙니다. 만약 상대방 행동 때문에 우리가 어떻게 느낀다는 뜻으로 느낌을 표현하면 느낌은 파괴적인 방식으로 사용될 수 있습니다. 우리 감정의 원인은 우리의 욕구에 있는 것이지 다른 사람의 행동에 있는 것이 아닙니다. 그리고 이것이 바로 우리 안에 생동하고 있는 것을 표현하는 세 번째 요소인 '욕구'입니다. 우리 안에 생동하는 것과 연결하는 것은 곧 우리 자신 안에 있는 신성한 에너지와 연결하는 것과 같습니다.

여섯 살 때 우리 동네에서는 누군가가 우리에게 욕을 하면 다음과 같은 말을 하곤 했습니다. "막대기와 돌멩이는 내 뼈를 부러뜨릴 수 있을지 몰라도, 말은 절대로 내게 상처 주지 못해." 그렇다면 우리에게 상처를 줄 수 있는 것은 다른 사람들이 우리에게 무엇을 하는가가 아니라 우리가 그것을 어떻게 받아들이는가에 달린 문제라는 것을 알 수 있습니다. 권력자, 교사, 부모는 자신들이 원하는 것을 우리가 하게 하기 위해서 죄책감을 사용했는데, 우리는 죄책감을 만들어 내는 여러 가지 방법으로 교육을 받았습니다. 그들은 느낌 말을 아마 이런 식으로 표현할 것입니다.

"네가 방을 깨끗이 치우지 않으면 엄마가 힘들어."

"네가 동생을 때려서 내가 화가 나."

우리는 그들의 느낌에 우리가 책임을 느끼고 죄책감을 갖도록 하려는 사람들에게서 교육을 받았습니다. 느낌은 중요하지만, 우리는 그런 식으로 느낌 말을 사용하지 않기를 요구합니다. 죄책감을 만들어 내는 방식으로 느낌 말을 사용하지 않기를 말이지요. 느낌을 표현할 때, 느낌을 표현한 직후, 우리 느낌의 원인이 우리 욕구 때문이라는 것을 분명히 하는 것이 매우 중요합니다.

Q 사람들이 자신의 욕구를 쉽게 말하지 못하도록 방해하는 것은 무엇입니까?

A 사람들 대부분이 느낌 어휘를 풍부하게 쓰는 것을 어려워하는 것과 마찬가지로, 욕구 어휘를 풍부하게 사용하는 것도

어려워합니다. 실제로 많은 사람이 욕구와 관련해 매우 부정적인 생각을 가지고 있습니다. 사람들은 욕구와 관련해서 '궁핍한', '의존적인', '이기적인'과 같은 생각을 가지고 있습니다. 이런 생각들은 권위에 복종하고 지배 구조에 순종하면서 맞추어 살도록 사람들을 교육시켜 온 역사에서 비롯되었다고 봅니다. 한 번 보세요. 자기 욕구에 충실한 사람들을 좋은 노예로 만들 수는 없습니다. 저는 21년간 학교를 다녔는데, 내 욕구가 무엇인지 질문받아본 적이 한 번도 없었습니다. 학교의 교육은 나를 좀 더 생동감 있게 하거나 나 자신이나 다른 사람들과 더 깊이 연결하도록 돕는 데 관심을 두지 않았습니다. 권위자들이 정해 놓은 정답을 맞힐 때 상을 주는 방식이었습니다. 우리가 욕구를 설명할 때 쓰는 욕구 목록에 어떤 단어들이 나오나 한 번 살펴보면, 욕구는 어떤 특정한 사람이 특정한 행동을 하는 것과는 관련이 없습니다. 욕구는 보편적인 것입니다. 모든 인류는 같은 욕구를 가지고 있습니다.

　욕구 차원에서 연결할 수 있을 때, 서로의 사람다움을 볼 때, 해결할 수 없을 것 같았던 여러 가지 갈등이 해결되는 것을 보면 정말 놀랍습니다. 저는 갈등이 있는 사람들과 많이 작업합니다. 남편과 아내, 부모와 자식, 여러 부족들 간에 수많은 갈등이 있습니다. 많은 사람이 자신들의 갈등을 도저히 해결할 수 없는 것으로 생각합니다. 그런데 제가 오랫동안 갈등 해결과 중재를 해오면서, 사람들이 상대에 대한 판단을 넘어 서로 상대 안에서 일어나고 있는 욕구 차원에서 연결할 때, 거의 해결 불가능해 보이는 갈등들이 얼마나 쉽게, 저절로 녹아내리듯 해결이 되는지 많이 지켜봤습니다. 그건 경이로움 그 자체입니다.

Q 그럼, 느낌과 욕구를 표현한 다음에는 무슨 일이 일어납니까?

A 지금까지 "우리 안에 살아 움직이는 것이 무엇인가?"라는 첫 번째 질문에 답하기 위해 필요한 세 가지 정보, 즉 우리가 관찰한 것이 무엇인가, 우리가 느끼는 것이 무엇인가, 그리고 그 느낌과 연결된 욕구는 무엇인가를 표현했습니다.

이제 우리는 두 번째 질문에 답을 하게 되는데, 그것은 "삶을 좀 더 멋지게 만들기 위해 우리가 할 수 있는 일은 무엇인가? 내 삶이 좀 더 멋지도록 당신이 할 수 있는 일은 무엇인가? 당신의 삶이 좀 더 멋지도록 내가 할 수 있는 일은 무엇인가?"입니다. 그것이 우리 안에 있는 그 신성한 에너지와 연결하는 작업의 나머지 절반입니다. 즉, 다른 사람의 삶을 좀 더 멋지게 하기 위해서 어떻게 하면 그 사람 안에 생동하는 것과 공감적 연결을 할 수 있을까 하는 것입니다.

공감적 연결이라는 말이 무슨 뜻인가에 대해 말해 보겠습니다. 공감이란 특별한 방식으로 이해하는 것입니다. 다른 사람의 말을 단지 지적 차원에서 머리로만 이해하는 것이 아닙니다. 공감은 그보다 훨씬 더 깊고 소중한 것입니다. 공감적 연결이란 다른 사람 안에 있는 아름다움을, 신성한 에너지를, 생동하는 삶을 가슴으로 이해하는 것입니다. 그 아름다움과 신성한 에너지와 생동하는 삶과 연결하는 것입니다.

공감은 다른 사람과 같은 느낌을 갖는다는 뜻은 아닙니다. 그것은 동감(sympathy)입니다. 나는 슬픈데 다른 사람은 화가 나 있을 수 있습니다. 여기서 말하는 공감은 똑같은 느낌을 갖는 것이 아니라, 다른 사람과 함께 있는 것을 말합니다.

이렇게 특별한 방식으로 이해하기 위해서는 한 인간이 다른 인간에게 줄 수 있는 가장 소중한 선물 하나가 필요합니다. 그것은 지금 이 순간, 현존하는 것입니다. 만약 다른 사람을 머리로만 이해하려 한다면, 우리는 이 순간 존재로 있지 못합니다. 그러면 거기 앉아서 상대를 분석하는 것일 뿐 함께하고 있는 것이 아닙니다. 그래서 공감적인 연결이란 '지금 이 순간 다른 사람 안에 생동하는 것과 연결하는 것'을 뜻합니다.

Q 우리가 서로의 삶과 연결하지 못하도록 하는 것은 무엇이라고 보십니까?

A 우리는 '나에게 뭔가 문제가 있다'고 생각하도록 교육받았습

니다. 제가 여러분에게 제안하고 싶은 것이 하나 있는데, 절대 절대 절대로 다른 사람이 여러분에 대해서 어떻게 생각하는지를 듣지 말라는 것입니다. 제가 예견하건대, 만약 여러분이 '사람들이 나에 대해 어떻게 생각하는지'를 절대로 듣지 않는다면, 여러분은 삶의 기쁨을 느끼면서 더 오래 살 수 있을 것입니다. 그런 말들을 절대 개인적으로 받아들이지 마세요. 제가 권하는 것은 다른 사람들이 내게 보내는 메시지가 무엇이든, 그 메시지와 공감적으로 연결하는 것을 배우는 것입니다. 비폭력 대화에서는 공감적으로 들을 수 있는 방법을 보여줍니다. 다른 사람이 무슨 행동을 하든, 무슨 말을 하든 상관없이 어떠한 순간에도 다른 사람 안에 있는 아름다움을 볼 수 있는 방법을 알려줍니다. 그러기 위해서는 '지금 이 순간 다른 사람 안에 있는 느낌과 욕구'에 연결하고, 상대방 안에 생동하는 것과 연결해야 합니다. 그렇게 연결할 때, 상대가 지금 부르고 있는 아주 아름다운 노래를 듣게 될 것입니다.

저는 현재 워싱턴 주에 있는 한 학교에서 열두 살 된 학생들과 작업 중인데, 그들에게 어떻게 사람들과 공감적으로 연결할 수 있는지 알려 주고 있습니다. 학생들은 부모님과 선생님들을 어떻게 대하면 좋은지를 알고 싶어 했습니다. 학생들은 자기들의 속마음을 드러낼 때 듣게 될 반응을 두려워했습니다. 학생 중 한 명은 "마셜 선생님, 제가 어떤 선생님한테 이해하지 못해서 다시 설명해 달라고 솔직하게 말했더니,

선생님은 '못 들었니? 벌써 두 번이나 설명했잖니!'라고 말씀하시는 거예요."라고 했습니다.

그리고 또 다른 학생은 "어제 아빠한테 뭘 좀 사달라고 말하면서 욕구를 표현했는데, '너는 우리 가족 중에서 가장 이기적인 아이야.'라는 말만 들었어요."라고 했습니다.

학생들은 그들의 삶에서 그런 언어를 사용하는 사람들과 어떻게 공감적으로 연결할 수 있는지 그 방법을 알고 싶어 했습니다. 왜냐하면, 학생들은 그 말들을 개인적으로 받아들이고, 자신들에게 뭔가 잘못된 것이 있다고 생각하는 방식밖에 몰랐기 때문입니다. 저는 학생들에게 다른 사람들과 공감적으로 연결하는 방법을 배우면, 사람들이 언제나 자신의 욕구를 표현하는 아름다운 노래를 하고 있다는 걸 알게 될 것이라고 알려 줬습니다. 그것이 바로 지금 이 순간 상대방 안의 신성한 에너지와 연결할 때, 상대방이 보내는 모든 메시지 뒤에서 여러분이 듣는 것입니다.

> **Q** 누군가와 공감적으로 연결한다는 것을 예를 들어 설명해 주실 수 있습니까?

A 우리는 상대가 한 행동이 무엇인지, 그때 나의 느낌은 어떠한지, 충족하지 못하고 있는 나의 욕구는 무엇인지로 대화를 시작했습니다. 자, 삶을 좀 더 멋지게 만들기 위해서는 무엇

을 할 수 있을까요? 네 번째는 명료하게 부탁하는 것입니다. 우리 삶을 좀 더 멋지게 만들기 위해서 다른 사람이 해주기 바라는 것을 상대방에게 부탁할 필요가 있습니다. 상대방의 행동과 관련해서 우리가 느끼는 아픔과 충족하지 못하고 있는 욕구를 상대방에게 말했습니다. 이제는 삶을 좀 더 멋지게 만들기 위해서 상대방이 무엇을 하기를 바라는지 말하는 것입니다.

비폭력 대화에서는 긍정적 행동 언어를 사용해서 부탁하기를 제안합니다. 이게 무슨 뜻인지 설명해 보겠습니다. 긍정적이라는 말은 여러분이 원하지 않는 것이나 상대가 그만두기를 바라는 것이 아닌, 상대방이 하기를 바라는 행동을 말하는 것입니다. 단지 원하지 않는 것을 말하는 것이 아니라, 원하는 것을 분명히 말할 때 상황은 완전히 다른 곳으로 흘러갑니다. 그 좋은 사례로, 최근 워크숍에서 교사 한 분이 한 말이 있습니다.

"오, 마셜, 당신 덕분에 어제 있었던 일을 이해할 수 있게 됐습니다."

저는 무슨 일이 있었는지 물었죠.

그녀는 "수업 중에 계속 책을 두드리는 학생한테 '책 두드리지 말아 줘!'라고 했더니, 이제는 책상을 두드리는 거예요."라고 말했습니다.

보다시피 원하지 않는 것을 말할 때와 원하는 것을 말할 때는 완전히 다릅니다. 누군가에게 어떤 것을 그만두게 하려고 할 때는 처벌이 효과적인 방법으로 보입니다. 그러나 우리 자신에게 두 가지 질문을 해본다면, 처벌은 두 번 다시 사용하지 않을 것입니다. 아이를 키우는데 처벌을 이용하지 않을 것이고, 범죄자들의 행동에 대해서도 처벌하지 않는 사법과 교정 체계를 만들어 낼 것이며, 다른 나라가 우리에게 한 일에 대해서도 응징하려 하지 않을 것입니다. 처벌은 지는 게임입니다.

앞서 언급한 것처럼, 다음 두 가지 질문을 해보면, 왜 그런지 알게 될 것입니다. 첫 번째 질문은 "다른 사람이 무엇을 하기를 바라는가?"인데, 보십시오, 그것은 우리가 원하지 않는 바가 아닙니다. "다른 사람이 무엇을 하기를 원하는가."에 대한 질문입니다.

이 질문만 한다면 가끔은 처벌이 유용하게 보일 때가 있습니다. 왜냐하면, 처벌을 사용해서 우리가 원하는 걸 누군가 하도록 만드는 데 성공했던 순간들이 떠오를 수도 있기 때문입니다. 하지만 두 번째 질문을 해보면, 처벌은 효과가 없다는 것을 알게 됩니다. 두 번째 질문은, "다른 사람들이 하기를 바라는 것을 그들이 어떤 이유에서 하기를 원하는가."입니다.

비폭력 대화의 목적은 연결을 만들어 내는 것입니다. 그래서 사람들은 연민 때문에 우러나와, 신성한 에너지에 연결되어 서로의 삶에 이바지하기 위해 행동합니다. 처벌을 두려워해서가 아니라, 보상을 받고 싶어서가 아니라, 서로의 행복에 이바지하면서 느끼는 자연스러운 기쁨에서 행동합니다. 그래서 부탁할 때에는 긍정적으로 원하는 것을 요청하기 바랍니다.

Q 부탁을 위해 욕구를 표현할 때 어떻게 하면 강요로 들리지 않을까요?

A 우리는 부탁을 분명히 하기를 원하지만 그것이 강요가 아닌 부탁이라는 점을 다른 사람들이 알기를 바랍니다. 부탁과 강요의 차이는 무엇일까요? 우선 정중하게 묻는다고 해서 부탁이 되는 건 아닙니다. 함께 살고 있는 사람에게 "집에 돌아와서 옷은 옷걸이에 걸어 줬으면 좋겠어요."라고 말한다면 그건 부탁일까요? 강요일까요? 아직은 알 수 없습니다. 얼마나 정중하게 말했는지, 명확하게 말했는지를 가지고 부탁과 강요를 구분할 수는 없습니다. 상대방이 우리 부탁을 들어주지 않았을 때 우리가 상대방을 어떻게 대하는지에 따라 부탁과 강요가 구분됩니다. 거기서 우리가 말한 것이 부탁인지 강요인지가 드러납니다.

자, 그럼 강요로 들은 사람들은 어떻게 반응할까요? 부탁을 강요로 들었을 때 어떤 사람들은 아주 분명하게 반응합니다. 한 번은 막내아들에게 "옷장에 네 코트를 걸어 주겠니?"라고 했더니, 아들이 "제가 태어나기 전에 아빠가 부리던 노예는 누구였어요?" 하는 겁니다. 상대방이 우리 부탁을 강요로 들었을 때 그것을 우리가 곧바로 알 수 있는 사람들과 같이 지내는 건 그다지 어렵지 않습니다. 그런데 부탁을 강요로 듣고도 상당히 다르게 반응하는 사람들이 있습니다. "알았어요."라고 말하고 정작 그 일은 하지 않는 사람들이 있습니다. 다음으로 가장 안 좋은 경우는 말을 강요로 받아들이면서도 "알겠어요."라고 한 다음 그 말대로 행동하는 사람입니다. 그들은 강요로 듣고 그것을 합니다. 그렇게 하지 않았을 때 어떤 일이 생길지 모른다는 두려움 때문에 하는 행동이죠. 누군가가 우리 부탁을 죄책감이나 수치심에서, 의무감 또는 책임감으로 그리고 처벌에 대한 두려움 혹은 그런 에너지 때문에 실행한다면, 우리는 어떻게든 그 대가를 치르게 될 것입니다. 우리 모두의 내면에 존재하는 신성한 에너지와 사람들이 연결돼 있을 때만, 우리를 위해 그들이 무엇인가를 해주기 바랍니다. 그 신성한 에너지는 우리가 서로 주고받으며 느끼는 기쁨을 통해서 모습을 드러냅니다. 우리는 더 이상 처벌이나 죄책감 같은 것들을 피하기 위해 행동하지 않습니다.

A 강제로 시키거나 강요하지 않으면 가정이나 나라의 질서를 세울 수 없을 것으로 믿는 사람들이 있습니다. 한 예로, 같이 공부하던 한 어머니는 "하지만 마셜 선생님, 사람들이 신성한 에너지로부터 행동할 거라고 희망하는 건 아주 타당하고 좋은 말씀이지만 어린아이라면 어떻게 하죠? 그러니까 제 말은, 어린아이는 하지 않으면 안 되는 것과 해야 하는 것부터 먼저 배워야 한다는 겁니다."라고 말했습니다. 이 어머니는 제가 생각하기에 오늘날 이 지구상에서 가장 파괴적인 두 가지 어휘와 개념을 사용하고 있었는데, 그것은 하지 않으면 안 되는 것과 해야 하는 것이었습니다. 이 어머니는 어른들뿐 아니라 아이들 안에도 있는 신성한 에너지를 신뢰하지 않고 있었습니다. 그 신성한 에너지에서라면, 안 할 때 따를 처벌 때문이 아니라 다른 사람의 행복에 이바지할 때 오는 기쁨을 알기 때문에 행동할 것입니다.

그래서 저는 그 어머니에게 이렇게 말했습니다.

"오늘 당신이 아이들에게 하고 싶은 말이 좀 더 부탁으로 들릴 수 있는 다른 방식을 보여드리겠습니다. 그래서 아이들이 어머니의 욕구를 볼 수 있도록 말이죠. 아이들이 말을 듣지 않는 이유는 그 일을 '하지 않으면 안 되는 것'으로 생각하기 때문입니다. 아이들은 선택하고 싶어 하고 내면의 신성한 에너지로부터 행동하기를 원합니다."

그러자 그녀가 말했습니다. "저는 매일 하기 싫은 온갖 일들을 다하고 있어요. 하지 않으면 안 되는 일들은 늘 있잖아요." 저는 예를 하나만 들어달라고 부탁했고, 그녀는 이렇게 말했습니다.

"좋아요, 얘기해 보죠. 당장 오늘 저녁에도 여기서 나가자마자 집에 가서 식사 준비를 하지 않으면 안 되죠. 저는 요리하는 걸 아주 싫어해요. 진절머리나게 싫지만, 그건 반드시 해야만 하는 여러 가지 일들 가운데 하나예요. 20년 동안 매일같이 그 일들을 했어요. 정말 하기 싫어도 어떤 일들은 꼭 해야만 합니다."

보세요, 그녀는 신성한 에너지로부터 우러나와 요리를 하고 있지 않았습니다. 그녀는 다른 의식으로 요리를 하고 있었습니다. 그래서 제가 말했습니다,

"그렇다면 오늘 제가 당신에게 신성한 에너지와 다시 연결하고, 오직 그 신성한 에너지에서 우러나와서만 부탁하시도록 사고하고 소통하는 방법을 보여드리도록 하겠습니다. 그러면 다른 사람도 그 신성한 에너지에서 나와서 행동할 수 있는 선물을 다른 사람에게 주실 수 있게 됩니다."

그 어머니는 빨리 배우는 분이었습니다. 바로 그날 밤 집에 돌아가서 가족들에게 더 이상 요리를 하고 싶지 않다고 선언했습니다. 그녀의 가족들로부터 반응을 들었는데, 3주

쯤 후에 바로 그녀의 두 아들이 워크숍에 나타났습니다. 두 아들은 워크숍이 시작되기 전에 제게 와서, "엄마가 워크숍에 다녀오신 다음 우리 가족에 얼마나 큰 변화가 일어났는지 말씀드리고 싶어서 왔어요."라고 말했습니다.

제가 말했죠.

"오, 그래요. 나도 그동안 궁금했어요. 어머니가 자신의 삶에서 변화하고 있는 걸 들으면서, 다른 가족들에게는 어떤 영향을 미치고 있는지 궁금했거든요. 오늘 밤 만날 수 있어서 반가워요. 어머니가 집에 돌아가 더 이상 요리를 하고 싶지 않다고 말한 그날은 어땠나요?"

첫째 아들이 말했습니다.

"마셜 선생님, 저는 그날 밤 생각했습니다. '하나님 감사합니다. 이제는 식사 때마다 엄마의 불평을 듣지 않겠군.'"

> **Q** 내가 다른 사람 안에 생동하는 것에 연결하고 있는지 어떻게 알 수 있을까요?

A 이 신성한 에너지는 연민으로 주는 것을 자연스럽게 만듭니다. 그런데 만약 이 신성한 에너지에서 나오지 않은 행동을 하거나 우리가 마땅히 그렇게 해야 하고, 하지 않으면 안 되고, 반드시 해야 하기 때문에 어떤 일을 한다면, 문화적으로 습득한 양식에 따라 죄책감이나 수치심으로, 의무나 책임에

서 또는 보상받기 위해서 뭔가를 한다면, 모든 사람은 대가를 치르게 됩니다. 모든 사람이 말입니다. NVC에서는 그 점을 명확히 하기를 원하고, 신성한 에너지로부터 나오는 행동이 아니라면 하지 않기를 바랍니다. 그리고 부탁받은 것을 기꺼이 할 마음이 생길 때가 바로 그 신성한 에너지에서 나오는 때라는 것을 알게 될 겁니다. 삶을 좀 더 멋지게 만들겠다는 것이 유일한 동기라면 비록 힘들더라도 즐거운 일이 될 것입니다.

이제 모든 것을 종합해 보면 다음과 같습니다. 우리는 우리 안에 생동하는 것과 우리 삶을 좀 더 멋지게 만들기 위해 상대방이 하기 바라는 것을 말하면서 대화를 시작할 수 있을 것입니다. 그런 다음, 상대방이 어떤 식으로 반응하든 상관없이 우리는 상대방 안에 생동하는 것과 무엇이 그들의 삶을 좀 더 멋지게 만들어줄 것인가와 연결합니다. 그리고 모든 사람의 욕구를 충족할 수 있는 방법을 찾아낼 때까지 이 대화의 흐름을 이어나갑니다. 그리고 사람들이 동의한 방법이 어떤 것이든 서로의 행복에 기꺼이 이바지하고자 하는 바람에서 자유롭게 동의하고 있는 것인지를 언제나 확인하기 바랍니다.

A 미국을 달가워하지 않는 나라에 있는 한 난민 수용소에서 일하고 있을 때였습니다. 대략 170명 정도의 사람들이 있었는데 거기서 통역관이 저를 미국인이라고 소개하자 한 사람이 벌떡 일어나서 "살인마!"라고 소리쳤습니다. 저는 그날 제가 비폭력 대화를 알고 있어서 감사했습니다. 비폭력 대화 덕분에 저는 그 사람 말 뒤에 있는 아름다움, 그 사람 안에 생동하는 인간적인 면을 볼 수 있었습니다. 어떤 메시지라도 그 뒤에 있는 느낌과 욕구에 귀 기울이면 아름다움과 인간적인 면을 볼 수 있었습니다.

그래서 그분에게 이렇게 말했습니다.

"미국의 지원이 필요했는데 지원이 없어서 화가 나신 건가요?"

여기서 그분이 무엇을 느끼고 있고 욕구는 무엇인지 추측하기 위해 이와 같은 질문이 필요했습니다. 제가 추측한 내용이 다를지라도 진심으로 다른 사람 안에 있는 신성한 에너지, 즉 그 순간 그 사람의 느낌과 욕구에 연결하기 위해 노력한다면 그 사람이 우리에게 어떤 식으로 소통을 하든, 이것은 우리가 상대방 안에 생동하는 것을 중요하게 생각하고 있다는 것을 보여 줍니다. 이것을 상대가 신뢰하게 되면, 모든 사람의 욕구를 충족할 수 있는 연결을 만들어 내는 방향으로 나아가게 됩니다. 그러나 그분의 경우에는 아픔이 너무 커서 그런 일이 곧바로 일어나지는 않았습니다.

그런데 추측이 적절했음을 보여 주는 일이 일어났습니다. 그분에게 "미국의 적절한 지원을 받고 싶은 욕구가 충족되지 않아서 화가 나신 건가요?"라고 묻자 "우리에게 필요한 건 하수처리 시설과 살 수 있는 집인데, 왜 당신네 나라는 자꾸 무기만 보내는 거냐구요."라고 했습니다.

"선생님, 하수처리 시설이나 주택이 필요한 상황에서 무기만 들어오는 것을 보는 게 매우 고통스럽다는 말씀이시지요?"

"물론이죠. 이러한 상황에서 28년 동안 산다는 게 어떤 건지 알기는 합니까?"

"그 이유로 지금 매우 고통스럽고, 지금 처한 생활 여건에 대한 이해가 필요하다는 말씀이군요."

한 시간 후에 그분은 자신의 집 라마단 저녁 식사에 저를 초대했습니다.

이것은 우리 안에 생동하는 것과 연결할 수 있을 때, 그리고 모든 메시지 뒤에 있는 느낌과 욕구에 연결할 수 있을 때 일어나는 일입니다. 그렇다고 언제나 입 밖으로 소리 내어 뭔가 말해야 한다는 뜻은 아닙니다. 가끔은 느낌과 욕구가 분명하게 드러나 말로 하지 않아도 될 때가 있습니다. 정말로 연결하려 하는지 아닌지는 우리 눈빛에서 드러날 것입니다. 여기서 주목할 것은 우리가 다른 사람의 말이나 행동에 동의한다는 것이 아니라는 겁니다. 상대가 말하는 내용이 마음에 들어야 한다는 의미도 아닙니다. 현존이라는 소중한 선물을 주는 것입니다. 즉 상대방 안에 생동하는 것과 그 순간 현존하는 것입니다. 그리고 그 생동하는 것에 진심으로 관심을 기울이는 것을 의미합니다. 심리학적 기법으로서가 아니라 이 순간 상대방 안에 있는 신성한 에너지와 연결하기를 원하기 때문입니다.

Q 책으로 볼 때는 비폭력 대화를 통해 다른 사람 안에 있는 신성한 에너지와 연결하는 과정이 분명하게 보이지만, 실제로 그렇게 사는 건 어려운 일 아닙니까?

A NVC를 공부하는 거의 모든 사람이 그 부분에 대해 두 가지를 말합니다. 첫 번째로, 이건 정말 쉽고 간단하다는 겁니다. 그저 두 가지 질문을 해서, 우리 주의의 초점과 의식을 '우리 안에 생동하는 것'과 '삶을 더 멋지게 만들어 줄 것이 무엇인지'에 두는 것입니다. 얼마나 간단합니까? 두 번째로 하는 말은 너무 어렵다는 것입니다. 어떻게 쉬운 것이 동시에 어렵기도 할까요?

어려운 이유는 우리 안에 생동하는 것에 대해 생각하도록 교육받아 본 적이 없기 때문입니다. 소수의 사람이 다수를 지배하는 구조에 맞춰 살도록 교육돼 온 겁니다. 다른 사람들, 특히 권위자가 우리를 어떻게 생각하는지에 가장 많이 신경을 쓰도록 말입니다. 만약 권위자가 우리를 나쁘고, 잘못했고, 무능하고, 어리석고, 게으르고, 이기적이라고 판단하면 우리는 벌을 받습니다. 권위자가 우리에게 좋은 녀석이나 나쁜 녀석, 훌륭한 직원이거나 쓸모없는 직원 등, 어떤 꼬리표를 붙이느냐에 따라서 우리는 상과 벌을 받게 됩니다. 우리는 우리 내면에 생동하는 것과 삶을 좀 더 멋지게 만들어 줄 것이 무엇인지의 관점에서 생각하도록 교육받지 못했습니다.

NVC는 상대가 하는 행동에 대해서 우리가 어떻게 느끼는지를 그 사람에게 표현하기를 권합니다. NVC에서는 솔직하게 표현하기를 바라지만 상대에 대한 이미지, 잘못, 비난, 모욕, 심리학적 진단이 포함된 말을 사용하지 않으면서 솔직하기를 바랍니다.

어떤 특정한 사람들에게는 비폭력 대화가 적용될 수 없을 거라고 생각하는 분들이 있습니다. 너무나 큰 상처를 받아서 어떠한 방법으로 소통하더라도 이 지점까지 도달할 수 없을 거라고 믿는 것이지요. 그런데 제 경험을 보면 그렇지 않았습니다. 단지 시간이 더 걸릴 뿐입니다. 세계 여러 감옥에서 일할 때 이런 연결이 곧바로 일어날 수 있다고 말하는 건 아닙니다. 범죄로 처벌받고 있는 사람들이 제가 '그들 내면에 생동하는 것'에 진정으로 관심을 가지고 있다는 것을 정말로 신뢰하기까지는 시간이 꽤 걸릴 수도 있습니다. 내가 자라면서 받은 문화적 조건 안에서는 일찍부터 이런 일에 능숙해질 수 없었기 때문에 이런 것을 배우는 건 정말 도전이 될 수도 있습니다.

> **Q** 서로 적대적인 사람들에게 어떻게 상대 안에 있는 신성한 에너지를 알아보게 하나요?

A 사람들이 신성한 에너지 수준에서 연결되었을 때는, 상대에 대한 '적' 이미지를 그대로 가지고 있기가 어렵습니다. 순수한 비폭력 대화는 서로에게 상처를 주려고 하는 삶을 소외시키는 사고방식에서 서로 주는 것을 즐기는 쪽으로 사람들을 옮겨 가게 하는 방법 중, 제가 발견한 가장 강력하고 빠른 방법입니다.

제가 르완다에서 후투족과 투치족을 만났는데, 이 두 부족은 갈등 상황에서 서로 충돌하면서 서로의 가족들을 죽였습니다. 그런데 놀라운 일은 우리가 두세 시간 만에 그들을 서로 배려하고 보살피게 만들었다는 겁니다. 그건 불가피하고 필연적인 일입니다. 그 때문에 저는 이 접근법을 사용합니다.

엄청난 고통을 겪고 있는 상황에서도, 그런 일이 얼마나 간단하고 빠르게 일어날 수 있는지를 보면서 저는 놀랐습니다. NVC는 많은 아픔을 경험한 사람들을 정말 신속하게 치유해 줍니다. 여기서 자극받아 저는 조금 더 빨리 그 일이 일어나기를 원하게 됐습니다. 왜냐하면, 현재 우리가 한 번에 단지 몇 사람을 상대하는 것을 여전히 오랜 시간이 걸리기 때문이었습니다.

우리 훈련에 오지 않은 80만 명의 다른 후투족과 투치족에게, 그리고 세계의 나머지 다른 사람들에게도 이런 일이 좀 더 빨리 일어나도록 우리가 할 수 있는 일은 무엇일까요? 저는 이 과정에 대한 영화나 텔레비전 방송 프로그램을 만들 수 있을지 어떨지 알아보고 싶습니다. 왜냐하면, 여러 사람이 지켜보는 가운데 두 사람이 그 과정을 진행할 때, 사람들에게 간접적인 배움과 치유, 화해가 일어나는 것을 보았기 때문입니다. 저는 많은 사람이 함께 이 과정을 빠르게 경험할 수 있도록 방송 매체를 이용하는 길을 모색하고 있습니다.

Q 우리가 서로에게 무언가를 주고 싶어 하는 욕구는 얼마나 기본적인 것입니까?

A 삶을 풍요롭게 하고 싶은 욕구는 우리 모두가 가진 가장 기본적이고 강력한 욕구들 중의 하나라고 생각합니다. 이것을 다른 말로 하면, "우리 내면의 신성한 에너지로부터 행동하

기를 원한다."입니다. 우리가 그 신성한 에너지 '그 자체'일 때, 삶을 풍요롭게 하고 삶의 질을 높이는 데 우리의 막대한 힘을 사용하는 것보다 우리가 더 좋아하고 더 큰 기쁨을 주는 건 없습니다.

우리가 이 신성한 에너지로 살면서 삶에 이바지하려고 노력할 때 또 다른 욕구와 그에 따른 부탁이 있습니다. 그것은 우리가 누군가의 삶을 풍요롭게 만들어 주려고 어떤 행동을 했을 때 우리는 그 사람에게 피드백을 부탁합니다. 우리는 '내가 한 행동으로 이바지하고자 했던 시도가 성공적이었는지'에 대해 알기를 원하기 때문입니다.

우리 문화권에서는 이런 부탁이 우리를 왜곡된 생각으로 빠지게 할 수 있는데, 그것은 우리가 한 행동으로 상대가 우리를 사랑하고, 감사하고, 우리가 한 행동으로 인정을 받을 필요가 있다는 생각입니다. 이런 생각이 그 전체 과정에서의 아름다움을 상실하게 합니다. 우리에게 필요한 것은 다른 사람의 인정이 아닙니다. 우리의 주된 의도는 우리 에너지를 삶을 풍요롭게 만드는 데 사용하는 것입니다. 그래서 우리는 피드백이 필요합니다. 피드백을 받지 못한다면 내가 한 노력이 성공적이었는지 아닌지 알 수 없기 때문입니다.

그리고 이 피드백을 통해 저는 내가 신성한 에너지로부터 무언가를 하고 있는지 알 수 있도록 하는 데 있습니다. 내가 비판을 들었을 때 그것에서 '감사하다'는 말 못지않은 가치를 볼 수 있을 때, 내가 지금 신성한 에너지로부터 우러나와 무엇인가를 하고 있음을 알게 됩니다.

Q   이 과정에서 어떤 문화적, 언어적 장벽에 부딪힌 적이 있습니까?

A 제가 놀라는 점은 그런 장벽이 거의 없다는 것입니다. 다른 언어로 이 과정을 가르치기 시작했을 때, 저는 제대로 될 수 있을지 정말 의심스러웠습니다. 제가 처음 유럽에 갔을 때가 기억나는데, 저는 뮌헨과 제네바를 첫 방문지로 골랐습니다. 동료와 저는 둘 다 다른 나라 언어로 이것을 전할 수 있을지 의심했습니다. 그녀는 프랑스어로 워크숍을 진행할 예정이었고, 저는 나오는 질문에 답하기 위해서 그녀와 함께 있었습니다. 저는 통역으로 전달이 가능한지에 대해서만 알아보겠다는 마음으로 갔지만 아무 문제없이 잘 진행되었습니다. 그리고 저는 세계 어느 곳에서도 잘 이루어지는 것을 보곤 합니다.

그래서 그런 문제에 대해서는 아무 걱정도 하지 않습니다. 제가 영어로 말하고 통역자가 전달해 주기만 하면 잘 진행됩니다. 어떤 문화권에서도 문제될 게 없다고 생각합니다. 미미한 것 외에는 본질적으로 문화적인 문제가 없었을 뿐 아니라, 세계 전역에서 가르치고 난 후에 여러 사람에게서 이것이 자신들의 종교에서 말하는 것과 본질적으로 같다는 말을 되풀이해 듣습니다. 사람들은 비폭력 대화로 자신들의 오래된 종교를 명확히 이해하도록 도와준 것을 아주 고마워하곤 합니다. 비폭력 대화는 새로운 것이 아닙니다.

A 저는 매번 워크숍에서 참가자들에게 이 질문을 각자가 스스로에게 하고 가능한 한 천천히 깊이 생각해 보라고 제안합니다. 그 질문은, "나는 다른 사람들과 어떻게 연결하기로 선택하고 있는가?"입니다. 분명하게 하고자 하는 부분은 그것이 우리가 프로그램된 대로가 아니라 우리의 선택이라는 것입니다. 진정으로 다른 사람과 연결하는데 당신이 선택한 방법은 무엇입니까?

제 경우에는 감사하는 것 역시 큰 역할을 합니다. 제가 만약 어떤 행동에 감사하고 싶은 마음이 들 때는, 그것이 내가 한 행동이든 다른 사람이 한 행동이든 상관없이 그 행동을 내가 어떻게 느끼는지를 의식하고, 그것으로 충족된 나의 욕구를 의식합니다. 그리고 나서 감사를 표현하면 저는 우리 인간이 가지고 있는 삶을 풍요롭게 할 수 있는 힘에 대한 의식으로 채워집니다. 그것으로 나는 우리가 신성한 에너지 자체이고, 우리가 삶을 멋지게 만드는 그러한 힘을 가지고 있으며, 단지 그렇게 하는 것보다 더 우리가 좋아하는 것은 아무엇도 없음을 알아차리게 됩니다.

저에게 그것은 삶을 경이롭게 만들 수 있고, 그것을 무엇
보다 즐거워하는 삶의 신성한 에너지가 우리에게 있다는 강
력한 증거입니다. 그것이 바로 감사함을 의식하고, 감사를
표현하는 것이 나의 영적 수행의 일부라고 제가 말씀드리는
이유입니다.

> **Q** 당신은 간디나 마틴 루터 킹 목사처럼 영성과 사회 변혁 사이에
> 다리를 놓으려고 시도했던 과거의 여러 사회운동에서 영향을
> 받았습니까?

A 물론이죠. 저는 분명히 그들의 영향을 받았습니다. 저는 제
가 가치 있다고 여기는 방식으로 일을 한 사람들에 대해 역
사적으로 연구했고, 그 두 분은 확실히 그런 분입니다. 제가
가치 있게 여기는 영성은 그냥 앉아서 명상만 하는 것이 아
니라 '삶에 이바지하는 동시에 그 속에서 커다란 기쁨을 얻
는 것'입니다. 명상을 하는 것도 확실히 가치가 있지만, 거기
서 멈추지 않고 그 명상으로부터 또 거기서 생겨나는 의식으
로부터 그들이 살고 싶은 세상을 창조하는 행동을 보고 싶습
니다.

비폭력대화센터(The Center for Nonviolent Communication, CNVC)는 비영리 국제 평화 기구로서 모든 사람이 평화적으로 욕구를 충족시키는 세상을 꿈꾼다. CNVC는 전 세계적으로 비폭력 대화가 퍼져 나가도록 힘쓰고 있다.

마셜 B. 로젠버그 박사가 1984년에 설립한 CNVC는 사람들이 서로 연민으로 소통하는 방식을 알려주어 생각하고 말하고 행동하는 방식에 있어 커다란 변화를 일으키고자 한다. 현재 세계적으로 공공단체나 학교, 교도소, 중재소, 교회, 학회나 직장에서 NVC를 교육하고 있다. 현재 220여 명이 넘는 국제인증지도사를 배출하고 전 세계 65개국이 넘는 지역에서 수많은 현지 강사들이 해마다 25만명이 넘는 사람들에게 비폭력 대화를 가르치고 있다.

CNVC는 비폭력 대화 훈련이 평화롭고 연민의 사회를 만드는데 중요한 걸음이 된다고 믿는다. CNVC를 후원하는 기부금은 빈곤과 폭력사태에 시달리는 국가에 필요한 교육에 사용되며, 비폭력 대화 훈련 프로젝트를 유지 발전시키기 위한 지원금으로 사용될 것이다. 센터 후원 문의 및 자세한 소개는 CNVC 홈페이지(cnvc.org)를 방문하여 다음을 클릭하면 된다.

• 교육 및 자격증 : 각 지역, 국가, 국제 인증과정을 찾는다. 지도사자격증 관련 항목을 접속하거나 각 지역 NVC 센터를 접속한다.
• CNVC 도서 구매 : NVC 책, 팸플릿, 오디오/비디오 자료 주문은 이메일과 전화를 통해 가능하다.
• CNVC 프로젝트 : 특정 지역 및 주제를 기반으로 하는 NVC 훈련과 관련하여 7개 프로젝트가 진행 중이다.
• E-Group and LISTSERVS : 주제에 따른 그룹 모임(E-Group) 및 개별적으로 NVC를 배우고 성장하기를 원할 경우 LISTSERVS 가입을 추천한다.

더 자세한 정보를 원할 경우,
CNVC at 9301 Indian School Rd NE Suite 204, ALbuquerque, NM 87112-2861 USA, phone: +1-505-244-4041, fax: +1-505-247-0414, e-mail : cnvc@org,website:cnve.org

저자 소개

마셜 B. 로젠버그 박사는 국제 평화단체인 비폭력대화센터(The Center for Nonviolent Communication, CNVC) 설립자이자 교육책임자이다. 저서로는 《비폭력대화》(Nonviolent Communication), 《분쟁의 세계에서 평화를 말하다》(Speaking Peace in a World of Conflict) 등이 있다. 2006년 지구촌재단에서 평화가교상(Bridge of Peace Award form the Global Village Foundation)을 비롯해 많은 국제 단체로부터 평화상을 수상하였다.

분쟁 지역이던 디트로이트 인근에서 자란 저자는 자신이 접한 폭력 대신 평화로운 대안을 제시하는 새로운 형태의 대화법 개발에 관심을 기울였다. 1961년 미국 위스콘신대학교에서 칼 로저스(Carl Rogers) 지도 아래 임상심리학 박사학위를 받았다. 비교종교학과 그의 폭넓은 인생 경험은 비폭력대화를 개발하는 동기가 되었다.

1960년대 미국 연방정부의 재정 지원으로 이루어진 학교 통합 프로젝트에서 중재와 대화법을 가르치면서 음양으로 비폭력 대화(NVC) 과정을 교육하였다. 1984년에 설립한 CNVC는 현재 세계 35개국 이상에서 220여 명의 국제인증지도자를 배출하였다.

수상 경력

2006 : Bridge of Peace Award form the Global Village Foundation
2006 : Light of God Expressing in Society Award frome the Association of Unity Church International
2004 : Religious Social International Golden Works Award
2004 : International Peace Prayer Day Man of Peace Award by the Healthy, Happy, Holy Organization(3HO)
2002 : Princess Anne of England and Chief of Police Restorative Justice Appreciation Award
2000 : International Listening Association Listener of the Year Award

한 손에 기린 인형과 자칼 인형, 그리고 기타를 들고, 분쟁을 겪고 있는 세계 구석구석을 누비며, 가는 곳마다 영적인 에너지로 공간을 채우는 마셜은 어떻게 하면 평화롭고 풍요로운 세상을 만들어갈 수 있는지를 몸소 보여주었고, 2015년 2월 세상을 떠났다.

  역자 부부는 [NVC 기반의 아하존중대화]를 통해 '마음이 통하는 관계, 행복하고 건강한 가정'을 세워가는 일을 하고 있다. 이들 부부 역시 사랑해서 결혼했지만 서로 말이 통하지 않아 결혼생활 십 년 동안 갈등과 다툼의 세월을 보내다가 NVC를 경험하면서 부부관계가 회복되었다. 그리고 이제는 "말이 바뀌면 관계가 달라진다."라는 슬로건으로 (사)아하가족성장연구소와 아하코칭센터를 운영하면서 관계에 어려움을 겪고 있는 부부와 가족들을 위해 상담, 코칭 및 강의로 많은 이들에게 다양한 도움을 주고 있다.

  남편 김온양은 경영학, 상담학, 신학을 공부하고 현재 연구소의 대표이자 경희사이버대학교 상담심리학과 겸임교수 겸 ㈜하우코칭 부설 하우코치사관학교 교장으로 활동하고 있다. 주로 커뮤니케이션, 코칭 리더십 및 행복한 가정 경영 등에 대해 강의와 코칭을 하고 있으며, 저서로는 《말씀을 따라 사는 삶》, 《매뉴얼 쉽게 만들기》 등이 있다.

  아내 이화자는 영문학, 상담학, 가족학을 공부하고 현재 전주대학교 사범대학 가정교육과 교수이자 한국가족치료학회와 한국상담학회의 부부가족치료전문가 겸 가족상담전문가들을 위한 수퍼바이저로 활동하고 있다. 저서로는 《경험적 부부집단치료 프로그램》, 《중독과 가족상담》이 있고, 공저로는 《인터넷 중독상담과 정책의 쟁점》이 있다.

  마음을 세우고 관계를 키우고 삶을 넓히는
  사단법인 아하가족성장연구소(www.ahafamily.org) 02-379-8558
  - NVC 기반의 아하존중대화, 마음엉킴 풀기 및 전문상담사 훈련 등
  - 개인상담, 부부상담, 가족치료 및 아동, 청소년의 표현예술치료 등
  - 패밀리 코칭 교육, 전문 코치 양성 및 자기세우고 키우고 넓히기 교육

NVC 완결판

비폭력 대화 인성, 갈등, 화해

| 초판 1쇄 발행 | 2016년 | 5월 | 3일 |
| 초판 6쇄 발행 | 2023년 | 2월 | 10일 |

저자	마셜B. 로젠버그		
옮긴이	김온양, 이화자		
펴낸이	박정태		
편집이사	이명수	출판기획	정하경
편집부	김동서, 전상은, 김지희		
마케팅	박명준	온라인마케팅	박용대
경영지원	최윤숙, 박두리		
펴낸곳	북스타		
출판등록	2006.9.8 제313-2006-000198호		
주소	파주시 파주출판문화도시 광인사길 161 광문각 B/D		
전화	031-955-8787	팩스	031-955-3730
E-mail	kwangmk7@hanmail.net		
홈페이지	www.kwangmoonkag.co.kr		
ISBN	978-89-97383-83-2 03180		